教育部人文社会科学重点研究基地重大项目
"十四五"国家重点图书出版规划项目
江苏省2022年主题出版重点出版物

马克思主义思想史研究丛书
丛书主编 张一兵

The Original Face of the Academic Relationship Between Marx and Feuerbach

A Comparative Interpretation Based on Text

马克思与费尔巴哈学术关系的历史原像

一种基于文本的比较性诠释

陈中奇 著

南京大学出版社

总　序

2022年，我完成了《回到马克思》的第二卷[1]。会令读者吃惊的是，在这部接近百万字的第二卷中，我关于马克思历史文本的不少看法，竟然是异质于第一卷的，这直接造成了过去思想史常态中的一种巨大"逻辑矛盾"。同一个作者，对相同历史文本，居然会做出不完全一致的解读。这可能就是**新史学方法论**所依托的全新思想史本体个案。

记得2007年的某天，在上海，在《中国社会科学》杂志社举办的中国哲学家与历史学家对话的研讨会上，我所提出的历史研究建构论[2]遭到了历史学家们的批评。一位历史学教授在现场问我："我是我爸爸生的是不是被建构的？"这真的很像当年杜林质问恩格斯："2＋2＝4是不是绝对真理？"如果打趣式地硬抬杠，我也可以辨识说，在一个根本没有"父亲"的母系社会中，当然没有"你爸爸生你"的社会建构关系。而在次年在台北举行的"两岸三地人文社会科学论坛"[3]上，台湾"中研院"的一位史学前辈在对我的学术报告现场提问时，有些伤感地说："我不知道大陆的唯心主义已经如此严重。"令人哭笑不得。其实，当狄尔泰和福柯讨论历史文

1　拙著《回到马克思——社会场境论中的市民社会与劳动异化批判》（第二卷），将由江苏人民出版社出版。
2　发言提纲见拙文《历史构境：哲学与历史学的对话》，《历史研究》2008年第1期。
3　这是由南京大学、香港中文大学和台湾"中央大学"联合举办的系列学术研讨会议。

献(档案)的"被建构"问题时,他们并非在涉及直接经验中的每个时代当下发生即消逝的生活场境,而是在追问史学研究的**方法论前提**。谁制定了历史记载和书写的规则?实际上,历史记载永远是历代统治者允许我们看到的东西,恐怕,这是更需要史学家明白的**历史现象学**。

我曾经说过,任何一种历史研究对社会定在及其历史过程的绝对客观复现都是**不可能**的。这是因为,我们的历史研究永远都是在以当下社会生活生成的认识构架重构已经不在场的过去,思想重构并不等于曾有的历史在场。更重要的方面还在于,因为社会生活与个人存在之间始终存在一种无法打破的隔膜,所以社会生活情境不等于个体生活的总和,个人生存总有逃离社会的一面,其中,个人生存的处境、积极或消极行动的建构、情境、心境与思境都不是完全透明可见的,虽然人的生活构境有其特定的物性基础,但构境达及的生存体验是各异和隐秘的。我在上课的时候,有时也会以电影故事中内嵌的新史学观为例,比如根据英国作家拜雅特[1]

---

[1] 拜雅特(A. S. Byatt, 1936—),英国当代著名作家。1936年8月24日出生于英国谢菲尔德,1957年在剑桥大学获学士学位。曾在伦敦大学教授英美文学。1983年,拜雅特辞去高级教师职位,专心致力于文学创作,同年成为英国皇家文学协会会员。主要作品有:长篇小说《太阳的阴影》(1964)、《游戏》(1968)、《庭院少女》(1978)、《平静的生活》(1985)、《隐之书》(1990)、《传记作家的故事》(2000),以及中短篇小说集《夜莺之眼》等。1990年,拜雅特因《隐之书》获得英国小说最高奖布克奖,同年获颁大英帝国司令勋章(CBE)。2010年,74岁的拜雅特又获得了不列颠最古老的文学奖——詹姆斯·泰特·布莱克纪念奖。

的著名小说《隐之书》(*Possession: A Romance*, 1990)[1]改编的电影《迷梦情缘》(*Possession*, 2002)。故事虚构的情节是一个双层时空构境结构：今天(1986年)的阅读者——一位年轻的文学研究助理罗兰，在研究过去19世纪维多利亚时代著名诗人艾许(他也被建构成一个复杂隐喻诗境的"腹语大师")的过程中，偶然发现了夹于一部艾许最后借阅归还的维柯的《新科学》(*New Science*)中的两封写给无名女士的未完成的信件。经过细心的文献研究，他确认收信者竟然是艾许同时代著名的女诗人兰蒙特。由此，揭开了一桩隐匿了百年的秘密史实：有着正常家庭生活的艾许和孤守终生的兰蒙特在1868年发生了一段刻骨铭心的爱情，并且，兰蒙特背着艾许生下了他们的女儿。从小说中作为精彩艺术手段的细节中，我们可以看到，罗兰和兰蒙特的后代莫德小姐竟然通过兰蒙特诗歌中的暗示，在家族庄园中兰蒙特的住所里找到了她百年前隐藏在婴儿车中的秘密书信，甚至找到了诗歌隐喻的两位大诗人的疯狂秘恋之旅和情爱场境。由此，一直以来英国诗歌史中关于两位诗人那些早有定论的作品释义，瞬间化为文学思想史研究中的谬误。"有些事情发生了，却没有留下可以察觉到的痕迹。这些事情没有人说出口，也没有人提笔写下，如果说接下来的事件都与这些事情无关，仿佛从来没有发生过，那样的说法可就大错特错

---

[1] 其实，此书的英文原书名为 *Possession: A Romance*，直译应该是《占有：一段罗曼史》。但 Possession 一词也有被感情支配和着魔的意思，所以如果译作"着魔：一段罗曼史"更准确一些。当然，现在的中译名"隐之书"的意译更接近书的内容。拜雅特还有另外一部艺术构境手法相近的小说《传记作家的故事》(*The Biographer's Tale*, 2000)，说的是一个研究生菲尼亚斯(Phineas G. Nanson)，决定研究一位非常晦涩的传记作家斯科尔斯(Scholes Destry-Scholes)。在研究的过程中，他并没有了解到很多关于这位作家本身的生平，而是发现了这位作家**未发表的**关于另外三位真实历史人物(Carl Linnaeus, Francis Galton and Henrik Ibsen)的研究。拜雅特在书中将事实与虚构相结合，再现了这三位被隐匿起来的历史人物的生活。

了。"[1]这是此书最后"后记"中开头的一段文字。我觉得,他(她)们不想让人知道的书信是另一种**遮蔽历史在场性性质的秘密文献**,这是一种逃避现实历史关系的另类黑暗历史记载。然而,这种黑暗考古学的发现,却会改变对允许被记载的历史"事实"的全部判断。虽然,这只是艺术虚构,但它从一个侧面直映了这样一种新史学观:正是个人生存中的这种可见和不可见的多样性生活努力,建构出一个社会内含着隐性灰色面的总体生活情境。在每一个历史断面上,总有来自个体生存情境隐秘和社会生活的意识形态遮蔽。这些非物性的生存构境因素和力量,从一开始就是**注定不入史**的。这样,"能够历经沧海桑田,保存下来的那些作为历史印记的文字记载和物性文物,只是一个时代人们愿意呈现和允许记载的部分,永远都不可能等于逝去的社会生活本身。与文本研究中的思想构境一样,这些记载与历史物都不过是某种今天我们在生活中重新建构历史之境的有限启动点"[2]。

摆在读者面前的这一套由南京大学出版社出版的《马克思主义思想史研究丛书》,是近年来这一研究领域中的最新成果。它的作者,主要是南京大学马克思主义哲学专业培养出来的一批青年学者。他们从不同的思想史侧面和角度,研究和思考了马克思主义思想史中发生的一个个深层次的问题。除去少数带有总论性质的文本以外,丛书中的大多数论著都是微观的、田野式的专业研究,比如马克思与费尔巴哈的关系、马克思与19世纪英国社会主义思潮的关系、马克思与尤尔机器研究的关系、马克思方法论的工艺学基础,以及马克思文本中的对象化概念考古等。或多或少,它

---

1 [英]拜雅特:《隐之书》,于冬梅等译,南海出版公司2010年版,第577页。
2 张一兵:《〈资本主义理解史〉丛书总序》,《资本主义理解史》(六卷),江苏人民出版社2009年版。

们都从一个马克思主义思想史的断面,进入我们现代人观察马克思生活的那个远去的历史生活场境。虽然我们无法重现那些无比珍贵的伟大革命实践和思想变革的历史在场性,但多少表达了后人在马克思主义思想史探索中积极而有限的努力。

其实,在最近正在进行的《回到马克思》第二卷的写作中,我再一次认真通读了马克思与恩格斯长达40年的通信。阅读这些历史信件,也使那些灰色的思想文本背后的生活场境浮现在眼前。出身高级律师家庭的马克思和作为贵族女儿的燕妮、有着资本家父亲的恩格斯,没有躺在父辈留下的富裕的生活之中,而是选择了为全世界受苦受难的无产阶级获得解放寻求光明的艰难道路。在那些漫长而黑暗的岁月里,马克思被各国资产阶级政府驱逐,作为德国的思想家却不能返回自己的家乡,这么大的世界竟没有一个革命者安静的容身之处。常人真的不能想象,马克思在实现那些我们今天追溯的伟大的思想革命时,每天都处于怎样的生活窘迫之中。在很长一段时间里,马克思写给恩格斯的大量信件都是这样开头的:"请务必寄几个英镑来",因为房租、因为债主逼债、因为孩子生病,甚至因为第二天的面包……这种令人难以想象的生活惨状,一直持续到《资本论》出版后才略有好转。而恩格斯则更惨。我经常在课堂上说一个让人笑不出来的"笑话":"恩格斯自己当资本家养活马克思写《资本论》揭露资本家剥削工人的秘密。"这是令人潸然泪下的悲情故事。当你看到,有一天恩格斯兴奋地写信告诉马克思:"今天我不用去事务所了,终于自由了",你才会体验到,什么叫伟大的牺牲精神。恩格斯自己有太多的事情要做,有无数未完成的写作计划,可是,为了马克思的思想革命和人类解放的事业,他义无反顾地放下了一切。马克思去世之后,为了整理出版《资本论》第二、三卷,自比"第二小提琴手"的恩格斯毫不犹豫地表示:"我有责任为此献出自己的全部时间!"[1]这才是人世间最伟大的友谊。这是我们在学术文本中看不到的历史真实。研究马克思主义思想史,对我们来说,不应该是谋生取利的工具,而是为了采撷那个伟大事业星丛的思想微粒,正是由于这些现实个人的微薄努力,光明才更加耀眼和夺目。

本丛书获得了 2022 年度国家出版基金的资助,感谢参加评审的各位专家,也感谢南京大学出版社的领导和诸位辛劳的编辑老师。我希望,我们的努力不会让你们和读者们失望。

张一兵

2022 年 4 月 5 日于南京

---

[1] 《马克思恩格斯全集》第 36 卷,人民出版社 1975 年版,第 92 页。

目 录

导　言	001
前　言　费尔巴哈对黑格尔的五重否定	023
一、"发生学观点的批判哲学"对思辨哲学的否定	027
二、人本学和自然学对神学的否定	031
三、经验主义对理性主义的否定	046
四、人的自然本质对人的精神本质的否定	052
五、"自然科学"对哲学的否定	061
第一章　马克思与费尔巴哈哲学的最初相遇	064
第一节　博士论文写作时期马克思与费尔巴哈的首次接触	064
一、作为青年黑格尔派成员的马克思与费尔巴哈的第一次相遇	065
二、黑格尔哲学史著作：马克思与费尔巴哈的共同理论出发点	069
三、马克思与费尔巴哈在哲学史研究上的比较	072
第二节　《莱茵报》时期马克思对费尔巴哈的初步熟悉	074
一、"我们一时都成为费尔巴哈派了"吗？	075
二、"苦恼的疑问"与《关于哲学改造的临时纲要》的不期而遇	078

三、《莱茵报》时期马克思与费尔巴哈的差异　　081

第二章　"黑格尔法哲学批判"时期马克思对费尔巴哈哲学的初次运用　　083

第一节　《黑格尔法哲学批判》的前因后果　　085

一、马克思何以选择黑格尔的《法哲学原理》进行批判？　　085

二、《黑格尔法哲学批判》的文本"缺失"之谜　　087

三、马克思对费尔巴哈的密切关注　　093

第二节　费尔巴哈的哲学思想和方法论在政治批判中的运用　　098

一、《黑格尔法哲学批判》中马克思对费尔巴哈"颠倒过来"方法的运用　　098

二、《德法年鉴》时期马克思对费尔巴哈的哲学思想和方法论的继承与发展　　103

三、《德法年鉴》时期费尔巴哈对恩格斯的影响　　118

第三节　"黑格尔法哲学批判"中的两种思想逻辑　　123

一、"政治的"人道主义：马克思"现实人道主义"世界观的第一次阐发　　123

二、"政治的"唯物主义：马克思"政治的"人道主义背后的隐性思想逻辑　　126

三、一个没有兑现的"预告"背后的理论困境　　128

第三章　《1844年经济学哲学手稿》时期马克思对费尔巴哈哲学方法论的全面运用　　131

第一节　《1844年经济学哲学手稿》的理论支援背景　　133

一、《黑格尔法哲学批判》的理论逻辑要求是马克思进行"国民经济学批判研究"的最初起因　　134

二、法国、英国和德国的社会主义者的著作的
　　直接影响　　　　　　　　　　　　　137
三、费尔巴哈的"发现"对马克思"国民经济学
　　批判研究"的基础性作用　　　　　　139

第二节　《1844年经济学哲学手稿》中的费尔巴哈哲学思想和方法论　　143

一、马克思异化劳动理论背后的费尔巴哈"宗教
　　异化"逻辑　　　　　　　　　　　　143
二、马克思共产主义观点背后费尔巴哈的"人本
　　学"视野　　　　　　　　　　　　　145
三、马克思透过费尔巴哈的"眼镜"批判黑格尔的
　　辩证法和整个哲学　　　　　　　　　147

第三节　"社会的"人道主义：马克思"现实人道主义"世界观的第二次阐发　　150

一、马克思对"人的本质"问题的第一次阐发　151
二、"社会的"唯物主义：马克思"社会的"人道主义
　　背后的隐性思想逻辑　　　　　　　　155
三、"哲学共产主义"：马克思共产主义思想的起源　156

第四章　《神圣家族》时期马克思对费尔巴哈哲学的最后致敬　　165

第一节　《神圣家族》的来龙去脉　　167

一、马克思就批判鲍威尔向费尔巴哈征求意见　168
二、《神圣家族》的写作和出版过程　　　　169
三、马克思和恩格斯的首次合作　　　　　172

第二节　马克思借助费尔巴哈对黑格尔思辨结构秘密的揭露　　174

一、马克思对埃德加·鲍威尔的批判　　174
　　二、马克思对塞利加、布鲁诺·鲍威尔思辨唯心主义
　　　　的批判　　180
　　三、马克思与费尔巴哈在批判黑格尔思辨哲学上的
　　　　差异　　187
第三节　"历史的"人道主义：马克思"现实人道主义"
　　　　世界观的第三次阐发　　189
　　一、"历史的"人道主义的最初亮相　　189
　　二、"历史的"唯物主义：马克思唯物主义历史观的
　　　　第一次阐发　　193
　　三、"群众的共产主义"：马克思共产主义思想的发展
　　　　199

第五章　**马克思在《关于费尔巴哈的提纲》中对费尔巴哈哲学的整体扬弃**　　202
　第一节　《关于费尔巴哈的提纲》的理论支援背景　　203
　　一、《黑格尔现象学的结构》：一次承前启后的思索　　204
　　二、《唯一者及其所有物》：一次足以致命的攻击　　206
　　三、"布鲁塞尔笔记"：一次研究经济学的强烈印象　　211
　第二节　马克思"实践"概念的形成　　213
　　一、《关于费尔巴哈的提纲》之前马克思"实践"
　　　　概念的演变　　213
　　二、《关于费尔巴哈的提纲》中的"实践"概念　　215
　　三、从《评弗里德里希·李斯特的著作〈政治经济
　　　　学的国民体系〉》看马克思的"实践"概念　　218
　第三节　"实践活动的"唯物主义：马克思唯物主义
　　　　历史观的第二次阐发　　224

一、"实践活动的"唯物主义对"人本学"和"自然
学"的扬弃 *224*

二、"实践的"认识方法对"感性直观"的认识方法
的超越 *228*

三、人的"社会的""实践"本质对人的"自然的""类"
本质的颠覆 *230*

四、"实践活动的"唯物主义在马克思主义哲学史
上的再定位 *237*

第六章 《德意志意识形态》时期马克思对费尔巴哈哲学的全面超越 *241*

第一节 《德意志意识形态》的形成过程和文本结构 *243*

一、《德意志意识形态》的形成过程 *243*

二、《德意志意识形态》的文本结构 *247*

第二节 "圣麦克斯"章:马克思对施蒂纳的彻底批判 *252*

一、马克思何以要不厌其烦地抨击施蒂纳的《唯一
者及其所有物》? *253*

二、马克思唯物主义历史观的第三次阐发 *255*

三、"圣麦克斯"章:"唯物史观"在多个领域的初步
运用 *258*

第三节 "费尔巴哈"章:马克思对"唯物史观"的
多重正面阐述 *263*

一、马克思对"唯物史观"的第一重阐述 *266*

二、马克思对"唯物史观"的第二重阐述 *271*

三、马克思对"唯物史观"的第三重阐述 *276*

四、马克思对"人的本质"问题的第三次阐发 *278*

第四节　马克思共产主义思想的逐渐形成　　280
　　　　一、马克思和恩格斯对"真正的社会主义"的初步
　　　　　　批判　　282
　　　　二、马克思和恩格斯的共产主义思想的逐渐厘清　　289

第七章　《德意志意识形态》之后的马克思与费尔巴哈　　297
　　第一节　马克思与费尔巴哈各自的理论进路　　298
　　　　一、费尔巴哈的理论进路　　299
　　　　二、走出费尔巴哈阴影的马克思　　301
　　　　三、马克思对费尔巴哈的逆袭　　309
　　第二节　马克思唯物史观与费尔巴哈唯物主义
　　　　　　人本学的联系与差别　　316
　　　　一、马克思唯物史观与费尔巴哈唯物主义人本学
　　　　　　的联系　　316
　　　　二、马克思唯物史观与费尔巴哈唯物主义人本学
　　　　　　的差别　　319

结束语：卡尔·马克思与费尔巴哈哲学的终结　　324
附录一　马克思与费尔巴哈学术史对应简表　　327
**附录二　马克思《关于费尔巴哈的提纲》与费尔巴哈相关哲学
　　　　　文本对照简表**　　330
附录三　马克思世界观的五个阶段和四次转变　　342
参考文献　　353
2016年博士论文后记　　364
2019年预出版后记　　369

导　言

  未来哲学应有的任务,就是将哲学从"僵死的精神"境界重新引导到有血有肉的,活生生的精神境界,使它从美满的神圣的虚幻的精神乐园下降到多灾多难的现实人间。为了达到这个目的,哲学不需要别的东西,只需要一种人的理智和人的语言。但是用一种纯粹而真实的人的态度去思想,去说话,去行动,则是下一代人才能做到的事。因此目前的问题,还不在于将人之所以为人陈述出来,而是在于将人从他所沉陷的泥坑中拯救出来。这些原理,也就是从这种艰苦的工作中所获得的结果。[1]

——费尔巴哈

一

  在1843年7月9日于布鲁克堡为《未来哲学原理》这一著作写的"引言"中,费尔巴哈写下了上面这段话。费尔巴哈是这么说

---

[1] [德]路德维希·费尔巴哈:《费尔巴哈哲学著作选集》(上卷),荣震华、李金山等译,北京:商务印书馆,1984年版,第120—121页。

的,也是这么做的。在他的《未来哲学原理》中,确实没有别的东西,只是一种人的理智和人的语言。不出费尔巴哈所料的是,作为学术后起之秀的马克思,随即被费尔巴哈从黑格尔思辨哲学的泥坑里拯救了出来,学会了费尔巴哈的"人的理智和人的语言"。可是,出乎费尔巴哈意料的是,就在之后短短两三年里,费尔巴哈连同他的"未来哲学"就被基本上处于同一时代而非"下一代人"的马克思直接摁进了另一个泥坑。非但如此,马克思还对费尔巴哈提出的,但是尚未来得及回答的"人之所以为人"这一问题做了清清楚楚的陈述。这也正应了费尔巴哈在《未来哲学原理》一书"引言"中的最后一句话:"这些原理,是不会没有后果的。"[1]

  1848 年 2 月《共产党宣言》的发表,标志着马克思主义的诞生。马克思主义诞生 170 多年来,马克思与费尔巴哈的学术关系(以下简称"马费关系")就一直是马克思主义形成史研究中的一个经久不衰的基础性课题。对于这一课题的研究之所以能够历久而弥新,究其理论根源,在很大程度上,并不是因为学术界对于费尔巴哈哲学(即唯物主义人本学)在理解上有多大争议,更不是因为学术界对于马克思主义哲学(即唯物史观)在理解上有多大争议,也不是因为学术界不能明确区分费尔巴哈的唯物主义人本学和马克思的唯物史观之间的差异,而是因为学术界对马克思哲学思想的发展过程(即唯物史观的形成过程)有着多种完全不同的理解,从而导致在"马费关系"理解上的重大差异。因此,正确理解马克思哲学思想发展过程(即唯物史观的形成过程)才是正确理解"马费关系"的关键。也正是因为如此,本文采取了把"马费关系"放入

---

[1] [德]路德维希·费尔巴哈:《费尔巴哈哲学著作选集》(上卷),荣震华、李金山等译,北京:商务印书馆,1984 年版,第 121 页。

马克思哲学思想发展过程(即唯物史观的形成过程)中的研究思路。

对于"马费关系",长期以来,国内学界沿袭了恩格斯—普列汉诺夫—列宁—苏联东欧的传统理解模式。这种理解模式虽然比较笼统,可是并没有多大争议。改革开放以来,伴随着"西方马克思主义"和"西方马克思学"的研究热潮,大量关于"西方马克思主义"和"西方马克思学"的学术著作被翻译成中文,其中包含的"人本学马克思主义"和"人道主义的马克思"的观点一度在国内学术界备受热捧,马克思创立的唯物史观反而受到一定程度的理论挑战。本课题的研究,就是要正本溯源,回到费尔巴哈和马克思的文本中,回到费尔巴哈和马克思当年所处的历史文化环境中,尽量还原"马费关系"的历史原像,力争避免国内学界在以往研究上的缺陷。

时至今日,世界依然沉陷在费尔巴哈当年批判的宗教的泥坑里,人们也依然沉陷在马克思当年批判的民族性的泥坑里,因此,这一课题的研究无疑也具有十分重要的现实意义。

"马费关系"这一论题是与马克思哲学思想的发展过程(即唯物史观的形成过程)这一论题紧密相关的。对马克思哲学思想发展过程有着怎样的理解,对"马费关系"就会有着怎样的理解。总体而言,国内外学者对"马费关系"有以下四种理解模式。

第一,恩格斯理解模式。在"马费关系"研究上,由于恩格斯本人就是这一论题的直接参与者和第一见证人,因此,他自然而然最有发言权,其发言也应当最具权威性。在《路德维希·费尔巴哈和德国古典哲学的终结》一文中,恩格斯回忆道:"这部书[1]的解放作用,只有亲身体验过的人才能想象得到。那时大家都很兴奋:我们

---

[1] 指1841年出版的费尔巴哈的《基督教的本质》。

一时都成为费尔巴哈派了。马克思曾经怎样热烈地欢迎这种新观点,而这种新观点又是如何强烈地影响了他(尽管还有种种批判性的保留意见),这可以从《神圣家族》中看出来。"[1] 在恩格斯看来,费尔巴哈对青年马克思的影响是相当大的。恩格斯的这个说法确实是有依据的,因为不仅《神圣家族》,而且《1844年经济学哲学手稿》和其他马克思早期文本都可以佐证这个说法。当然,恩格斯也指出,马克思对费尔巴哈"还有种种批判性的保留意见",这一点我们从马克思早期的文本中也可以找到依据。另外,值得注意的是,恩格斯这里的"我们一时都成为费尔巴哈派了"中的"我们"是否包括马克思,并不是很清晰,因为在《基督教的本质》第一版于1841年出版时,马克思与恩格斯并不相识。因此,这个观点恐怕只能代表恩格斯自己的想法了。在《路德维希·费尔巴哈和德国古典哲学的终结》中的"1888年单行本序言"中,恩格斯指出,《德意志意识形态》完成后,"从那时起已经过了40多年,马克思也已逝世,而我们两人谁也没有过机会回到这个题目上来。关于我们和黑格尔的关系,我们曾经在一些地方作了说明,但是无论哪个地方都不是全面系统的。至于费尔巴哈,虽然他在好些方面是黑格尔哲学和我们的观点之间的中间环节,我们却从来没有回顾过他"[2]。"在这种情况下,我感到越来越有必要把我们同黑格尔哲学的关系,我们怎样从这一哲学出发又怎样同它脱离,作一个简要而又系统的阐述。同样,我也感到我们还要还一笔信誉债,就是要完全承认,在我们的狂飙突进时期,费尔巴哈给我们的影响比黑格尔以后任何其他哲学家都大。"[3] 由此可见,恩格斯认为费尔巴哈在好些方

---

[1] 《马克思恩格斯文集》(第4卷),北京:人民出版社,2009年版,第275页。
[2] 《马克思恩格斯文集》(第4卷),北京:人民出版社,2009年版,第265页。
[3] 《马克思恩格斯文集》(第4卷),北京:人民出版社,2009年版,第266页。

面是黑格尔哲学与他和马克思的观点之间的中间环节,并且把费尔巴哈列为黑格尔以后对他和马克思影响最大的哲学家。

继恩格斯之后,俄国的普列汉诺夫对历史唯物主义的理论来源做了大量的研究工作。普列汉诺夫认为,作为一个完整的世界观,历史唯物主义是自德谟克利特以来2000多年唯物主义哲学发展的必然结果和现代形态,费尔巴哈是其直接的理论基础。马克思正是克服了费尔巴哈哲学的内在缺陷,方才使得唯物主义哲学"被提升为一个完整的、首尾一贯的和彻底的世界观"[1]。列宁的研究受到了普列汉诺夫的直接影响,继承了普列汉诺夫的研究结论。值得一提的是,列宁对费尔巴哈《宗教本质讲演录》的研究,倒是得出一些意外的看法,当然,这一点只是涉及对费尔巴哈后期思想的理解,与本文的主题没有多大关系。之后,苏联、东欧和中国的马克思主义研究学者,在"马费关系"上,大多沿袭了恩格斯、普列汉诺夫、列宁的这种理解模式。

值得一提的是,第二国际时期的"正统马克思主义"学者,虽然在细节上与恩格斯的这种理解模式稍有不同,但总体思路是一致的。

在1919年出版的《马克思传》中,梅林首先从史料角度对恩格斯—列宁模式提出了质疑,梅林认为,是费尔巴哈的《关于哲学改造的临时纲要》而不是《基督教的本质》,曾对马克思产生重大的影响。因为"马克思发表在《莱茵报》上的那些文章里,还看不到费尔巴哈的影响。马克思只是在《德法年鉴》上才第一次表示'热烈地欢迎'这个新的世界观","《关于哲学改造的临时纲要》的思想无疑

---

[1] [俄]普列汉诺夫:《普列汉诺夫哲学著作选集》(第1卷),汝信、刘若水、何匡译,北京:生活·读书·新知三联书店,1959年版,第779页。

地已经包含在《基督教的本质》一书之中,因而从这个意义上来说,即使恩格斯的记忆有错误,那也是非本质的。但是他的错误又是不可忽视的,因为它模糊了费尔巴哈和马克思之间的思想联系"。[1]

在1920年出版的《马克思的历史、社会和国家》中,库诺设专节研究"马克思和费尔巴哈"。虽然在该节内容之中有多处明显的错误,但是,他的研究毕竟还是比较细致的。库诺也指出,"马克思经过费尔巴哈而达到他的历史理论的发展过程"[2]。他为此还提出若干文本依据。[3] 库诺由于并不知道《德意志意识形态》的存在,所以认为马克思恩格斯的历史观在他们"读了费尔巴哈的《关于哲学改造的临时纲要》,继而又在1846年秋读了《宗教的本质》之后"[4]才完成,而且他还根据恩格斯给马克思的信(1846年8月19日),认定《关于哲学改造的临时纲要》对马克思恩格斯的影响要"远远超过"《宗教的本质》的影响。匪夷所思的是,库诺把《关于费尔巴哈的提纲》理解为"马克思在1845年为费尔巴哈的《宗教的本质》一书所写的夹注"[5]。我们知道,《宗教的本质》一书在1845年写成并于1846年出版,出版之前马克思和恩格斯都不曾看到过这本书,[6]马克思怎么可能在1845年为1846年才出版的书写夹注呢?如果按照文本来推测的话,一定是库诺误把《未来哲学原

---

1 [德]弗·梅林:《马克思传》,樊集译,北京:人民出版社,1965年版,第69—70页。
2 [德]亨利希·库诺:《马克思的历史、社会和国家学说》,袁志英译,上海:上海译文出版社,2014年版,第530页。
3 参见[德]亨利希·库诺:《马克思的历史、社会和国家学说》,袁志英译,上海:上海译文出版社,2014年版,第530—537页。
4 [德]亨利希·库诺:《马克思的历史、社会和国家学说》,袁志英译,上海:上海译文出版社,2014年版,第533页。
5 [德]亨利希·库诺:《马克思的历史、社会和国家学说》,袁志英译,上海:上海译文出版社,2014年版,第536页。
6 参见[德]路德维希·费尔巴哈:《费尔巴哈哲学著作选集》(下卷),荣震华、王太庆、刘磊译,北京:商务印书馆,1984年版,第874页。

理》写成《宗教的本质》了。在该节的最后，库诺指出："只是在马克思和恩格斯超越了费尔巴哈的非历史的抽象，而把人理解为历史发展的产物，同时看到了（社会）存在的基础乃是经济方式之后，他们才达到了那种经济的历史因果论，后来在他们的著作中是以唯物史观的面貌出现在我们的面前的。"[1] 在这里，库诺对唯物史观的理解表现出明显的"经济决定论"倾向，但是，他的关于马克思和恩格斯在"把人理解为历史发展的产物"之后才达到唯物史观的观点还是非常有见地的。

总体而言，"恩格斯理解模式"强调费尔巴哈哲学是马克思的唯物史观形成过程中的一个非常重要的环节，其对于马克思哲学思想的发展起到了十分重要的推动作用。

第二，阿尔都塞理解模式。对于"西方马克思主义"学者而言，他们在总体上都是把马克思主义理解为一种人本主义。可是，我们发现，虽然"西方马克思主义"学者都强调自身和马克思的人本主义之间的学术关联，但是，他们之中的绝大多数却绝口不提费尔巴哈。无论是早期的卢卡奇、科尔施、葛兰西，还是后来的法兰克福学派，都是如此。因此，在"马费关系"这一论题上，表面上看上去似乎密切相关的"西方马克思主义"，反而并没有直接意义上的参照价值。当然，这也从反面说明了这样一个显而易见的结论，那就是：在"西方马克思主义"学者那里，马克思的现代人本主义与费尔巴哈的古典人本主义是两种完全异质的人本主义。[2] 当然，在众多"西方马克思主义"学者中，阿尔都塞应该算是一个例外。

---

1 ［德］亨利希·库诺：《马克思的历史、社会和国家学说》，袁志英译，上海：上海译文出版社，2014年版，第537页。
2 参见胡大平编著：《西方马克思主义哲学概论》，北京：北京师范大学出版社，2010年版，第129页。

在《保卫马克思》一书中,收录一篇题为《费尔巴哈的"哲学宣言"》的文章,阿尔都塞在其中非常详细地谈论了自己对青年马克思和费尔巴哈学术关系的理解。阿尔都塞指出:

> 费尔巴哈是青年黑格尔理论运动危机的**见证人和当事人**。为要懂得青年黑格尔派1841年至1845年间的著作,必须阅读费尔巴哈的著作。尤其,人们可以看到,马克思青年时期的著作简直浸透了费尔巴哈的思想。在1842年至1844年间,不仅马克思所使用的术语是费尔巴哈的术语(异化、类存在、整体存在、主谓"颠倒"等等),而且更重要的显然是:他的**哲学总问题**在本质上也是费尔巴哈的总问题。《论犹太人问题》和《黑格尔法哲学批判》只有在费尔巴哈总问题的背景下,才能够被理解。马克思思考的主题虽然超出了费尔巴哈直接关心的问题范围,但两人的理论格局和理论总问题却还是**一样的**。用马克思自己的话来说,他只是在1845年才真正"清算"了这个总问题。《德意志意识形态》是标志着同费尔巴哈的影响和哲学有意识地和彻底地决裂的第一部著作。[1]

在阿尔都塞看来,青年马克思的关于"伦理"观点方面的大部分概念,都源于费尔巴哈1839年至1843年间的著作。

> 承认这些概念最初属于费尔巴哈,这并不是为了用确认发明权(这个概念是费尔巴哈的发明,那个概念是马克思的发

---

[1] [法]路易·阿尔都塞:《保卫马克思》,顾良译,北京:商务印书馆,2006年版,第27—28页。

明)来解决一切问题,而是为了不把马克思所**借用**的概念和总问题当作马克思的**发明**。更重要的是必须承认,这些概念并不是孤立地单个借来的,而是**作为一个整体一下子**借来的,所谓整体在这里恰恰就是费尔巴哈的总问题。[1]

在阿尔都塞看来,

> 马克思在两三年时间内确实**接受了**费尔巴哈的总问题;他和这个总问题完全**等同**了起来;为了懂得马克思在这个阶段的大部分论断的含义——包括与他后来思考的材料(例如政治、社会生活、无产阶级、革命的)有关的、因而完全称得上马克思主义的论断在内,就必须领会**这一等同的中心内容**,并抓住这一等同引起的全部理论后果(直接后果和间接后果)。[2]

阿尔都塞认为,马克思后来同费尔巴哈决裂,实际上"意味着采纳了一个**新的总问题**,这个总问题即使包含有旧的问题的一些概念,但这些概念在新的总问题这个整体中,已被赋予了崭新的含义"[3]。阿尔都塞进而认为,"马克思的理论革命正是要把马克思的理论思想从**旧因素**(费尔巴哈和黑格尔哲学)那里解放出来,并把它建立在一个**新因素**的基础上"[4]。马克思正是由于放弃了费

1　[法]路易·阿尔都塞:《保卫马克思》,顾良译,北京:商务印书馆,2006年版,第30页。
2　[法]路易·阿尔都塞:《保卫马克思》,顾良译,北京:商务印书馆,2006年版,第30页。
3　[法]路易·阿尔都塞:《保卫马克思》,顾良译,北京:商务印书馆,2006年版,第30页。
4　[法]路易·阿尔都塞:《保卫马克思》,顾良译,北京:商务印书馆,2006年版,第31页。

尔巴哈力图摆脱而没有摆脱的那个哲学总问题,最终实现了与黑格尔、费尔巴哈的双重决裂,创建了属于自己的"哲学"范式。

我们认为,和其他"西方马克思主义"的学者相比较而言,阿尔都塞在"马费关系"的态度上无疑是比较客观而又相对公正的,当然,他把青年马克思和费尔巴哈等同,把马克思主义哲学与青年马克思的人本主义完全"断裂"的观点,我们并不完全赞同。

第三,"西方马克思学"学者理解模式。在"马费关系"这一论题上,"西方马克思学"的绝大多数学者实际上采取了和"西方马克思主义"的学者同样的态度,他们强调青年马克思的思想,将之理解为一种人本主义,但是他们大多同样也绝口不提马克思与费尔巴哈之间的学术关联。由此可见,和"西方马克思主义"的学者一样,"西方马克思学"的学者同样认为马克思的人本主义与费尔巴哈的人本主义并无瓜葛。当然,其中也有一些例外的情况。

英国学者麦克莱伦在《青年黑格尔派与马克思》一书中支持了梅林的观点。麦克莱伦认为,恩格斯对《基督教的本质》一书影响的评述完全是与事实不符的。麦克莱伦指出:"'体系'远没有被'炸开',青年黑格尔派普遍认为费尔巴哈的著作是黑格尔学说的继续,是同布鲁诺·鲍威尔的《对无神论者,反基督黑格尔的最后审判》一样站在同一路线的。"[1] 通过对马克思 1843—1845 年间著作的引文的仔细考察,麦克莱伦认为,马克思在此期间主要是受到了费尔巴哈《关于哲学改造的临时纲要》和《未来哲学原理》的影响。[2]

---

1 [英]戴维·麦克莱伦:《青年黑格尔派与马克思》,夏威仪、陈启伟、金海民译,北京:商务印书馆,1982 年版,第 96 页。
2 参见[英]戴维·麦克莱伦:《青年黑格尔派与马克思》,夏威仪、陈启伟、金海民译,北京:商务印书馆,1982 年版,第 105—118 页。

以色列学者阿维内瑞在《马克思的社会和政治思想》一书中，同时强调了黑格尔和费尔巴哈对马克思的影响。阿维内瑞认为，费尔巴哈的思想允诺"实现"哲学，马克思以黑格尔为前提，通过将费尔巴哈的方法运用于黑格尔政治哲学表明的问题而落实了这种"实现"，具体的研究成果就是《黑格尔法哲学批判》。在阿维内瑞看来，马克思的立场从早期的《〈黑格尔法哲学批判〉导言》一直到晚期的《资本论》，都是贯彻始终的。[1]

美国学者布雷克曼在《废黜自我：马克思、青年黑格尔派及激进社会理论的起源》一书中，强调青年马克思"走向费尔巴哈"，成为"费尔巴哈派"之一员。[2] 针对学者们惯常将马克思受到的费尔巴哈影响推定到马克思读的《关于哲学改造的临时纲要》上这一论点，布雷克曼认为："费尔巴哈对马克思的影响是一个累积过程而非偶然的发生。"[3] 布雷克曼甚至把费尔巴哈对马克思的影响追溯至马克思的博士论文时期。

德国学者陶伯特在《马克思和恩格斯的〈德意志意识形态〉第一卷的产生史》一文中认为，马克思和恩格斯存在一个"现实的人道主义"的"世界观的和政治的构想"阶段，这一阶段始于《德法年鉴》中的几篇文章，终于《神圣家族》。陶伯特认为，"现实的人道主义"在很大程度上受费尔巴哈的人道主义的影响，但是已经与费尔巴哈哲学有了质的区别。[4]

---

[1] 参见［以］阿维纳瑞：《马克思的社会与政治思想》，张东辉译，北京：知识产权出版社，2016年版，第8—44页。
[2] 参见［美］沃伦·布雷克曼：《废黜自我：马克思、青年黑格尔派及激进社会理论的起源》，李佃来译，北京：北京师范大学出版社，2013年版，第305—309页。
[3] ［美］沃伦·布雷克曼：《废黜自我：马克思、青年黑格尔派及激进社会理论的起源》，李佃来译，北京：北京师范大学出版社，2013年版，第308页。
[4] 参见［德］英格·陶伯特：《马克思和恩格斯的〈德意志意识形态〉第一卷的产生史》，《马克思主义研究资料》（第1卷），北京：中央编译出版社，2014年版，第7—10页。

我们并不认同"西方马克思学"的学者对马克思哲学思想发展过程的总体理解，但是，在"马费关系"这一论题上，麦克莱伦、阿维内瑞、布雷克曼、陶伯特等学者的观点还是相当有见地的。

第四，国内学者理解模式。对于"马费关系"这一论题，国外的研究比较深入。相较而言，国内的研究起步很晚。自从20世纪30年代苏联学界形成"黑格尔—费尔巴哈—马克思"的历史唯物主义形成史"三段论模式"以来，这一模式在苏联东欧包括1949年后的中国成为标准版本，这种情况一直持续到改革开放以后很长一段时间甚至今日。随着学术界对"西方马克思主义"和"西方马克思学"研究的不断推进，马克思主义哲学形成中费尔巴哈的"优先权"被反拨，黑格尔因素得到了更多的关注。因此，从总体来看，在很长一段时期内，中国学术界在整体上并没有完全走出国外"马费关系"研究的"老路"。可喜的是，在相对固化的理解模式中，国内学界毕竟还是取得了一些突破。

孙伯鍨认为，"马克思主义科学方法论的形成和诞生，首先是通过对社会历史现象的深入研究而获得的。从马克思和恩格斯成为共产主义者，并且从他们确立了把自己的理论研究和社会主义的实际运动结合起来的最初意向的时候起，'物质利益'问题就逐渐成为他们关注和研究的中心。在这种情况下，他们通过费尔巴哈的'中介作用'而转向唯物主义是最自然不过的。但是，要系统地把唯物主义运用到社会生活的各个方面，特别是要建立起一种有机的、整体的唯物主义的社会观，没有辩证法是绝对不行的"[1]。张一兵明确指认了当代理解马克思哲学思想发展的五大模式问题：西方马克思学的模式、西方马克思主义人本学的模式、阿尔都

---

1 孙伯鍨：《孙伯鍨哲学文存》（第1卷），南京：江苏人民出版社，2010年版，第6—7页。

塞的模式、前苏联学者的模式和我国学者孙伯鍨教授的模式。事实上,在这每一种理解马克思哲学思想发展的模式中,都存在着对于"马费关系"的不同理解。当然,张一兵在《马克思历史辩证法的主体向度》《回到马克思》等书中也详细论述了自己对于马克思哲学思想发展的观点,自然也包括对"马费关系"的看法。唐正东明确指出了青年马克思的"现实人道主义"概念的重要性。[1] 张亮认为,马克思在费尔巴哈的影响下走向"历史的"唯物主义,并通过经济学的研究消解了费尔巴哈哲学中自然观与历史观、唯物主义和人本主义之间的二律悖反,从而创立了历史唯物主义。[2]

俞吾金指出了把马克思哲学"费尔巴哈化"的两种形式,他认为费尔巴哈哲学确实对马克思产生过一定的影响,但无论是就"唯物主义学说"还是就"人的学说"而言,马克思和费尔巴哈之间存在着"根本差距",故而提出了"让马克思从费尔巴哈的阴影中走出来"的观点。[3] 俞吾金很重视"哲学研究之外的因素"对马克思的影响,认为在对马费哲学关系的简单考察中,可以得出以下三个结论:第一,不能简单地说费尔巴哈哲学是黑格尔哲学和马克思哲学的中间环节;第二,在马克思哲学思想的形成和演化中,并不存在一个以一般唯物主义立场为特征的所谓费尔巴哈的阶段;第三,既然马克思从未返回费尔巴哈式的唯心主义的立场上,他当然也就不可能对黑格尔的唯心主义哲学作一般唯物主义的倒转,即把黑

---

[1] 参见唐正东:《青年马克思的"现实人道主义"概念为什么很重要?》,载《南京政治学院学报》2012年第1期,第29—34页。
[2] 参见张亮:《马克思的哲学道路及其当代延展》,南京:江苏人民出版社,2013年版,第1—65页。
[3] 参见俞吾金:《重新理解马克思——对马克思哲学的理论基础与当代意义的反思》,北京:北京师范大学出版社,2013年版,第51—59页。

格尔的思维或绝对精神倒转为抽象的物质或自然界。[1]

吴晓明的《形而上学的没落——马克思与费尔巴哈关系的当代解读》是近年来中国学术界专题研究马费关系的力作。在本书的"导言"中,开宗明义地写道:"本书的主旨,在于对马克思哲学的当代意义有所阐说,而这一阐说,试图通过对费尔巴哈哲学的更加深入缜密的分析来开展,以期使这一哲学与马克思的哲学革命之关联被本质重要地揭示出来。"[2] 显而易见,这是一种研究"马费关系"的独特视角。

需要说明的是,"马费关系"这一总论题,其实涉及很多方面的具体论题,对于这些具体论题,国内外学者更是各持己见,考虑到我们自己的学术视野毕竟有限,无法做到一一研究,个个列举,敬请谅解。

二

自马克思主义诞生以来,"马费关系"一直是学术界津津乐道的重大研究主题,而出现截然不同的研究结论也是学术史上比较少见的情况。对于"马费关系"研究结论上的重大差异,我们认为大概有三个原因:

其一,文本方面的原因。我们知道,青年马克思的几篇核心文本,如《1844年经济学哲学手稿》《关于费尔巴哈的提纲》和《德意

---

[1] 参见俞吾金:《重新理解马克思——对马克思哲学的理论基础与当代意义的反思》,北京:北京师范大学出版社,2013年版,第83—85页。
[2] 吴晓明:《形而上学的没落——马克思与费尔巴哈关系的当代解读》,北京:人民出版社,2006年版,第1页。

志意识形态》，在当时都没有发表。[1] 所以，对于早期的研究者而言，这显然是非常不利的。就拿恩格斯来说，按理说他在这个问题上最有发言权，但是从他的说法来看，他似乎并不大了解《1844年经济学哲学手稿》的具体内容，因此他的基本判断虽然比较准确，但也未必十分周全。

其二，政治立场或意识形态方面的原因。在"马费关系"这一论题上，各家论点之所以截然相反，政治立场或意识形态差异是一个非常重要的原因。比如说，由恩格斯开启的理解模式，一般都会习惯从唯物主义的角度来理解"马费关系"；"西方马克思主义"的学者，一般都习惯从人本主义的角度去理解马克思哲学思想发展过程，忽略马克思主义哲学中的唯物主义方法论，因此也导致马克思和费尔巴哈之间其实没有关系的情况；"西方马克思学"的学者，不但排斥马克思主义哲学中的唯物主义方法论，而且也排斥用人本主义一以贯之地理解马克思哲学思想发展过程，从而导致了马克思主义哲学在某种程度上被"解构"的情况。因此，不能否认的是，政治立场，或者说意识形态上的巨大差异，实际上导致了研究结论上的根本不同和巨大差异。

其三，不同经济社会发展阶段导致的思维方式方面的原因。对于国内学者而言，在"马费关系"这一论题上，观点分化也非常严重。部分学者坚持传统理解模式，部分学者接受"西方马克思主义"的理解模式，部分学者对"西方马克思学"的理解模式也颇感兴趣。我们认为，这种理解模式上的明显分化，仅仅只用政治立场或意识形态一个方面的原因来解释是不够的。应该说，改革开放以

---

[1] 值得注意的是，马克思根本无意发表前两篇文本，后一文本却是马克思非常想发表而没能发表的。

来,中国社会已经发生了而且正在发生翻天覆地的变化,这种变化引发的学者们在思维方式上的差异,也是一个非常重要的原因。

我们认为,关于"马费关系"这一论题,以往的研究主要存在三个缺陷:

第一,文本掌握不够全面。我们知道,马克思的一些非常重要的文本是在80多年以后才被发现或出版的。他的《黑格尔法哲学批判》出版于1927年;《德意志意识形态》的完整文本首次在1932年付印,同一年《1844年经济学哲学手稿》也被发现了。[1] 我们也知道,这几个文本对于理解"马费关系"是极其重要的。因此,对于早期的研究者而言,由于他们根本没有看到过这些文本,自然无法全面、深入、准确地理解"马费关系"。

第二,文本研究不够深入。多数研究者都是以马克思的文本为中心,忽略了费尔巴哈的文本。事实上,费尔巴哈的思想也有一个发展变化的过程,一些发展变化甚至是在马克思接触到费尔巴哈哲学之后发生的,因此,这种研究往往片面理解了费尔巴哈哲学。另外,一些研究者对马克思的文本研究也不够透彻。这些研究者往往只是注意到文本中表达的观点和采用的方法,不大关注每一个文本的性质和该文本所要探讨的主题。事实上,由于文本性质的不同,其表达思想的能力会受到很大的局限;文本所要探讨的主题,往往会决定文本所能得出的结论。

第三,过程研究不够仔细。相当多的研究者只是将成熟的马克思主义哲学和成熟的费尔巴哈哲学进行比较,没有把"马费关系"理解为一个漫长而复杂的思想演变过程。事实上,不仅费尔巴

---

[1] 参见[以]阿维纳瑞:《马克思的社会与政治思想》,张东辉译,北京:知识产权出版社,2016年版,第1页。

哈的哲学思想对马克思的哲学思想发展过程有着十分重要的影响,而且马克思和费尔巴哈两人之间也存在过几次直接的学术交流,甚至马克思的思想对费尔巴哈也产生过一定程度的影响。

考虑到"马费关系"在整体上的单向度特点,也就是说,是费尔巴哈影响了马克思,而不是马克思影响了费尔巴哈,所以本书在整体逻辑安排上先在"前言"中确定费尔巴哈的思想史定位,再以马克思的思想发展为基本线索展开文本比较研究。

本书的研究目标主要有三个:

第一,准确定位费尔巴哈的思想史地位;

第二,准确定位马克思哲学思想的发展演变历程;

第三,准确定位费尔巴哈对马克思的学术影响过程。

本书的研究重点有三个:

第一,通过对马克思早期文本的分析研究,明确定位马克思思想在七个时段中分别所处的阶段;

第二,通过对马克思早期文本和费尔巴哈文本的比较研究,准确阐释马克思思想在每一个时段中与费尔巴哈哲学思想和方法论的具体联系;

第三,通过研究马克思思想发展过程中费尔巴哈因素的作用范围、作用方式、作用程度和作用机制,恰当定位费尔巴哈在马克思哲学思想发展史中的地位。

本书的研究难点有三个:

第一,马克思的哲学思想有一个生成过程,费尔巴哈的哲学思想也有一个发展历程。虽然两人之间有一定的"时代差",而且马克思的哲学思想发展变化无论从哪个角度来看都要比费尔巴哈复杂得多。但是,两人毕竟生活在同一个时期,因此,费尔巴哈在不同阶段的哲学思想对马克思有哪些不同的影响,以及马克思在不同阶段对费尔巴哈哲学的理解和把握的程度有什么差别,这是本书研究中的一个难点。

第二,费尔巴哈的学术领域主要局限于宗教和哲学,一生的主要工作是进行宗教批判和哲学批判,但是马克思在哲学思想发展的过程中涉足了太多的学术领域。仅仅在本书研究的短短几年期间,马克思研究的学术范围就横跨法哲学、宗教、政治、经济、社会、历史、意识形态等诸多领域,于是,在费尔巴哈学术领域范围之外的其他学科领域扩展应用甚至过度运用费尔巴哈的哲学思想和方法论得出了许多费尔巴哈从未提及的新观点和新结论,因此,如何来评估其中费尔巴哈对马克思的影响就成了一个比较难以把握的难点。

第三,马克思的思想渊源颇为复杂,很多内容与费尔巴哈并没有直接的关系,但是,这些思想同时也在推动着马克思思想的发展,而马克思思想的发展同时又使马克思站在另一个理论地平线上再次运用费尔巴哈的哲学思想和方法论,从而推动思想的再次跨越。因此,文章要处理的一个难点就是协调马克思思想中的费尔巴哈因素和其他因素之间的比例关系。如果不考虑其他影响因素,而只是探讨费尔巴哈对马克思的影响,那么,我们将无法对马克思在每一阶段的思想进展有客观、全面、深入的理解。相反,如果强化马克思思想中的其他因素而弱化费尔巴哈因素,那么,将会偏离文章所要探讨的主题。很显然,这是一个两难的选择。

本书采用了三种研究方法:

第一,文本研究法。考虑到以往的研究过于粗略,本书特别适合相对精细的文本研究方法,尽量让主要的研究结论都来自研究对象自己的说法,也就是说,从思想家的文本出发,通过思想家本人来说明其思想。

第二，历史研究法。考虑到费尔巴哈的思想有一个发展过程，马克思对费尔巴哈的学术关系也有一个变化过程，因此本文特别采用了历史研究方法。

第三，比较研究法。考虑到本课题的研究对象不是一个思想家的思想，而是两个思想家的思想，实际上还涉及同时代众多思想家的思想，特意采用了比较研究方法。

本书的创新之处有三个：

第一，在学术观点上不拘旧有。本书在对文本进行深入研究后，提出了诸多新的学术观点。比如，本书对费尔巴哈哲学进行了分层次定位，其中"发生学观点的批判哲学"是最基本的层次。再比如，本书明确定位了马克思世界观的几个阶段，如现实人道主义、"实践活动的"唯物主义和唯物史观，其中的"现实人道主义"世界观阶段主要受到费尔巴哈的影响，它本身也进行过三次阐发，本文中分别定位为"政治的"人道主义、"社会的"人道主义和"历史的"人道主义，其背后的理论逻辑是"政治的"唯物主义、"社会的"唯物主义和"历史的"唯物主义，等等。

第二，在研究方法上注重结合不同研究方法。本书主要采取了文本研究法、历史研究法和比较研究法三种研究方法，其中，文本研究法是基础性方法，贯穿在整个研究过程之中；历史研究法是线索性研究方法，构建了整个研究的逻辑进路；比较研究法是论证性研究方法，体现在整个研究的各个环节。通过三种研究方法的有机结合，希望能够比较精确地展现"马费关系"的客观发展过程。

第三，在叙述方法上动静有序。本书的研究对象决定了本书的中心内容有两个：一个是费尔巴哈哲学，一个是马克思哲学。对于费尔巴哈哲学，本书采取了用长篇"序言"直接界定其思想史地位的静态叙述方法，至于其形成和发展过程，则根据需要在正文中进行适当叙述。对于马克思哲学,本书直接采用划分为若干个时期的动态叙述方法。

三

全书除"前言"和"结束语"外,分为七章,分七个时段重点考察了马克思与费尔巴哈进行思想交流的整个历程。

"前言"首先明确了费尔巴哈的思想史地位。费尔巴哈的思想史地位是通过对黑格尔哲学的批判得以奠定的。本书提出了费尔巴哈对黑格尔的五重否定:发生学观点的批判哲学对思辨哲学的否定;人本学和自然学对神学的否定;经验主义对理性主义的否定;人的自然本质对人的精神本质的否定;"自然科学"对哲学的否定。

第一章回顾了马克思与费尔巴哈哲学的最初相遇。在博士论文的写作过程中,马克思首次接触费尔巴哈哲学。在《莱茵报》时期,马克思初步熟悉了费尔巴哈哲学。可是,这一时期的马克思还远远没有"成为费尔巴哈派"。

第二章考察了马克思在"黑格尔法哲学批判"时期对费尔巴哈哲学的初次运用。《莱茵报》时期,"苦恼的疑问"使得马克思对黑格尔的理性国家观产生了疑问,与此同时,费尔巴哈的《关于哲学改造的临时纲要》发表。受费尔巴哈对黑格尔哲学的思辨逻辑的批判的启发,马克思第一次直接采用费尔巴哈在《关于哲学改造的临时纲要》中提出的主语宾语"颠倒过来"的方法,对黑格尔的唯心主义国家学说进行了批判和改造,但是由于知识准备的不足而未能对市民社会和国家的关系进行更为具体的分析。在随后发表于《德法年鉴》的两篇文章中,马克思第二次运用费尔巴哈的人本主义异化方法深化了对黑格尔法哲学的批判,把费尔巴哈开辟的宗教批判推广到政治领域,形成了显性的"政治的"人道主义和隐性的"政治的"唯物主义两种思想逻辑。

第三章梳理了马克思在《1844年经济学哲学手稿》时期对费尔巴哈哲学方法论的全面运用。在对资产阶级政治经济学的批判中,马克思从费尔巴哈的"宗教异化"思想中推演出异化劳动理论,并运用异化劳动理论分析、批判了各种社会主义与共产主义学说,还正面阐述了自己的共产主义理论。在对"黑格尔的辩证法和整个哲学"的批判中,马克思采用费尔巴哈在《关于哲学改造的临时纲要》和《未来哲学原理》中批判黑格尔思辨哲学的视角批判了黑格尔哲学,拓展了费尔巴哈哲学的视野,推进了自己的思想深度。由于马克思把批判的"问题域"进一步扩展到政治经济学和社会学领域,形成了显性的"社会的"人道主义和隐性的"社会的"唯物主义两种思想逻辑,而且形成了自己的哲学共产主义思想。

第四章分析了马克思在《神圣家族》时期对费尔巴哈哲学的最后致敬。在这一论战性极强的文本中,"批判的批判"相对散乱的特点导致了"对批判的批判所做的批判"也比较零碎的特点。马克思在利用费尔巴哈哲学批判青年黑格尔派的主观唯心主义和历史唯心主义的过程中,形成了显性的"历史的"人道主义和隐性的"历史的"唯物主义两种思想逻辑,还形成了"群众的共产主义"思想。更为重要的是,在这一场针锋相对的论战过程中,马克思思想中的人道主义因素和唯物主义因素出现了此消彼长的趋势,社会主义观念与唯物主义观念逐渐结合。

第五章探讨了马克思在《关于费尔巴哈的提纲》中对费尔巴哈哲学的整体扬弃。在经历了《神圣家族》的全方位演练、施蒂纳《唯一者及其所有物》的致命攻击、研究经济学的强烈冲击后,马克思对费尔巴哈哲学进行了第一次批判,形成了马克思版本的《未来哲学原理》——《关于费尔巴哈的提纲》。在这个提纲中,马克思在批判费尔巴哈哲学的同时,事实上从根本上检讨了自己先前持有的"现实人道主义"的世界观,提出了"实践活动的"唯物主义的新世界观。

第六章研究了马克思在《德意志意识形态》时期对费尔巴哈哲学的全面超越。马克思在制定了"包含着新世界观的天才萌芽的第一个文件"之后,已经对费尔巴哈哲学了无兴致。在《德意志意识形态》中,马克思在批判施蒂纳的同时,对费尔巴哈哲学进行了第二次批判,并且批判了整个"现代德国哲学",从而彻底走出了德国古典哲学(包括费尔巴哈哲学,而且包括自己一度形成的"现实人道主义"的思维范式),从正面阐述了"唯物史观",为科学共产主义的诞生廓清了理论地平。

第七章比较了《德意志意识形态》之后马克思与费尔巴哈迥然不同的理论进路,指出了马克思对费尔巴哈的学术影响,说明了马克思的唯物史观与费尔巴哈的唯物主义人本学的联系与差别。

"结束语"指出了"现实人道主义"是马克思唯物史观形成过程中的至为重要的一环,而这一环主要受到费尔巴哈哲学的深刻影响,因此,费尔巴哈哲学是马克思唯物史观形成过程中一个不可或缺的阶梯。

前言　费尔巴哈对黑格尔的五重否定

> 信仰的卑贱性和怀疑的独立性是不可能共同生活在一个屋檐下的。……那些打算把陈旧的信仰强加于我们的人们，也必定会把陈旧的迷信重新强加于我们。……始终一贯的信仰就是迷信。[1]
>
> ——费尔巴哈

> 费尔巴哈的名字虽然流传广泛，但没有达到应当达到的那种程度。[2]
>
> ——威廉·博林

在正式开始叙述"马费关系"之前，无论是按照历史的顺序，还是按照逻辑的顺序，都有必要首先对费尔巴哈进行思想史的定位，于是，就出现了这个似乎有一点点画蛇添足然而实际上不可或缺的"前言"。

在《对莱布尼茨哲学的叙述、分析和批判》一书的"序言"中，费

---

[1] [德]路德维希·费尔巴哈：《费尔巴哈哲学史著作选》第三卷《比埃尔·培尔对哲学史和人类史的贡献》，涂纪亮译，北京：商务印书馆，1984年版，第260—261页。
[2] [德]路德维希·费尔巴哈：《费尔巴哈哲学史著作选》第三卷《比埃尔·培尔对哲学史和人类史的贡献》，涂纪亮译，北京：商务印书馆，1984年版，第4页。

尔巴哈提出了一种哲学史研究方法,即"纯粹历史的叙述"方法,这种"纯粹历史的叙述"就是"尽可能让哲学家自己讲述,让他从自己出发并通过自己来说明自己"[1]。在这里,我们决定用费尔巴哈的哲学史研究方法来研究费尔巴哈自己。

费尔巴哈的全部著作总体上可以分成两部分:一部分是以一般哲学为对象,另一部分则主要探讨宗教和宗教哲学。属于前者的主要有:三本哲学史著作[分别是《从培根到斯宾诺莎的近代哲学史》(1833)、《对莱布尼茨哲学的叙述、分析和批判》(1837)和《比埃尔·培尔对哲学史和人类史的贡献》(1838)]、《黑格尔哲学批判》(1839)、《关于哲学改造的临时纲要》(1842)、《未来哲学原理》(1843)等等。属于后者的主要有:三本《论死与不死》的著作[分别是《论死与不死》(1830)、《亚培拉和赫罗依斯,或作家与人》(1834)和《从人本学观点论不死问题》(1846)]、《基督教的本质》(1841)、《宗教的本质》(1845)[2]、《宗教本质讲演录》(1851)、《神谱》(1857)等等。在今天看来,费尔巴哈著作的这两部分似乎风马牛不相及,这必然会给我们定位费尔巴哈带来一定程度的困扰。然而,正如费尔巴哈在《宗教本质讲演录》[3]中指出的,他的著作严格说来只有一个目的、一个意志和思想、一个主题,这个主题正是——"宗教和神学,以及与之有关的一切东西"[4]。因此,费尔巴哈本人在思想史上为其定位提供了基调。费尔巴哈进一步指出:"我在我的一切著作里面从来没有放过宗教问题和神学问题,它们一直是我的

---

[1] [德]路德维希·费尔巴哈:《费尔巴哈哲学史著作选》第二卷《对莱布尼茨哲学的叙述、分析和批判》,涂纪亮译,北京:商务印书馆,1979年版,第7页。
[2] 费尔巴哈的《宗教的本质》一书于1845年写成,1846年出版。
[3] 费尔巴哈1848年12月1日—1849年3月2日在海德堡市的讲演,1851年发表。
[4] [德]路德维希·费尔巴哈:《费尔巴哈哲学著作选集》(下卷),荣震华、王太庆、刘磊译,北京:商务印书馆,1984年版,第507页。

思想和我的生命的主要对象。自然,对于这些问题,我是在不同时期按照我的已经改变了的观点来加以不同的探讨的。"[1]。

那么,费尔巴哈在不同时期都有哪些不同的已经改变了的观点呢?在为1846年《费尔巴哈全集》第2卷写的《说明我的哲学思想发展过程的片段》中,费尔巴哈提供了1822—1846年他的哲学思想发展过程的鸟瞰。在其中的"1843—1844《哲学原理》"片段中,费尔巴哈非常明确地指出:"我的第一个思想是上帝,第二个是理性,第三个也是最后一个是人。神的主体是理性,而理性的主体是人。"[2]从宏观上来讲,费尔巴哈对自己哲学发展过程的总结是客观准确的,当然,由于这里没有涉及1846年以后费尔巴哈思想的发展变化,因此,事实情况可能要更为复杂一些。在1867年7月1日写给威廉·博林的信中,费尔巴哈郁闷于一些评论家(包括杜林)并不了解自己而对其著作妄加评论,于是他对自己的哲学做了一个非常特别的说明:

> 第一,我的哲学是一种必不可免的哲学,一个人只要他还继续是人,他就没有权利剥夺这唯一的哲学;第二,这种哲学是一种全新的哲学,它和迄今为止的一切哲学,包括康德哲学在内,全无共同之处;第三,这一哲学的基础是自然科学,唯有自然科学考虑了过去、现在和将来。而哲学,至少那以哲学之名而自诩的,仅仅是以过去为对象的哲学,只不过是人类最后的一场空忙,或者最后的一场错误而已。[3]

1　[德]路德维希·费尔巴哈:《费尔巴哈哲学著作选集》(下卷),荣震华、王太庆、刘磊译,北京:商务印书馆,1984年版,第508页。
2　[德]路德维希·费尔巴哈:《费尔巴哈哲学著作选集》(上卷),荣震华、李金山等译,北京:商务印书馆,1984年版,第247页。
3　苗力田译编:《黑格尔通信百封》,上海:上海人民出版社,1981年版,第309—310页。

那么，费尔巴哈的哲学到底是一种什么样的哲学，以至于让费尔巴哈感慨至此？"我独立经营了三十年的那个领域，对他们来说，还是一片未知的土地。"[1] 从费尔巴哈晚年的这段说明可以看出，费尔巴哈自认为自己的哲学是"唯一的哲学""全新的哲学"，而且特别指出"和迄今为止的一切哲学，包括康德哲学在内，全无共同之处"，如果按照费尔巴哈的说法，我们只能把费尔巴哈哲学理解为一种完全不同于以往一切的哲学，包括康德哲学的新哲学。

我们认为，费尔巴哈的新哲学是在对黑格尔哲学的批判中生成的，而黑格尔的哲学是"思辨的系统哲学的顶峰"[2]、"近代哲学的完成"[3]，因此，批判黑格尔哲学本身就是对全部德国古典哲学甚至整个近代哲学的批判。正如贺伯特·博德[4]所言："相对于黑格尔，费尔巴哈处在与所谓形而上学或'思辨'哲学相决裂的关键位置。"[5] 我们也认为，费尔巴哈的思想史地位，正是体现在他对黑格尔哲学的否定中，这种否定主要体现为以下五个层次。

---

[1] 苗力田译编：《黑格尔通信百封》，上海：上海人民出版社，1981年版，第309页。

[2] [德]路德维希·费尔巴哈：《费尔巴哈哲学著作选集》(上卷)，荣震华、李金山等译，北京：商务印书馆，1984年版，第60页。

[3] [德]路德维希·费尔巴哈：《费尔巴哈哲学著作选集》(上卷)，荣震华、李金山等译，北京：商务印书馆，1984年版，第147页。

[4] 赫伯特·博德，德国哲学家，1928年生于阿德瑙(Adenau)。1954年在弗赖堡大学获博士学位，海德格尔是其博士论文主要指导老师之一。1958年赴剑桥考察，成为英国皇家学院成员。1959年11月回到弗赖堡，1960年1月完成教授资格论文。1972年任德国布伦瑞克大学教习教授(Ordinarius)。主要著作：《根据和当下作为早期希腊哲学的追问目标》(海牙1962)、《形而上学的拓扑学》(弗赖堡/慕尼黑1980)、《现代的理性—结构》(弗赖堡/慕尼黑1988)、《历史的建筑工具》(维尔兹堡1994)、《动荡——海德格尔和现代性的限制》(纽约1997)。

[5] 戴晖：《从人道主义世界观到现代对世界的省思——费尔巴哈、马克思和尼采》，南京：南京大学出版社，2006年版，第2页。

一、"发生学观点的批判哲学"对思辨哲学的否定

1839年发表的《黑格尔哲学批判》是费尔巴哈哲学的奠基之作。在这篇文章中,费尔巴哈对黑格尔的历史观、哲学、逻辑学、精神现象学等进行了全方位的系统批判。在批判的过程之中,费尔巴哈提出了一个非常独特的概念,用来表达专属于他自己的哲学,并以之与黑格尔的"绝对哲学"乃至整个德国思辨哲学相区别,这个概念就是"发生学观点的批判哲学"[1]。费尔巴哈十分明确地指出:

> 发生学观点的批判哲学是这样一种哲学,它对于一个由表象提供的对象……并不做武断的证明和理解,而是研究其起源,怀疑对象究竟是一个真实的对象,还只是一个表象,或者一般地是一种心理现象;因此它是极其严格地区别开了主观的东西和客观的东西。[2]

费尔巴哈认为,黑格尔哲学是理性神秘论,在取舍了神秘的思辨心情和合理的思想的基础上,希望达到主观与客观的统一。可是,主观与客观的统一,对于哲学说来既是一个不产生效果的原

---

[1] [德]路德维希·费尔巴哈:《费尔巴哈哲学著作选集》(上卷),荣震华、李金山等译,北京:商务印书馆,1984年版,第76页。"发生学观点的批判哲学",英文译作"A genetico-critical philosophy",参见 Ludwig Feuerbach, *The Fiery Brook: Selected Writings of Ludwig Feuerbach*, Translated and introduced by Zawar Hanfi, London and New York: British Library Cataloguing in Publication Data & Library of Congress Cataloging-in-Publication Data, 2012。

[2] [德]路德维希·费尔巴哈:《费尔巴哈哲学著作选集》(上卷),荣震华、李金山等译,北京:商务印书馆,1984年版,第76页。

则,又是一个有害的原则,因为它在特殊事象中取消了主观与客观的区别,妨碍了发生学观点的批判思维,寻求条件的思维,真理的追求。因此,

> 黑格尔事实上是把仅仅表示主观需要的表象了解为客观真理,信以为真,这是因为他没有追索这些表象的根源,没有追索引起这些表象的需要所致;他把细看起来极度可疑的东西当作真的,把第二性的东西当作第一性的东西,而对真正第一性的东西或者不予理会,或者当作从属的东西抛在一边;他把个别地、相对地合理的东西证明成自在自为地合理的东西。[1]

在费尔巴哈看来,自己的这种"发生学观点的批判哲学"的主要对象,就是我们通常称为第二性原因的东西。这个通常称为第二性原因的东西就是客观的存在,当然,这个客观的存在并不是"存在本身",而是"这个或那个存在"[2]。在《黑格尔哲学批判》的末尾,费尔巴哈更是明确指出了"这个或那个存在"就是"人"和"自然"。[3]

显而易见,费尔巴哈用"发生学观点的批判哲学"颠倒了黑格尔哲学,乃至整个德国思辨哲学的传统,把自己哲学的重心放在以往哲学中处在第二性和宾词位置上的那个事物上面,这个处在第

---

[1] [德]路德维希·费尔巴哈:《费尔巴哈哲学著作选集》(上卷),荣震华、李金山等译,北京:商务印书馆,1984年版,第77页。

[2] [德]路德维希·费尔巴哈:《费尔巴哈哲学著作选集》(上卷),荣震华、李金山等译,北京:商务印书馆,1984年版,第78页。

[3] [德]路德维希·费尔巴哈:《费尔巴哈哲学著作选集》(上卷),荣震华、李金山等译,北京:商务印书馆,1984年版,第83—84页。

二性的、宾词位置上的那个事物就是"这个或那个存在",就是"人",就是"自然"。

我们认为,费尔巴哈在这里提出的"发生学观点的批判哲学",应该有两层含义:

其一,它是一种批判哲学。在德国古典哲学中,学术界习惯将黑格尔的哲学称为绝对哲学,将谢林的哲学称为同一哲学,将费希特的哲学称为自我哲学,将康德的哲学称为批判哲学。当然,这些哲学体系被统称为德国思辨哲学。除谢林的同一哲学外,其他哲学都具有某种批判意义,但直接以"批判哲学"命名的却只有康德哲学,因此,我们有理由认为,费尔巴哈的"发生学观点的批判哲学"从形式意义上来说正是继承了康德哲学的批判传统,即便事实上它本身与康德的批判哲学有着本质上的不同。

其二,它是一种发生学观点的批判哲学。按照费尔巴哈的说法,"发生学观点的批判哲学"在逻辑上其实是非常简单的,那就是按照自然和历史的客观发生过程来观察这个世界,首先有自然界,然后才有人,之后才有人的理性,再之后才有宗教、哲学等等。这一点在费尔巴哈批判黑格尔的历史观时表现得非常清晰。在《黑格尔哲学批判》的开头,费尔巴哈指出,黑格尔的精神是一种逻辑学上的精神,这种精神特别显示在他的历史观和他对历史的处理上。

> 黑格尔只注视和陈述各种宗教、哲学、各个时代和民族最突出的差异,并且只是就其处于逐步上升的过程中来加以陈述的;共同的、一致的、同一的东西完全退到背后去了。黑格尔的观点和方法所采取的形式,本身只是排他的时间,而并非同时是宽容的空间;黑格尔的体系只知道从属和继承,而不知

道任何并列和共存。……黑格尔的方法自夸走自然的道路。然而不管怎么说这不过是模仿自然,可是摹本却缺少原本的生命。……自然总是把空间的自由主义与时间的专制主义结合起来。……自然界中的各个发展阶段决不是仅仅具有一种历史的意义:这些发展阶段是环节,却是自然界同时并存的整体的各个环节,并不是一个特殊的、个别的整体的各个环节,因为个别的整体本身也不过是宇宙的一个环节,亦即自然界的一个环节。[1]

由此可见,费尔巴哈的"发生学观点的批判哲学"既不同于黑格尔的具有某种批判意义的绝对哲学,也不同于康德的批判哲学,还不同于任何一种具有一定批判意义的德国古典哲学。

我们认为,正如《精神现象学》是黑格尔哲学的"真正发源地和秘密"[2]一样,《黑格尔哲学批判》是费尔巴哈哲学的"真正发源地和秘密",其中提出的"发生学观点的批判哲学"正是费尔巴哈哲学的基石,也是费尔巴哈哲学未来全部走向的指南针。一个显而易见的事实是,只有将费尔巴哈哲学首先定位为"发生学观点的批判哲学",才能让费尔巴哈哲学与黑格尔哲学进而与整个德国思辨哲学的整体思维范式相对应而存在。事实上,费尔巴哈确实针对黑格尔哲学乃至整个德国思辨哲学提出了一种新哲学,在这种新哲学中,费尔巴哈首先提出了一种新的思维范式,这种思维范式在很大程度上也只是一种逻辑上的假设,即便它似乎是按照自然和历史的发生逻辑建构起来的。对费尔巴哈来说,他在哲学上的每一

---

[1] [德]路德维希·费尔巴哈:《费尔巴哈哲学著作选集》(上卷),荣震华、李金山等译,北京:商务印书馆,1984年版,第45—47页。
[2] 《马克思恩格斯文集》(第1卷),北京:人民出版社,2009年版,第201页。

步推进,其实都是按照这个事先规定好了的自然历史逻辑往下推演的。

二、人本学和自然学对神学的否定

如果遵循我国学术界已经形成的定论,这一小节的题目就应该定为"唯物主义对唯心主义的否定"。但是,由于在这里我们决意要从费尔巴哈出发并通过费尔巴哈来说明费尔巴哈,那么,自然就应该尊重费尔巴哈本人的说法。当然,一个哲学家的哲学是什么和这个哲学家自称自己的哲学是什么可能并不是同一回事。即便如此,我们至少应该以哲学家自己的说法作为研究的出发点。

在费尔巴哈看来,黑格尔的思辨哲学就是神学。在《关于哲学改造的临时纲要》中,费尔巴哈开门见山地指出,思辨哲学的秘密是神学——思辨神学。在《未来哲学原理》中,费尔巴哈更是明确指出:

> 思辨哲学的本质不是别的东西,只是理性化了的,实在化了的,现实化了的上帝的本质。思辨哲学是真实的、彻底的、理性的神学。[1]

因此,费尔巴哈对神学的批判,其实是和对黑格尔思辨哲学的批判同时发生的。

按照"发生学观点的批判哲学"的逻辑,费尔巴哈只能从一个

---

[1] [德]路德维希·费尔巴哈:《费尔巴哈哲学著作选集》(上卷),荣震华、李金山等译,北京:商务印书馆,1984年版,第123页。

由表象提供的对象出发并研究其起源,于是,他必须极其严格地区别开主观的东西和客观的东西。黑格尔是从存在开始的,但是,在费尔巴哈看来,黑格尔的这个存在实际上是存在的概念或抽象的存在,费尔巴哈则要从存在本身,亦即从现实的存在开始,这个现实的存在就是人,就是自然。可是,费尔巴哈并没有直接从人和自然开始,而是从宗教和神学开始的。之所以如此,原因大概有三个:一是在费尔巴哈生活的时代,宗教和神学就是当时最现实的存在;二是费尔巴哈自己的学术专长是神学;三是按照费尔巴哈的逻辑,神学就是人本学和自然学。因此,从宗教和神学出发,到人和自然结束,是费尔巴哈的基本理论逻辑。

事实上,费尔巴哈的这种想法由来已久。早在上大学期间,费尔巴哈就已经大概确立了自己未来的学术路向。费尔巴哈学术生涯的开端是神学,他先后在海德堡大学和柏林大学学习神学,虽然身在神学,但是费尔巴哈心在哲学。在1824年4月21日写给父亲的信中,费尔巴哈就打算"主要学习哲学",并表示"喜欢黑格尔的讲课"[1]。在1825年1月29日写给卡尔·道布的信中,费尔巴哈表达了要告别神学转而研究哲学的想法,可一时间还有些犹豫不决。[2] 但费尔巴哈很快便下定决心彻底告别神学,完全投入哲学的怀抱。在1825年3月22日写给父亲的信中,费尔巴哈明确指出:

> 神学——不再是我的学习专业了。……我曾生活在神学之中,但它现在不能使我满足了,它不能给我以我所需要的东西。……神学,对我来说已经死亡了,我,对于神学来说,也已

---

[1] 苗力田译编:《黑格尔通信百封》,上海:上海人民出版社,1981年版,第259页。
[2] 参见苗力田译编:《黑格尔通信百封》,上海:上海人民出版社,1981年版,第266页。

经死亡了。……让我再回到神学,就等于把一个不朽的灵魂再放回到已被抛弃的尸体里去。哲学给予我永生的金苹果,向我提供现世永恒福祉的享用,给予我以自身的相等。我将变得丰富,无限地丰富。哲学是取之不尽、用之不竭的泉源。[1]

与此同时,在这封信里,费尔巴哈向父亲清晰地说明了自己未来在学术方面的打算:"我的欲望是没有止境的,没有边界的。我要把大自然深深地铭刻在我的心中……我要把人,把整个的人,深深地铭刻在心中……这是个贯穿一切、穷究根底的思想。有了它我就有了一切,并能自己延伸到世界的尽头。"[2]

在1839年发表的《黑格尔哲学批判》中提出"发生学观点的批判哲学"之后仅仅两年,费尔巴哈便发表了震惊世人的长篇大作《基督教的本质》。在该书中,费尔巴哈明确指出了自己的新哲学的原则:

> 这个哲学,并不将斯宾诺莎的实体、康德和费希特的"自我"、谢林的绝对同一性、黑格尔的绝对精神等抽象的、仅仅被思想的或被想象的本质当作自己的原则,而是将现实的或者毋宁说最现实的本质,真正最实在的存在(Ens realissimum):人,即最积极的现实原则当作自己的原则。[3]

---

[1] 苗力田译编:《黑格尔通信百封》,上海:上海人民出版社,1981年版,第270—272页。
[2] 苗力田译编:《黑格尔通信百封》,上海:上海人民出版社,1981年版,第272页。
[3] [德]路德维希·费尔巴哈:《费尔巴哈哲学著作选集》(下卷),荣震华、王太庆、刘磊译,北京:商务印书馆,1984年版,第13—14页。

《基督教的本质》一书的结论是"神学之秘密是人本学"[1]。很显然,这是"发生学观点的批判哲学"的基本逻辑,起点是基督教,终点是人,批判的是基督教和基督教神学,树立的是人和人本学。由此可见,费尔巴哈的写作思路是相当清晰的。我们认为,这是费尔巴哈在通过宗教和神学诠释自己新近提出的哲学范式,而这种新的哲学范式其实已经酝酿很久很久了。

之后的《关于哲学改造的临时纲要》和《未来哲学原理》实际上是《基督教的本质》一书的延续,只不过在表达上更为直接和简练,而且对于"人本学"也做了更多正面的阐发。在《关于哲学改造的临时纲要》中,费尔巴哈高声呼吁道:"观察自然,观察人吧!在这里你们可以看到哲学的秘密。"[2]并且明确指出,"自然是与存在没有区别的实体,人是与存在有区别的实体。没有区别的实体是有区别的实体的根据——所以自然是人的根据"[3]。至此,费尔巴哈实际上已经把上帝、人和自然的关系说清楚了,那就是:神就是人,人的根据是自然。在《未来哲学原理》中,费尔巴哈说得更为清楚,"新哲学将人连同作为人的基础的自然当作哲学唯一的、普遍的、最高的对象——因而也是将人本学连同自然学当作普遍的科学"[4]。而"艺术、宗教、哲学或科学,只是真正的人的本质的现象或显示"[5]。在此基础上,费尔巴哈进而指出自己新哲学的口号是:

---

1 [德]路德维希·费尔巴哈:《费尔巴哈哲学著作选集》(下卷),荣震华、王太庆、刘磊译,北京:商务印书馆,1984年版,第5页。
2 [德]路德维希·费尔巴哈:《费尔巴哈哲学著作选集》(上卷),荣震华、李金山等译,北京:商务印书馆,1984年版,第115页。
3 [德]路德维希·费尔巴哈:《费尔巴哈哲学著作选集》(上卷),荣震华、李金山等译,北京:商务印书馆,1984年版,第116页。
4 [德]路德维希·费尔巴哈:《费尔巴哈哲学著作选集》(上卷),荣震华、李金山等译,北京:商务印书馆,1984年版,第184页。
5 [德]路德维希·费尔巴哈:《费尔巴哈哲学著作选集》(上卷),荣震华、李金山等译,北京:商务印书馆,1984年版,第184页。

Homo sum, humani nihil a me alienum puto.¹

再后来是 1845 年写成并于 1846 年出版的《宗教的本质》。在《宗教的本质》一书的开头,费尔巴哈明确指出:"人的本质或上帝,我在《基督教的本质》一书中,已经加以阐明。至于那异于人的本质、不依靠人的本质的实体,亦即那不具有人的本质、人的特性、人的个体的实体,真正说来,不是别的东西,就是自然。"[2] 那么,自然又是什么呢?费尔巴哈在注释中指出:

> 自然对于我,和"精神"一样,只不过是用来表示实体、事物、对象的一个一般名词,人将这些东西与他自身及他自身的产物分开,用自然这个共同名词加以概括,但是这并不是一个普遍的、从实际事物抽离出来的、人格化与神秘化了的东西。[3]

在费尔巴哈看来,"一切实在事物的总和就是世界或自然"[4]。

> 自然先于上帝,亦即具体的先于抽象的,所感的先于所思的。实际上,一切都只按照自然程序发生,原本先于摹本,实

---

1 Homo sum, humani nihil a me alienum puto. "我是一点也不排斥人性的东西的人。"这句格言出自罗马作家捷棱斯(约公元前 185—公元前 159 年)的喜剧《自我虐待者》中的一个登场人物之口。
2 [德]路德维希·费尔巴哈:《宗教的本质》,王太庆译,北京:商务印书馆,2010 年版,第 1 页。
3 [德]路德维希·费尔巴哈:《宗教的本质》,王太庆译,北京:商务印书馆,2010 年版,第 1 页注释 2。
4 [德]路德维希·费尔巴哈:《宗教的本质》,王太庆译,北京:商务印书馆,2010 年版,第 24 页。

物先于影像,对象先于思想;然而在超自然的奇迹的神学领域中,则是摹本先于原本,影像先于实物。[1]

从表面上看,这本著作似乎并没有多少新意。但是,对费尔巴哈来说,这本著作是《基督教的本质》的"接着说",是早在"发生学观点的批判哲学"的逻辑规划之中的。《基督教的本质》的关键词是"人",而《宗教的本质》的关键词是"自然"。很显然,费尔巴哈是按照"发生学观点的批判哲学"倒推着进行学术探索的,他首先提出了自己的人本学,然后又给自己的人本学找到了一个自然的基础,而这都是通过研究宗教来实现的,先是研究基督教,然后是整个宗教。因为在费尔巴哈看来,基督教尤其是新教是宗教发展的最高阶段,宗教的发展史背后隐藏的是人的历史,而这个历史的基础是自然。

在后来的《宗教本质讲演录》中,费尔巴哈也明确指出:

> 我在《基督教的本质》中所表述的观点或学说……有着一个很大的缺陷……把自然界撇开不谈,漠视了自然界……《基督教的本质》中所留下的这个缺陷,我在1845年出版的一本分量虽小而内容甚丰的小书《宗教的本质》中才弥补起来。[2]

他进而指出:

---

[1] [德]路德维希·费尔巴哈:《宗教的本质》,王太庆译,北京:商务印书馆,2010年版,第25页。
[2] [德]路德维希·费尔巴哈:《费尔巴哈哲学著作选集》(下卷),荣震华、王太庆、刘磊译,北京:商务印书馆,1984年版,第521页。

如果我以前拿"神学就是人本学"这个公式来概括我的学说，那末现在为了全面起见，我必须做如下的补充："神学就是人本学和自然学。"所以，我的学说或观点可以用两个词来概括，这就是自然界和人。[1]

在费尔巴哈看来，自然界这个无意识的实体，是非发生的永恒的实体，是第一性的实体，不过是时间上的第一性，而不是地位上的第一性，是物理上的第一性，而不是道德上的第一性；有意识的、属人的实体，则在其发生的时间上是第二性的，但在地位上说来则是第一性的。费尔巴哈的这个学说，是以自然界为出发点的，并且立足于自然界的真理之上，用这个真理去对抗神学和哲学。在《宗教的本质》这本书中，费尔巴哈是联系着实在的历史对象即自然宗教来发挥的，因为他的一切学说和思想都不是在抽象的蓝色烟雾中发挥出来，而是永远立足于历史的、实在的、不依赖于他的思维的对象和现象的坚实基础之上的。因此，费尔巴哈关于自然界的观点和学说，就是立足在自然宗教的基础上面的。

另外，费尔巴哈在《宗教本质讲演录》中也说明了自己对于人的历史的看法："神学就是人本学……人的神不外就是人的被神化了的本质。因此，宗教史或者神史（这是一样的）正是人的历史，因为宗教不同，神就不同，而宗教不同就是由于人的不同。"[2] 不难看出，费尔巴哈的历史观是从宗教史中反向推演出来的。

值得一提的是，早在《宗教的本质》一书尚未出版的1844年，

---

1 ［德］路德维希·费尔巴哈：《费尔巴哈哲学著作选集》（下卷），荣震华、王太庆、刘磊译，北京：商务印书馆，1984年版，第523页。
2 ［德］路德维希·费尔巴哈：《费尔巴哈哲学著作选集》（下卷），荣震华、王太庆、刘磊译，北京：商务印书馆，1984年版，第518—519页。

马克思就在《1844年经济学哲学手稿》中对费尔巴哈进行了思想史定位,这个定位和费尔巴哈晚年对自己的定位一模一样,足见马克思对费尔巴哈哲学逻辑进路的精准把握。

至此,费尔巴哈的"发生学观点的批判哲学"推进到了一个阶段,即人本学和自然学阶段。是继续扩展地盘还是巩固阵地?费尔巴哈面临一个极其艰难的抉择。此时的费尔巴哈,必须解决两个重大而棘手的理论问题,而这两个问题的解决,几乎耗尽了费尔巴哈的一生,但是,结果并不尽如人意。

首先,是有神论还是无神论的问题。在费尔巴哈生活的时代,尤其是在经济上落后、政治上分裂、文化上保守的德国,无神论是一个很敏感、很危险的话题。费尔巴哈一生都在解决这个问题。值得欣慰的是,这个问题最后得到了比较妥善的解决,但是,费尔巴哈为此付出了巨大的代价。

早在1830年,费尔巴哈就匿名出版了《论死与不死》。在这本著作中,费尔巴哈否定了个人的不死。但是,费尔巴哈这本著作的基本内容是和正统的基督教教义背道而驰的,于是,他不仅被任教的埃尔朗根大学辞退了,而且他想在德国任何一个大学中获得一席之地的一切努力都失败了,最终于1837年迁居到安斯巴哈附近的布鲁克堡村,一待就是25年,几乎没有离开过。

从费尔巴哈早期发表的观点来看,显然费尔巴哈完全持无神论的立场。但是,与此同时,在1833年发表《从培根到斯宾诺莎的近代哲学史》时,费尔巴哈也提出"任何热爱,都是神化"[1]的看法。事实上,后来费尔巴哈把自己的人本学演绎成爱的宗教,正是这种

---

[1] [德]路德维希·费尔巴哈:《费尔巴哈哲学著作选集》(上卷),荣震华、李金山等译,北京:商务印书馆,1984年版,第239页。

思想的延伸。可见,费尔巴哈的人本学,虽然表面上看起来是对神学的否定,但实际上却是一种人神论。

直到在《宗教本质讲演录》中,费尔巴哈才对有神论和无神论做了一个精彩的阐释,比较圆满地解决了这一疑难问题。费尔巴哈指出:

> 我的著作以及我的演讲的目的,都在于使人从神学家变为人学家,从爱神者变为爱人者,从彼世的候补者变为现世的研究者,从天上和地上的君主和贵族的宗教的和政治的奴仆,变为地上的自由和自觉的公民。……固然,可以把这个学说叫作无神论,因为世界上一切东西都应当有个名称;但是同时也不要忘记,这个名称并没有说明什么,正像有神论这个与它相反的名称也没有说明什么一样。Theos,神,是一个空名,它表示各种各样的意义,含有各种不同的内容,正如时代和人之间各个不同一样;所以整个问题就在于人对神这个名称做什么理解。……可见时代变了,人的神也就随着改变了。正像"有一个神"或者"我信神"这些话并不说明什么一样,"没有一个神"或者"我不信神"这些话也没有说明什么。整个问题就在于,有神论的内容、根据和精神是什么,而无神论的内容、根据和精神又是什么。[1]

由此可见,在费尔巴哈看来,问题的关键不是有神论还是无神论,而是有神论或无神论的内容、根据和精神是什么的问题。由此

---

1 [德]路德维希·费尔巴哈:《费尔巴哈哲学著作选集》(下卷),荣震华、王太庆、刘磊译,北京:商务印书馆,1984年版,第525—526页。

可见,在当时,作为德国人,费尔巴哈的无神论与法国人的无神论是根本不同的。事实上,在《宗教本质讲演录》的附录和注释中,费尔巴哈明确指出:"我并不想谈论以往那种受局限的、肤浅的无神论,特别是法国人的无神论。真正的共和国跟法国人的共和国差得有多远,真正的无神论就跟法国人的无神论差得有多远。"[1]

不过,费尔巴哈的无神论始终是扭扭捏捏的,比如他在《宗教本质讲演录》中还说道:

> 我虽然是个无神论者,但我仍可公开承认我是上述意义下的宗教即自然宗教的信徒、我憎恨那种把人同自然界分割开来的唯心主义;我并不以我依赖于自然界为可耻,……而且我不像基督教徒那样,认为这种依赖性是同我的本质相矛盾的,因此也根本不希望摆脱这个矛盾。我还知道,我是有限的、必死的生物,我总有一天要不存在。但是我认为这是完全自然的,因此我也就能够完全安于这种念头。[2]

费尔巴哈进而指出:

> 我所承认的自然宗教,无论就其内涵和意义说来,都恰恰与我承认一般宗教以及基督教的外延和意义相同;我所承认的只是它的朴素的基本原理。这个真理就是:人依赖于自然界;人必须同自然界和谐相处;人纵然站在他的最高的、精神的

---

[1] [德]路德维希·费尔巴哈:《费尔巴哈哲学著作选集》(下卷),荣震华、王太庆、刘磊译,北京:商务印书馆,1984年版,第810页。
[2] [德]路德维希·费尔巴哈:《费尔巴哈哲学著作选集》(下卷),荣震华、王太庆、刘磊译,北京:商务印书馆,1984年版,第537页。

立场上也不应当忘记他是自然界的产儿和成员；他应当随时随地崇敬自然界，奉自然界为神圣，不仅作为自己生存的基础和源泉，而且作为自己精神的和肉体的健康的基础和源泉……我在《基督教的本质》中虽然把人规定为人的目的，却根本没有想把人神化，像人们所愚蠢地强加于我的那样。也就是说，我根本没有想到把人变成神学和宗教信仰意义下的神……同样地，我虽然把自然界规定为人类生存的基础，规定为人所依赖而不能与之分离的实体，却根本没有想把自然界神化。[1]

由此可见，在费尔巴哈看来，无论是有神论还是无神论，其实都没有什么意义。当然他最终还是承认了自己是无神论者，不管是他崇拜的人还是自然，都不能当神，至少不能当宗教和神学中的神。因此，我们完全可以把费尔巴哈理解为无神论者，即便他对人和自然有着类似教徒对神一样的感情，毕竟，宗教和神学对他的影响根深蒂固，以至于他不得不用宗教和神学术语来说明自己的与神学根本没有什么关联的观点。在实质的意义上，费尔巴哈是无神论者，人神论者和自然神论者跟他并不沾边，那只是一种表达罢了。

当然，费尔巴哈花了很多时间澄清这一问题，最终还是说清楚了，那就是：无论是有神论还是无神论，其实并没有什么意义。正如恩格斯在1884年7月给爱德华·伯恩斯坦的信中写道：

  无神论只是表示一种否定，这一点我们自己早在40年前

---

[1] ［德］路德维希·费尔巴哈：《费尔巴哈哲学著作选集》（下卷），荣震华、王太庆、刘磊译，北京：商务印书馆，1984年版，第538页。

驳斥哲学家们的时候就已经说过了,但是我们补充说:无神论作为对宗教的**单纯的**否定,它始终要涉及宗教,没有宗教,它本身也不存在,因此它本身还是一种宗教……[1]

因此,对于费尔巴哈,我们也没有必要苛求什么,毕竟,他生活在那个时代,更何况他为此付出了惨痛的代价。更为主要的是,从神到人和自然,这已经是非常不容易的重大转变了,它预示着一个新时代的开始。

其次,是唯心主义还是唯物主义的问题。这个问题比有神论还是无神论的问题更为棘手。一个显而易见的事实是,在费尔巴哈生活的时代,敢于公开承认自己是无神论者和唯物主义者的哲学家少之又少,即便他的哲学最终一定会导致这个结果。可以推测出的是,在当时的德国,无神论者承受的压力可能还要小于唯物主义者的压力。

早在《基督教的本质》1843 年第二版的"序言"中,费尔巴哈就提出了一个颇为模棱两可的说法:

> 只有在实践哲学之领域内,我才是唯心主义者。……然而,在纯粹理论哲学的领域内,……实在论、唯物主义才是重要的。[2]

对于"唯物主义者"这一称号,费尔巴哈在很长的时间里,是不愿意承认的,甚至还主动站出来予以澄清。比如说,为了反驳施蒂

---

[1] 《马克思恩格斯文集》(第 10 卷),北京:人民出版社,2009 年版,第 522 页。
[2] [德]路德维希·费尔巴哈:《费尔巴哈哲学著作选集》(下卷),荣震华、王太庆、刘磊译,北京:商务印书馆,1984 年版,第 12 页。

纳对他的攻击而在 1845 年发表的《因〈唯一者及其所有物〉而论〈基督教的本质〉》一文的结尾处，费尔巴哈就明确指出：

> 既不应当称费尔巴哈为唯物主义者，也不应当称他为唯心主义者，更不应该称他为同一哲学家。[1]

由此可见，至少在这一时期，我们非要把"唯物主义者"的称号强加给费尔巴哈，是完全不符合他的意愿的。毕竟，费尔巴哈的这个声明，是在论战过程中的声明，是郑重的、严肃的。那么，为什么大家都认为当时的费尔巴哈哲学是唯物主义性质的，而费尔巴哈却矢口否认自己是唯物主义者呢？我们认为，在当时，哲学上的唯物主义方法和政治上的唯物主义者两者并不是一回事。在哲学研究上采用唯物主义方法和在政治上承认自己是一个唯物主义者，其舆论压力的大小有着天壤之别。

在费尔巴哈生活的时代，"唯物主义"和"唯物主义者"完全是贬义词，因为它们与犹太教的功用主义、利己主义是密切相关的。早在《基督教的本质》(1841)中，费尔巴哈就曾经提到"不学无术的唯物主义者"[2]的说法。一直到 20 多年后的《论唯灵主义和唯物主义，特别是从意志自由方面着眼》(1863—1866)中，费尔巴哈还在提到 18 世纪法国唯物主义者霍尔巴赫的《自然体系》一书时在前面加上了"名声很坏"[3]的说法。

---

1 [德]路德维希·费尔巴哈：《费尔巴哈哲学著作选集》(下卷)，荣震华、王太庆、刘磊译，北京：商务印书馆，1984 年版，第 435 页。
2 [德]路德维希·费尔巴哈：《费尔巴哈哲学著作选集》(下卷)，荣震华、王太庆、刘磊译，北京：商务印书馆，1984 年版，第 27 页脚注。
3 [德]路德维希·费尔巴哈：《费尔巴哈哲学著作选集》(上卷)，荣震华、李金山等译，北京：商务印书馆，1984 年版，第 430 页。

虽然费尔巴哈的唯物主义与霍尔巴赫的唯物主义惊人地相似,但是,费尔巴哈却明确否认了这种学术继承关系。他认为德国的唯物主义源于宗教改革,而与18世纪法国唯物主义毫不相干。在《论唯灵主义和唯物主义,特别是从意志自由方面着眼》这一著作中,费尔巴哈指出:

> 有人认为德国唯物主义是从《自然体系》中引申出来的,甚至是从拉美特利的麦蕈馅饼中引申出来的。再没有比这种看法更错误的了。德国唯物主义具有宗教的根源;它起源于宗教改革;它是上帝爱人的结果,而宗教改革家们不是在捉摸不定的虚幻的爱中,而是在人的灼热的爱中,在父母对自己的儿女的爱中,看到这种爱的例证,或者毋宁说,本质。[1]

> 上帝也就是唯物主义之父。[2]

由此可见,在费尔巴哈看来,德国的唯物主义是与宗教和神学密切关联的,而与18世纪法国唯物主义直接否定有神论的法国传统并不相同。应该说,费尔巴哈的说法是比较客观可信的。由此,我们有理由认为,马克思在博士论文中体现出来的无神论思想,更多是法国式的,马克思早期的唯物主义思想,应该也是法国式的,与费尔巴哈的无神论和唯物主义并不是一个理论根源。

事实上,在政治上承认自己是唯物主义者,已经是很晚的事情

---

[1] [德]路德维希·费尔巴哈:《费尔巴哈哲学著作选集》(上卷),荣震华、李金山等译,北京:商务印书馆,1984年版,第469—470页。
[2] [德]路德维希·费尔巴哈:《费尔巴哈哲学著作选集》(上卷),荣震华、李金山等译,北京:商务印书馆,1984年版,第471页。

了。在《宗教本质讲演录》(1851)中,费尔巴哈指出:"我们既餍足了哲学的唯心主义,也餍足了政治的唯心主义,我们现在想要成为政治的唯物主义者。"[1]在《宗教本质讲演录》的"附录和注释"中,费尔巴哈指出:

> 人类之现在被压迫的多数应当并且确实将要掌权并且创立一个新的历史时代。并不是教养、精神之贵族应当被扬弃;决不!只是,不应当让一些人做贵族,其他所有的人都做平民,而是应当让一切人——至少是应当——都受教养;并不是私有财产应当被扬弃,决不!只是,不应当让一些人有私有财产,而所有其他的人却一无所有,而是应当让所有的人都有私有财产。[2]

在这里,费尔巴哈也谈到了自己对于立宪君主制和民主共和制的看法。他认为,谈论哪一种国家形式更为合理,不能撇开空间和时间这两个前提条件。总体来说:

> 立宪君主制是政治之托勒密体系,而共和制是政治之哥白尼体系,从而,在人类的未来,哥白尼在政治中也将要战胜托勒密,就像他已经在天文学中战胜了他一样,虽然托勒密式的宇宙体系也曾经一度被哲学家们和学者们认为是不可动摇的"科学真理"。[3]

---

1 [德]路德维希·费尔巴哈:《费尔巴哈哲学著作选集》(下卷),荣震华、王太庆、刘磊译,北京:商务印书馆,1984年版,第503—504页。

2 [德]路德维希·费尔巴哈:《费尔巴哈哲学著作选集》(下卷),荣震华、王太庆、刘磊译,北京:商务印书馆,1984年版,第810—811页。

3 [德]路德维希·费尔巴哈:《费尔巴哈哲学著作选集》(下卷),荣震华、王太庆、刘磊译,北京:商务印书馆,1984年版,第846页。

至此，费尔巴哈终于把自己从人本主义者和自然主义者推进到唯物主义者，而且是政治的唯物主义者，这是费尔巴哈人本主义与唯物主义哲学思想和方法论在政治观上能达到的最高点了。客观而言，对于费尔巴哈这样一个全身浸透了神学奈何之水的人，这样的进步不可谓不大，但是，同时代的很多思想家，包括马克思和恩格斯，此时早已走出很远很远了。

由此可见，从人本学和自然学到政治唯物主义的转变，是费尔巴哈在不自觉中逐渐完成的。由于费尔巴哈的出发点是宗教和神学，结论是人本学和自然学，因此，他的自我超越是难以实现的，因此，即使是在他的文字中已经明确了的东西，他自己却迟迟不敢确认。

三、经验主义对理性主义的否定

与承受"无神论者"和"唯物主义者"这两个"异端"称号上的反复纠结态度形成鲜明对照的是，对于"经验主义者"的称号，费尔巴哈不仅早早就欣然接受，而且还主动站出来认领。

早在1835年1月13日写给克里斯提安·卡普的信中，费尔巴哈就指出："目前，我只是作为一个经验主义者来继续自己的历史研究，同时也作为一个哲学家、'爱智者'，正在对理性和认识力量进行剖析，然而在这上面，我还有很多事情要做，并且不知道从这里能得到什么。"[1]我们知道，此时的费尔巴哈正在从事哲学史研究。他承认自己是一个经验主义者，同时也强调自己的作为哲学家的理性，但是他不知道自己的研究能得到什么。

---

[1] 苗力田译编：《黑格尔通信百封》，上海：上海人民出版社，1981年版，第281页。

在《黑格尔哲学批判》(1839)中,费尔巴哈在批判黑格尔的《逻辑学》时提出了一个非常重要的概念——"感性直观"[1]。自此以后,"感性直观"就成为费尔巴哈哲学中一个非常重要的出发点。在这里,费尔巴哈不同意黑格尔在《逻辑学》中把"存在"作为开端,他认为,"存在——逻辑学所理解的一般存在——的对立面并不是无有,而是感性的具体存在"[2]。费尔巴哈指出,"黑格尔哲学所遇到的非难,与从笛卡儿和斯宾诺莎起的整个近代哲学所遇到的非难是一样的;就是非难他与感性直观直接分裂,非难他直接假定了哲学"[3]。在这里,费尔巴哈以黑格尔的《精神现象学》的第一章"感性的明确性,或'这个'或'以为'"的内容为切入点,对黑格尔的现象学进行批判,充分肯定了感性意识的实在性。费尔巴哈指出,"感性的、个别的存在的实在性,对于我们来说,是一个用我们的鲜血来打图章担保的真理"[4]。费尔巴哈认为,黑格尔的《精神现象学》就是"现象学上的逻辑学",并且指出:

> 黑格尔实际上并没有深入观察过、思想过感性意识,感性意识之为对象,只是作为自我意识、思想的对象,它只是自我确认范围内的思想的外化。正是因为这些缘故,所以现象学或者逻辑学——因为这是一样的——也从直接假定自身开

---

1 [德]路德维希·费尔巴哈:《费尔巴哈哲学著作选集》(上卷),荣震华、李金山等译,北京:商务印书馆,1984年版,第62页。
2 [德]路德维希·费尔巴哈:《费尔巴哈哲学著作选集》(上卷),荣震华、李金山等译,北京:商务印书馆,1984年版,第63页。
3 [德]路德维希·费尔巴哈:《费尔巴哈哲学著作选集》(上卷),荣震华、李金山等译,北京:商务印书馆,1984年版,第67页。
4 [德]路德维希·费尔巴哈:《费尔巴哈哲学著作选集》(上卷),荣震华、李金山等译,北京:商务印书馆,1984年版,第68页。

始——因而也就从与感性意识直接矛盾、绝对分离开始。[1]

与黑格尔完全不同的是,费尔巴哈要从人开始,从自然开始,从人的感性直观开始。

继《黑格尔哲学批判》之后,费尔巴哈于1841年发表了《论"哲学的开端"》一文。在这篇文章中,费尔巴哈明确阐发了自己的经验主义思想:

> 近代哲学与经院哲学不同的地方,正是在于它把经验活动同思维活动重新结合起来,正是在于它与脱离实在事物的思维相对立,提出了研究哲学必须依靠感觉的论题。……哲学不是在自己的路途的终端达到实在,而毋宁是从实在开始的。……精神后于感觉,而不是感觉后于精神:精神是事物的终端而不是开端。从经验到哲学是必然的,而从哲学到经验则是任意的造作。以经验为开端的哲学永远是青春的,以经验为终端的哲学则终将衰老、疲沓,自己成为自己的累赘。事实上,当我们从实在开始并忠实于实在的时候,哲学对我们来说就总是一种需要:经验在每一步上都背叛我们,从而迫使我们求助于思维。因此,以经验为终端的哲学会趋于衰朽,而以经验为开端的哲学则无限地发展。后者永远有着思维的材料,前者则灵智终将趋于枯竭。以没有实在性的思想为出发点的哲学,必然以异于思想的实在性告终。如果有人责备写这段话的人,说他所表述的这个思想是经验主义,他也根本不

---

[1] [德]路德维希·费尔巴哈:《费尔巴哈哲学著作选集》(上卷),荣震华、李金山等译,北京:商务印书馆,1984年版,第70页。

会反对。[1]

在这里,费尔巴哈主动认领了经验主义的思想。

在《基督教的本质》中,费尔巴哈认为,他跟那些闭目静思的哲学家是天差地别的,"为了进行思维,我需要感官,首先就是眼睛,我把我的思想建筑在只有借感官活动才能不断地获得的材料上面,我并不是由思想产生出对象,正相反,是由对象产生出思想"[2],费尔巴哈同时指出,"这里的对象,专指在人脑以外存在着的东西"[3]。由此可见,在费尔巴哈看来,不是思想产生对象,而是对象产生思想。

在《关于哲学改造的临时纲要》中,费尔巴哈明确指出:

> 哲学家必须用人的本质的那个不研究哲学的,甚至反对哲学、对抗抽象思维的方面,即那个被黑格尔贬为注释的东西,吸收到哲学本身里面来。只有这样,哲学才能成为一种普遍的、无敌手的、不可推翻的、不可抗拒的力量。因此哲学不应当从自身开始,而应当从它的反面、从非哲学开始。我们中间这个与思维有别的、非哲学的、绝对反经院哲学的本质,乃是感觉主义的原则。[4]

---

1 [德]路德维希·费尔巴哈:《费尔巴哈哲学著作选集》(上卷),荣震华、李金山等译,北京:商务印书馆,1984年版,第87页。
2 [德]路德维希·费尔巴哈:《费尔巴哈哲学著作选集》(下卷),荣震华、王太庆、刘磊译,北京:商务印书馆,1984年版,第12页。
3 [德]路德维希·费尔巴哈:《费尔巴哈哲学著作选集》(下卷),荣震华、王太庆、刘磊译,北京:商务印书馆,1984年版,第12页。
4 [德]路德维希·费尔巴哈:《费尔巴哈哲学著作选集》(上卷),荣震华、李金山等译,北京:商务印书馆,1984年版,第111页。

在《未来哲学原理》中,费尔巴哈再一次明确指出了自己的新哲学和以往旧哲学的不同。对于旧哲学而言,我是一个抽象的实体,一个仅仅思维的实体,肉体是不属于我的本质的;但对于新哲学来说,我是一个实在的感觉的本质,肉体总体就是我的"自我",我的实体本身。旧哲学为了防止感性观念沾染抽象概念,是在与感觉处于不断矛盾、敌对状态中进行的;新哲学则正相反,是在与感觉和睦、协调的状态中进行思想的。费尔巴哈进而指出:

> 旧哲学承认感觉的真理性……但是只是隐晦地,抽象地,不自觉地,勉强地承认,只是因为不得已而为之的;新哲学则相反,是愉快地,自觉地承认感性的真理性的:新哲学是光明正大的感性哲学。[1]

在《因〈唯一者及其所有物〉而论〈基督教的本质〉》中,费尔巴哈呼吁道:"应当遵循感官!感性的东西开始之处,就是宗教与哲学结束之处,并且由此而使我们得以获得简单而明白的真理。"[2]在《从人本学观点论不死问题》一书中,费尔巴哈指出:

> 对作为人的哲学家来说,直观是第一性的,而对于哲学或作为哲学家的哲学家来说,概念是第一性的……概念也是一个与感觉和直观不同的独立的本质。……但是,一切本质,至

---

[1] [德]路德维希·费尔巴哈:《费尔巴哈哲学著作选集》(上卷),荣震华、李金山等译,北京:商务印书馆,1984年版,第169页。
[2] [德]路德维希·费尔巴哈:《费尔巴哈哲学著作选集》(下卷),荣震华、王太庆、刘磊译,北京:商务印书馆,1984年版,第426页。

少是"超感觉的本质"的意义,却都在人里面得到解明。所以,只有从人类学观点来解开不死之谜,才是透彻的,其结果才是与人相协调的。人类学以不死信仰的限存在为出发点。一般说来,人类学认为存在是第一性的,但是,这里的"存在"……是指在人的意义下的"存在",这种存在,只为感觉所保证……[1]

在费尔巴哈看来:

存在着,就是指感性地存在着。[2]

纵观费尔巴哈思想发展的整个历程,无不体现着经验主义对理性主义的否定,而经验主义对理性主义的否定,恰恰是费尔巴哈的"发生学观点的批判哲学"在认识论上的必然结论。

值得一提的是,从西方哲学史的角度来看,经验主义并不算新事物,因为英国早就有经验主义的传统,但是,值得注意的是,费尔巴哈哲学中的"经验",是一种德国式的"经验",与英国式的"经验"有所不同,正如季广茂指出的那样:

在英美哲学那里,经验是常识性的直觉,是逻辑推理、理性思维或分析判断的能力。在欧陆哲学那里,经验不同于常识性的直觉,不同于一般的科学实验,它处于常识性的直觉和

---

[1] [德]路德维希·费尔巴哈:《费尔巴哈哲学著作选集》(上卷),荣震华、李金山等译,北京:商务印书馆,1984年版,第361—362页。

[2] [德]路德维希·费尔巴哈:《费尔巴哈哲学著作选集》(上卷),荣震华、李金山等译,北京:商务印书馆,1984年版,第403页。

科学实验之下,自成一域,难以触及。胡塞尔、海德格尔、萨特、梅洛-庞蒂等人把这种经验说成"具体的""活生生"的经验。与这种经验相比,日常经验和科学实验实在是肤浅、虚妄,苍白无力,不堪一击。[1]

很显然,费尔巴哈的"经验",虽然带有英国经验主义的某些特性,但主要还是一种德国式的"经验",正是这种德国式的"经验"生成了费尔巴哈哲学对德国古典哲学第三重否定。

四、人的自然本质对人的精神本质的否定

在费尔巴哈在用人本学和自然学取代了神学,确立了人本学和自然学两种反神学的思维范式之后,按照"发生学观点的批判哲学"的自然逻辑,接着需要解决下列三个问题:

第一,人和自然是什么关系?

第二,自然的本质是什么?

第三,人的本质是什么?

对于第一个问题,费尔巴哈很快就给出了答案,自然是人的基础。

对于第二个问题,费尔巴哈首先给出了一个自然的概念:"我所说的自然界,就是人拿来当作非人性的东西而从自己分别出去的一切感性的力量、事物和本质之总和。"[2] 但是,费尔巴哈似乎无

---

[1] [斯洛文尼亚]斯拉沃热·齐泽克:《意识形态的崇高客体》(修订版),季广茂译,北京:中央编译出版社,2014年版,第316—317页。

[2] [德]路德维希·费尔巴哈:《费尔巴哈哲学著作选集》(下卷),荣震华、王太庆、刘磊译,北京:商务印书馆,1984年版,第591页。

意对自然做进一步诠释,因为在费尔巴哈看来,自然是无意识的实体,是非发生的永恒的实体,是第一性的实体,不过是时间上的第一性,而不是地位上的第一性,是物理上的第一性,而不是道德上的第一性,有意识的、属人的实体,则在其发生的时间上是第二性的,但在地位上说来则是第一性的。因此,显而易见的是,自然其实并不是费尔巴哈关注的重点,人才是。

第三个问题显然是费尔巴哈关注的重点,对此,费尔巴哈进行了很多次的探索,其理论出发点是黑格尔哲学。

在1817年出版的《哲学全书》的"精神哲学"部分,黑格尔系统阐述了自己的"人的本质"观。在黑格尔看来,人的本质在于人有精神,精神的本质是自由,人的自由本质的实现要经历一个由低到高的漫长发展过程,这个过程从"主观精神"领域开始,经历灵魂、意识、精神三个阶段,然后进入"客观精神"领域,历经法权、道德、伦理三个阶段,最后进入"绝对精神"领域,这个领域由艺术、宗教和哲学组成,只有在这里,人才能得到最充分和最完全的发展,实现人的自由本质。[1] 事实上,不仅黑格尔是从精神角度理解人的本质,德国古典哲学甚至笛卡儿以降的西方哲学都是把人有"精神""意识""思维"等作为人的本质特性。

一开始,费尔巴哈也没有摆脱这种传统理解范式。在《基督教的本质》的开头,费尔巴哈明确指出,人与动物的本质区别在于人有意识,这个意识是"类"的意识,因此,"类的尺度,是人的绝对的

---

[1] 参看[德]黑格尔:《哲学科学全书纲要》(1817年版),薛华译,北京:北京大学出版社,2010年版,第158—216页。另外参看[德]黑格尔:《哲学科学全书纲要》(1827年版),薛华译,北京:北京大学出版社,2010年版,第255—379页;[德]黑格尔:《哲学科学全书纲要》(1830年版),薛华译,北京:北京大学出版社,2010年版,第273—417页;[德]黑格尔:《精神哲学——哲学全书·第三部分》,杨祖陶译,北京:人民出版社,2006年版。

尺度、规律和准则"。¹ 在费尔巴哈看来,人的本质,就是作为"类"的人的本质。这个看法,费尔巴哈坚持了一生。但是,人自己意识到的人的本质究竟是什么呢? 或者,在人里面形成类,即形成本来的人性的东西究竟是什么呢?

　　　　就是理性、意志、心。²

很显然,这就是费尔巴哈的人本观被后来的思想家诟病为抽象的根源。事实上,后来的费尔巴哈对人的本质问题进行过全方位的阐释。在费尔巴哈后来的阐释中,我们可以发现,虽然他认为人的本质就是人的类本质,但这并不等于说费尔巴哈所说的"人"完全就是抽象的人,事实上刚好相反,费尔巴哈所说的"人"一直都包含很多具体的内涵。客观地说,费尔巴哈对于人的诠释,其内容要远比我们知道的丰富很多。

早在《基督教的本质》中,费尔巴哈就指出:"希腊人没有了希腊特性,就等于丧失了实存。"³ 在《宗教的本质》中,费尔巴哈又指出:"埃及人离开了埃及就不是埃及人,印度人离开了印度就不是印度人。"⁴ 在《宗教本质讲演录》中,费尔巴哈又明确指出,"要知道,我不是一般的人,而是具体的、确定的、特殊的人"⁵。而"确定

1　[德]路德维希·费尔巴哈:《费尔巴哈哲学著作选集》(下卷),荣震华、王太庆、刘磊译,北京:商务印书馆,1984年版,第42页。
2　[德]路德维希·费尔巴哈:《费尔巴哈哲学著作选集》(下卷),荣震华、王太庆、刘磊译,北京:商务印书馆,1984年版,第27—28页。
3　[德]路德维希·费尔巴哈:《费尔巴哈哲学著作选集》(下卷),荣震华、王太庆、刘磊译,北京:商务印书馆,1984年版,第46页。
4　[德]路德维希·费尔巴哈:《费尔巴哈哲学著作选集》(下卷),荣震华、王太庆、刘磊译,北京:商务印书馆,1984年版,第437页。
5　[德]路德维希·费尔巴哈:《费尔巴哈哲学著作选集》(下卷),荣震华、王太庆、刘磊译,北京:商务印书馆,1984年版,第540页。

的有限的人,也只崇拜确定的有限的自然界——本国的山川、树木、动物和植物"[1]。可见,费尔巴哈并不只是在抽象意义上谈论"人",他的"人"在很多方面都是具体的。

不仅如此,费尔巴哈还从人与人的关系中来理解"人"。在《未来哲学原理》中,费尔巴哈明确指出:"孤立的、个别的人,不管是作为道德实体或作为思维实体,都未具备人的本质。人的本质只是包含在团体之中,包含在人与人的统一之中,但是这个统一只是建立在'自我'和'你'的区别的实在性上面的。"[2] 由此可见,在费尔巴哈看来,只有团体中的人才具有人的本质,而孤立的、个别的人并不具备人的本质。在《因〈唯一者及其所有物〉而论〈基督教的本质〉》一文的末尾,费尔巴哈对"人"有一个极为重要的说明。在商务印书馆,1984年新一版的《费尔巴哈哲学著作选集》下卷中,费尔巴哈的这句话被翻译为"费尔巴哈把人的实体仅仅置放在社会性之中"[3]。但是,在人民出版社2009年版的《马克思恩格斯文集》中,这句话被翻译成"费尔巴哈把人的本质仅仅设定在共同性之中"[4]。这是一个非常重要的问题,因为我们以往对费尔巴哈的人的本质观上的理解,往往都是从马克思的批判出发的,但是,如果费尔巴哈的观点本身就是马克思的看法,这就说明马克思对费尔巴哈有明显甚至故意的误解。现在的问题是,只有后一个翻译是准确的,才能说明马克思并不存在这样的问题。当然,对于费尔

---

[1] [德]路德维希·费尔巴哈:《费尔巴哈哲学著作选集》(下卷),荣震华、王太庆、刘磊译,北京:商务印书馆,1984年版,第541页。
[2] [德]路德维希·费尔巴哈:《费尔巴哈哲学著作选集》(上卷),荣震华、李金山等译,北京:商务印书馆,1984年版,第185页。
[3] [德]路德维希·费尔巴哈:《费尔巴哈哲学著作选集》(下卷),荣震华、王太庆、刘磊译,北京:商务印书馆,1984年版,第435页。
[4] 《马克思恩格斯文集》(第1卷),北京:人民出版社,2009年版,第810页。

巴哈来说,不管用那个词是否用来表达他关于人的本质的看法,其实内涵是明确的,因为他强调的人只能在人与人的共存中才有意义。后来,在《幸福论》(1867—1869)中,费尔巴哈也指出:

> 事实上,被思考为自身独立存在的个人的道德是毫无内容的虚构。在我之外没有任何你,亦即没有其他人的地方,是谈不上什么道德的;只有社会的人才是人。因为有你存在和与你共处,我才是我。只是由于你作为一个明显的可触知的我,作为一个他人而与我的意识相对立,我才意识到我自己。[1]

当然,这里的"只有社会的人才是人"的看法是一个非常重要的理论质点,如果把这里的"社会的"改译为"共同的",似乎是说不通的。因此,不管是"共同的"还是"社会的",费尔巴哈强调的是要从人与人的关系中去理解"人",这一点是毋庸置疑的。

事实上,费尔巴哈甚至还从文化、历史的角度来理解过"人"。在《说明我的哲学思想发展过程的片段》中,他就提出过这样的说法,虽然不能把人从自然界抽离出来,但是,"直接从自然界产生的人,只是纯粹自然的本质,而不是人。人是人的作品,是文化、历史的产物"[2]。遗憾的是,费尔巴哈在这里没有进行更为深入的阐发。

综上可见,费尔巴哈对于"人"的理解,内容是非常丰富的,除

---

[1] [德]路德维希·费尔巴哈:《费尔巴哈哲学著作选集》(上卷),荣震华、李金山等译,北京:商务印书馆,1984年版,第571页。

[2] [德]路德维希·费尔巴哈:《费尔巴哈哲学著作选集》(上卷),荣震华、李金山等译,北京:商务印书馆,1984年版,第247页。

了坚持人的类本质这一点之外,人的历史性、文化性、社会性、具体性、确定性、有限性、现实性都是费尔巴哈关于人的本质的应有内涵。

费尔巴哈在"人"上纠缠太久了,以至于无法将自己的"发生学观点的批判哲学"继续向前推演。但是,毕竟他还是往前走了那么一小步。这一小步就是,费尔巴哈认为,人的本质是欲望。虽然这只是费尔巴哈迈出的小小一步,但是,在哲学史上的意义是非常重大的。事实上,费尔巴哈的这种思想由来已久。

在《基督教的本质》的末尾,费尔巴哈调侃道:

> 吃和喝就是圣餐之神秘……不要因为感谢人而忘了感谢自然……我把吃喝称为宗教活动……饥渴不仅破坏人的体力,而且也损害人的精神力量和道德力量,它剥夺人的天性、理智、意识。……我们只要打断事物的通常进程,就可以为平凡的东西取得不平凡的意义,为一般的生活本身取得宗教意义。因此,愿我们把饼、酒奉为神圣,而同样也把水奉为神圣!阿门。[1]

在《宗教本质讲演录》的"附录和注释"中,费尔巴哈第一次提到了荷马,并引用了《荷马史诗·奥德赛》中的一段谈论"饥饿"的诗歌。为了更清楚地展现荷马的这段诗歌的相关背景,在这里,我们不妨把这段内容补充完整,整段摘录如下:

---

[1] [德]路德维希·费尔巴哈:《费尔巴哈哲学著作选集》(下卷),荣震华、王太庆、刘磊译,北京:商务印书馆,1984年版,第322—323页。

> 足智多谋的奥德修斯这样回答说:
> "阿尔基诺奥斯,请不要这样思忖,
> 我与掌管广天的神明们无法比拟,
> 无论身材或容貌;我是个有死的凡人。
> 凡你们认为有谁遭受过最多的不幸,
> 我遭受了那么多苦难堪与他相比拟。
> 我还可以列举更多的更大的苦和难,
> 我忍受它们都是出于神明们的意愿。
> 不过我虽然痛苦,还是请让我先用餐。
> 无论什么都不及可憎的腹中饥饿
> 更令人难忍,它迫使人们不得不想起
> 即使他疲惫不堪,心中充满愁忧,
> 有如我现在尽管心里充满了愁苦,
> 它们仍命令我吃喝,忘却曾经忍受的
> 一切痛苦和不幸,要我果腹除饥饿。
> 请你们明天黎明初现便迅速准备,
> 让我这个经历了无数忧患的可怜人
> 得返故土,见到我的家产、奴隶
> 和高大的宅邸,即使我可能丧失性命。"[1]

很显然,荷马在诗歌中是要表达这样一个意思,那就是:吃喝对于有死的凡人来说是最基本的需要。费尔巴哈在此引用这段诗歌,目的是要说明:一种存在,一种生命是不可能解除自然需要、自

---

[1] [古希腊]荷马:《荷马史诗·奥德赛》,王焕生译,北京:人民文学出版社,1997年版,第123—124页。同时参见[德]路德维希·费尔巴哈:《费尔巴哈哲学著作选集》(下卷),荣震华、王太庆、刘磊译,北京:商务印书馆,1984年版,第868页。

然必然性的。只要活着,人就要呼吸、睡眠、吃饭、喝水、生产和传种。

在1860年10月20日写给威廉·博林写的信中,费尔巴哈希望朋友关注他新近发表但不受人们重视的《神谱》一书,因为,这本书"是我本质的,和精神自我非常重要的部分"[1]。

> 如果您想对我做更进一步的了解,请别忽略了我的《神谱》,尽管从表面上看来,它全是一些令人望而生畏的、难懂的、古典考证。然而在我看来,却是我最简明的、最完整、最成熟的著作。在这部著作里,我从头到尾重新阐述了我的全部精神生活,并把我早期著作中枯燥的哲学论证,再用直接确切的形式表达出来。正是因为这个缘故,我把自己比作希腊诗歌之父,比作荷马,从而证明我不象表面所见的那样,是个黑格尔主义者,费希特主义者,而是荷马的直接继承人。[2]
>
> 其实,《基督教本质》和这本书的关系,正如战斗与胜利、学徒与师傅的关系,只不过是同一主题的不同变形罢了。在这里,欲望(Wunsch)是贯穿始终的基本思想。它全然不是闪电的光芒,刹那间有力地冲破云层又消失在黑暗之中,它是太阳的光辉,在它的照耀之下一切云雾尽皆消散。[3]

在这里,费尔巴哈自比荷马,认为自己是荷马的直接继承人,而且承认"欲望"是贯穿《神谱》始终的基本思想。事实上,"欲望"也是荷马诗歌中的核心思想,无论是在《伊利亚特》还是《奥德赛》中,我们

---

[1] 苗力田译编:《黑格尔通信百封》,上海:上海人民出版社,1981年版,第299页。
[2] 苗力田译编:《黑格尔通信百封》,上海:上海人民出版社,1981年版,第298—299页。
[3] 苗力田译编:《黑格尔通信百封》,上海:上海人民出版社,1981年版,第299页。

最常见的一句诗歌就是"在他们满足了饮酒吃肉的欲望之后……"[1]。很显然,费尔巴哈正是在人的自然需要的意义上使用"欲望"一词的。

后来,在《从人本学观点论不死问题》(1846—1866 年)中,费尔巴哈指出,"人所是的,难道不依赖于人所吃的吗"?[2] "在腹中饥饿或充塞着人胃所不容的食物时,怎能再理会美学上的和道德上的感情呢?人的食物,难道不是人的思想观点和修养的首要条件吗?"[3] 在这里,费尔巴哈的意思很清楚,就是只有先满足了人的自然需要,人才有可能做其他事情。

在 1867 年 7 月 1 日写给威廉·博林的信中,费尔巴哈指出:"在我看来,诗人比哲学家更接近真理,因为至少对于人来说,归根到底,真理只不过是活生生的人自己。正是这个缘故,在我的《神谱》里,我把自己与荷马最紧密地联系起来,就算我还不能在希腊人中间发现真正完善的人。"[4]

在《幸福论》(1867—1869)中,费尔巴哈明确指出:

> 免于饥饿的自由虽然是最低级的自由,但同时也是最根本和最必要的自由,是人民和个人首要的和基本的权利。[5]

> 一个饱食终日的人不可洞察的秘密,当他饥肠辘辘时对

---

[1] [古希腊]荷马:《荷马史诗·伊利亚特》(全五册),罗念生、王焕生译,上海:上海人民出版社,2012 年版,第 47 页。[古希腊]荷马:《荷马史诗·奥德赛》,王焕生译,北京:人民文学出版社,1997 年版,第 7 页。

[2] [德]路德维希·费尔巴哈:《费尔巴哈哲学著作选集》(上卷),荣震华、李金山等译,北京:商务印书馆,1984 年版,第 292 页。

[3] [德]路德维希·费尔巴哈:《费尔巴哈哲学著作选集》(上卷),荣震华、李金山等译,北京:商务印书馆,1984 年版,第 320 页。

[4] 苗力田译编:《黑格尔通信百封》,上海:上海人民出版社,1981 年版,第 309 页。

[5] [德]路德维希·费尔巴哈:《费尔巴哈哲学著作选集》(上卷),荣震华、李金山等译,北京:商务印书馆,1984 年版,第 541 页。

于他就会透明如清水。1

人的最内秘的本质不表现在"我思故我在"的命题中,而表现在"我欲故我在"的命题中。2

至此,费尔巴哈哲学最根本的内容得到了最后的说明,当然,这也是"发生学观点的批判哲学"的自然逻辑结果,那就是:人的本质是欲望而非精神。这是费尔巴哈"发生学观点的批判哲学"的最终结论。

五、"自然科学"3对哲学的否定

按照"发生学观点的批判哲学"的自然逻辑,费尔巴哈哲学最终还会有另一重的否定,那就是"自然科学"对哲学的否定。遗憾的是,费尔巴哈虽然对此有所推进,但只表现为一些零散的观点。

在《说明我的哲学发展过程的片段》中,费尔巴哈认为哲学本身应该被否弃。费尔巴哈指出:"我的第一个愿望是使哲学成为全人类的事。但谁若一旦走上这个道路,谁就必然会得出这样的结论:哲学应该把人看成自己的事情,而哲学本身,却应该被否弃。因为只有当它不再是哲学时,它才成为全人类的事。"4 费尔巴哈

---

1 [德]路德维希·费尔巴哈:《费尔巴哈哲学著作选集》(上卷),荣震华、李金山等译,北京:商务印书馆,1984年版,第541—542页。
2 [德]路德维希·费尔巴哈:《费尔巴哈哲学著作选集》(上卷),荣震华、李金山等译,北京:商务印书馆,1984年版,第591页。
3 费尔巴哈哲学中的"自然科学"并不是指现代意义上的自然科学,而是作为他的"人本学"基础的"自然学"。
4 [德]路德维希·费尔巴哈:《费尔巴哈哲学著作选集》(上卷),荣震华、李金山等译,北京:商务印书馆,1984年版,第250页。

还指出:"没有任何宗教便是我的宗教;没有任何哲学便是我的哲学。"1

在《关于哲学改造的临时纲要》中,费尔巴哈指出:

> 哲学必须重新与自然科学结合,自然科学必须重新与哲学结合。这种建立在相互需要和内在必然性上面的结合,是持久的、幸福的、多子多孙的,不能与以前那种哲学与神学的错配同日而语。2

在1867年7月1日写给威廉·博林的信中,费尔巴哈指出,自己的

> 这一哲学的基础是自然科学,唯有自然科学考虑了过去、现在和将来。而哲学,至少那以哲学之名而自诩的,仅仅是以过去为对象的哲学,只不过是人类最后的一场空忙,或者最后的一场错误而已。3

值得注意的是,在费尔巴哈看来,哲学就是人本学,而人本学的基础是自然学,因此,要真正理解"人",自然就需要从深入研究"人"本身的"自然科学"中去寻找答案。因此,费尔巴哈用他的理论逻辑中的"自然科学"终结了传统意义上的"哲学",为后来的继承了"人本学"的哲学家们开辟了一条崭新的研究进路。

---

1 [德]路德维希·费尔巴哈:《费尔巴哈哲学著作选集》(上卷),荣震华、李金山等译,北京:商务印书馆,1984年版,第250页。
2 [德]路德维希·费尔巴哈:《费尔巴哈哲学著作选集》(上卷),荣震华、李金山等译,北京:商务印书馆,1984年版,第118页。
3 苗力田译编:《黑格尔通信百封》,上海:上海人民出版社,1981年版,第310页。

综上所述，我们认为，对于费尔巴哈哲学而言，"发生学观点的批判哲学"是根本哲学思想和方法论，具有统摄性。人本学和自然学是"发生学观点的批判哲学"的必然结论，是费尔巴哈哲学的基本哲学思想和方法论。经验主义是"发生学观点的批判哲学"在认识论上的具体体现，"我欲故我在"是"发生学观点的批判哲学"在"人的本质"问题上的深层延展，而"自然科学"对哲学的否定是"发生学观点的批判哲学"的最后逻辑走向。

第一章　马克思与费尔巴哈哲学的最初相遇

> 在大家共有的太阳落山之后,夜间的飞蛾就去寻找人们各自为自己点亮的灯光。[1]
>
> ——马克思

《德谟克利特的自然哲学和伊壁鸠鲁的自然哲学的差别》(以下简称"博士论文")是马克思的博士论文。正是这篇博士论文,标志着马克思学术生涯的正式开始。也正是在这篇博士论文及其为写作这篇博士论文所做的《关于伊壁鸠鲁哲学的笔记》中,马克思与费尔巴哈开始有了学术上的交集。

第一节
博士论文写作时期马克思与费尔巴哈的首次接触

费尔巴哈生于1804年,长马克思14岁,比马克思进入学术圈

---

[1] 《马克思恩格斯全集》(第40卷),北京:人民出版社,1982年版,第138页。

要早很多。早在马克思开始学术研究之前,费尔巴哈已经由于相关哲学史著作的发表而获得了一定的学术声望。马克思和费尔巴哈的第一次接触,也正是从费尔巴哈的这些哲学史著作开始的。

一、作为青年黑格尔派成员的马克思与费尔巴哈的第一次相遇

费尔巴哈的学术起点是神学,后转学哲学,1828年完成的博士学位论文《论统一的,普遍的,无限的理性》是费尔巴哈的第一部学术著作,是献给黑格尔的,完全遵循了黑格尔哲学的路数,这一点是毋庸置疑的,毕竟费尔巴哈是黑格尔名正言顺的学生,而且费尔巴哈自己也认为:

> 学生对他老师的真正尊重,不是通过表面的行动和语言,或情感的表示,而只能通过他的作品来表示。这些作品是要根据他老师的精神写成的,要真正配得上称为是他的学生的作品,并且满足人们对于一个直接的学生所提出的要求。[1]

也正是因为如此,费尔巴哈的博士论文可以被理解为一种"表演性文本"[2],并没有给我们留下更多印象,但是,费尔巴哈却因此如愿以偿地于1829年留在埃尔朗根大学担任哲学讲师。1830年,费尔巴哈发表《论死与不死》,由于这本著作的基本内容违背了正统的基督教教义,费尔巴哈被任教的埃尔朗根大学辞退。之后,费尔巴哈潜心研究哲学史,写下了许多关于哲学史的论著,其中主

---

[1] 苗力田译编:《黑格尔通信百封》,上海:上海人民出版社,1981年版,第274页。
[2] 参见张一兵:《回到海德格尔——本有与构境》第一卷《走向存在之途》,北京:商务印书馆,2014年版,第10页。

要有1833年发表的《从培根到斯宾诺莎的近代哲学史》,1837年发表的《对莱布尼茨哲学的叙述、分析和批判》和1838年发表的《比埃尔·培尔对哲学史和人类史的贡献》。这些哲学史著作使费尔巴哈得到了某种声誉。

马克思的学术起点是法学,后热衷哲学,1839年初—1841年3月,马克思研究希腊哲学,写下七本《关于伊壁鸠鲁哲学的笔记》并完成了博士学位论文《德谟克利特的自然哲学和伊壁鸠鲁的自然哲学的区别》。这是马克思学术研究的起点,内容是关于哲学史方面的著作。也正是在这里,马克思和费尔巴哈开始有了交集。在目前保留下来的马克思的文本中,有两处直接引证到费尔巴哈的著作,一处是在1839年写的《关于伊壁鸠鲁哲学的笔记》的"笔记二"[1]中,另一处是在博士论文的"附注"[2]中,内容都与费尔巴哈《从培根到斯宾诺莎的近代哲学史》中的"比埃尔·伽桑狄"一章有关。马克思之所以引证到费尔巴哈的《近代哲学史》这一著作中的"比埃尔·伽桑狄"一章,原因很简单,那就是马克思的研究对象是伊壁鸠鲁,而著名的法国唯物主义哲学家比埃尔·伽桑狄是伊壁鸠鲁原子论学说的拥护者和宣传者,费尔巴哈在《从培根到斯宾诺莎的近代哲学史》这一著作中的"比埃尔·伽桑狄"一章中有比埃尔·伽桑狄阐述伊壁鸠鲁原子论方面的内容。

此外,在马克思的博士论文及其《关于伊壁鸠鲁哲学的笔记》中,还有一处与费尔巴哈著作的关联非常有意思。在1838年发表的《比埃尔·培尔对哲学史和人类史的贡献》一书中,费尔巴哈引用了比埃尔·培尔的《在路易大帝统治下的整个天主教法国是怎

---

1 《马克思恩格斯全集》(第40卷),北京:人民出版社,1982年版,第52页。
2 《马克思恩格斯全集》(第1卷),北京:人民出版社,1995年版,第88页。

样的。伦敦书信。》这一著作中的内容,其中有古罗马哲学家和诗人卢克莱修《物性论》一书中的一段:

> 当人类在大地上到处悲惨地呻吟,
> 人所共见地在宗教的重压底下,
> 而她则在天际昂然露出头来
> 用凶恶的脸孔怒视人群的时候——1

值得玩味的是,在马克思的著作中,曾经两次引用同样的内容,其中一处在《关于伊壁鸠鲁哲学的笔记》的"笔记四"的开头,一处在博士论文的接近末尾处。虽然没有证据证明马克思是因为看过费尔巴哈的《比埃尔·培尔对哲学史和人类史的贡献》一书而对这段诗歌产生共鸣的,但如此的"契合"恐怕也能说明马克思与费尔巴哈在思想上的某些共通之处。

当然,马克思和费尔巴哈的引证目的不同。费尔巴哈引用的比埃尔·培尔的著作中只引用了这四行,目的是批判宗教。马克思也是从这里开始引用,但引用内容较长,其目的是借卢克莱修之口来称颂伊壁鸠鲁。

另外,从马克思和恩格斯后来合写的《神圣家族,或对批判的批判所做的批判。驳布鲁诺·鲍威尔及其伙伴》(以下简称《神圣家族》)一书的一些片段中,我们完全可以得出结论:马克思对费尔巴哈的哲学史著作是做过仔细研究分析的。考虑到这些内容不是

---

1 参见[古罗马]卢克莱修:《物性论》,方书春译,北京:商务印书馆,1981年版,第3—4页;[德]路德维希·费尔巴哈:《费尔巴哈哲学史著作选》第三卷《比埃尔·培尔对哲学史和人类史的贡献》,涂纪亮译,北京:商务印书馆,1984年版,第152页;《马克思恩格斯全集》(第40卷),北京:人民出版社,1982年版,第105、242页。

这里要说的重点,暂且不做分析。

仅仅从字面上的联系来看,这一时期马克思的研究笔记、博士论文与费尔巴哈的著作之间的学术关联可以忽略不计。但是,我们也可以看到,马克思进入学术圈的第一时间,其实就已经关注到了费尔巴哈及其著作,而且,我们不能否认的是,正是从这里开始,马克思与费尔巴哈在学术上开始有了关联,即便这只是浅层次的一种学术关联。

我们也认为,马克思之所以关注费尔巴哈,也有可能与其好友布鲁诺·鲍威尔对费尔巴哈的关注有一定的关系。在1839年12月11日写给马克思的信中,布鲁诺·鲍威尔谈到自己怀着十分欣喜的心情读了费尔巴哈的《论哲学和基督教。关于非基督教对黑格尔哲学的责难》这一著作,并有些幸灾乐祸地指出,"我的这种欣喜心情是由于费尔巴哈使一群狼狈不堪的人陷入窘境而产生的"[1]。与此同时,布鲁诺·鲍威尔也认为费尔巴哈在区分本质的东西和非本质的东西时的计谋并不那么高明。当然,我们也应该注意到,布鲁诺·鲍威尔这里谈到的费尔巴哈著作,似乎与此时马克思关注的费尔巴哈著作有所不同。

事实上,如果我们把马克思的博士论文及《关于伊壁鸠鲁哲学的笔记》与马克思引用的费尔巴哈的著作放在一起进行比较的话,就会发现马克思与费尔巴哈在学术上初次发生接触的地方,其实都是关于哲学史方面的内容。同样是哲学史著作,马克思与费尔巴哈却有着相当大的不同之处。在这里,我们无意于找出马克思究竟吸取或批判了费尔巴哈哲学史著作中的哪些论点,而是想对

---

[1] 《马克思主义研究资料》(第26卷),"马克思恩格斯列宁相关书信及其研究Ⅰ",北京:中央编译出版社,2015年版,第289页。

马克思和费尔巴哈的哲学史研究进行比较,以找出两个人走出不同哲学道路的深层根基之差异。

二、黑格尔哲学史著作:马克思与费尔巴哈的共同理论出发点

马克思与费尔巴哈的哲学史著作,显然都是受启于黑格尔的《哲学史讲演录》。

对费尔巴哈来说,他虽然在这一时期不想成为黑格尔主义者,但是,毕竟他还是黑格尔名副其实的学生,他的哲学思想的核心是理性。费尔巴哈之所以写作哲学史,与他在埃尔朗根大学讲授"逻辑学和形而上学"有着十分密切的关系。在1846年写的《说明我的哲学思想发展过程的片段》中,费尔巴哈在回忆自己1829—1831/1832年在埃尔朗根大学的"逻辑学和形而上学讲义"时明确指出:"逻辑在形而上学这一意义上是哲学迄今的历史的必然结果。所以哲学史的叙述也就是逻辑学的最适当的序言。"[1]由此可见,费尔巴哈在讲授"逻辑学和形而上学"时是以哲学史为"序言"的。很显然,通过几轮的教学,费尔巴哈一定对哲学史本身相当熟悉。可是,在当时,最为成熟的哲学史著作就是黑格尔的《哲学史讲演录》。

当然,按照弗里德里希·约德尔的说法,黑格尔的这一著作是作为遗著被卡尔·路德维希·米歇莱特出版的,而且时间是在费尔巴哈写作第一部哲学史著作之后,而且费尔巴哈还对黑格尔的

---

[1] [德]路德维希·费尔巴哈:《费尔巴哈哲学著作选集》(上卷),荣震华、李金山等译,北京:商务印书馆,1984年版,第227页。

这个开创性的功绩专门撰文进行赞扬。[1] 约德尔的这一说法是准确的。在1835年1月13日给克里斯提安·卡普的信中,费尔巴哈明确提到这件事情,"最近柏林方面提出要求,要我在年鉴(指《柏林年鉴》)上评论黑格尔的哲学史"[2]。由此可见,从出版的时间上来说,确实是先有费尔巴哈的哲学史著作,然后才有黑格尔的《哲学史讲演录》,因此,从理论逻辑上讲,黑格尔的《哲学史讲演录》似乎不可能影响费尔巴哈。可是,事实恰恰相反,因为费尔巴哈作为黑格尔的学生,听过黑格尔的"全部讲义"[3],当然包括黑格尔的哲学史讲义,自然对这些讲义的内容非常熟悉。因此,对于费尔巴哈来说,受老师黑格尔的影响,撰写哲学史著作是顺理成章的事情。

不过,值得注意的是,黑格尔的哲学史实际上是其哲学体系的构成部分之一,是其逻辑学在哲学史领域内的运演,逻辑学才是黑格尔哲学的根基;费尔巴哈的哲学史是逻辑学的最适当的序言,逻辑学本身只是哲学的组成部分之一,逻辑在形而上学这一意义上是哲学迄今的历史的必然的结果。不难看出,黑格尔的哲学史是建立在逻辑学基础上的哲学史,费尔巴哈的逻辑学是建立在哲学史基础上的逻辑学。

马克思的哲学史著作同样源于黑格尔的《哲学史讲演录》。马克思在其博士论文的"序言"中明确指出:

> 我认为,在这篇论文里我已经解决了一个在希腊哲学史

---

[1] [德]路德维希·费尔巴哈:《费尔巴哈哲学史著作选》第一卷《从培根到斯宾诺莎的近代哲学史》,涂纪亮译,北京:商务印书馆,1978年版,第1—2页。
[2] 苗力田译编:《黑格尔通信百封》,上海:上海人民出版社,1981年版,第281页。
[3] [德]路德维希·费尔巴哈:《费尔巴哈哲学著作选集》(上卷),荣震华、李金山等译,北京:商务印书馆,1984年版,第224页。

上至今尚未解决的问题。……不妨把这篇论文仅仅看作一部更大著作的先导,在那部著作中我将联系整个希腊思辨详细地阐述伊壁鸠鲁主义、斯多亚主义和怀疑主义这一组哲学。……虽然黑格尔大体上正确地规定了上述各个体系的一般特点,但是另一方面,由于他的哲学史——一般说来哲学史是从它开始的——的令人惊讶的庞大和大胆的计划,使他不能深入研究个别细节;另一方面,黑格尔对于他主要称之为思辨的东西的观点,也妨碍了这位巨人般的思想家认识上述那些体系对于希腊哲学史和整个希腊精神的重大意义。这些体系是理解希腊哲学的真正历史的钥匙。[1]

在这里,我们可以看出,马克思对黑格尔的哲学史做了很高的评价。在这一点上,马克思与费尔巴哈的看法一致。另外,马克思也谈到黑格尔哲学史的两个缺陷:一是黑格尔的哲学史计划过于庞大和大胆,使得黑格尔的哲学史研究不能深入研究个别细节;二是黑格尔关于思辨的东西的观点,妨碍了黑格尔对于伊壁鸠鲁、斯多葛和怀疑论这三派哲学对于希腊哲学史和整个希腊精神的重大意义的判断。很显然,马克思是想要补充黑格尔哲学史中的这一漏洞,弥补黑格尔哲学史的这个缺陷。

因此,无论是费尔巴哈还是马克思,其哲学史著作显然是受到黑格尔哲学史的启发而写作的,在这一点上两个人是完全一致的。事实上,与费尔巴哈和马克思相比,黑格尔的哲学史著作不仅研究内容异常丰富,而且研究方法颇有见地。客观而言,费尔巴哈和马克思的许多著作,不仅仅是哲学史著作,都或多或少受到黑格尔哲

---

[1] 《马克思恩格斯全集》(第1卷),北京:人民出版社,1995年版,第10—11页。

学史的影响,但是,这并不是本书所要探讨的问题。在这里,我们探讨的重心是费尔巴哈和马克思在哲学史研究中的相同点与不同点。

三、马克思与费尔巴哈在哲学史研究上的比较

事实上,马克思的哲学史著作,除了博士论文及《关于伊壁鸠鲁哲学的笔记》外,还包括后来在《神圣家族》中对"唯物主义的历史"的回顾和在《德意志意识形态》的"圣麦克斯"一章中对哲学史的探讨。

比较而言,在哲学史研究上,马克思与费尔巴哈的相同或接近之处有:

第一,研究动机类似。费尔巴哈写作哲学史著作,一个直接的目的是谋求一个大学中的职位。马克思以哲学史内容为题材写作博士论文,实际上也有同样的打算。当然,在这一方面,两人还是稍微有些区别:费尔巴哈是在失去大学的职位之后再次谋求大学的职位;马克思是大学毕业后首次谋求大学的职位。

第二,研究起点相同。无论是费尔巴哈还是马克思,之所以选择哲学史作为研究方向,显然都是受到了黑格尔《哲学史讲演录》的直接影响,因此,他们都选择了黑格尔《哲学史讲演录》中的相关问题作为自己研究的出发点。

第三,研究方法一致。费尔巴哈有比较明确的研究方法,即阐发和纯粹历史的叙述两种方法,阐发的方法又包括分析和综合两种手段,这些内容在《对莱布尼茨哲学的叙述、分析和批判》一书的

"前言"中有着十分清楚的说明。[1] 但是,对于马克思来说,其哲学史著作主要还是一种"练习性文本",其中并没有直接提出明确具体的研究方法,当然,在《关于伊壁鸠鲁哲学的笔记》的"笔记五"和"笔记七"中,马克思也谈到了一些哲学史研究方法,[2] 总体上与费尔巴哈的哲学史研究方法非常类似。

马克思与费尔巴哈的哲学史研究的不同之处有:

第一,研究对象不同。费尔巴哈选择了整个近代哲学史进行研究,研究范围非常宽泛,而马克思则选择了古希腊哲学史中的一个问题进行研究,研究范围非常狭窄。

第二,研究重点不同。虽然费尔巴哈和马克思的哲学史研究都有着明确的现实关怀,但有所不同的是,费尔巴哈关注更多的是哲学和宗教的关系问题,马克思关注更多的是哲学与世界的关系问题。

第三,选题思路不同。费尔巴哈的哲学史研究以哲学史本身为中心,在选题思路上中规中矩,力求还原近代各个哲学家在近代哲学史中的本来面目。马克思的哲学史研究则完全是以自身理论推进的客观需要为中心,在学术研究过程中,遇到什么样的哲学史问题才顺带进行研究,这一点在《神圣家族》和《德意志意识形态》中的相关哲学史研究中表现得尤为突出。即便是博士论文的选题看似古希腊哲学史中的一个问题,其实在某种程度上也是影射黑格尔哲学以后的德国哲学现状。

第四,思维范式不同。虽然费尔巴哈和马克思在写作哲学史

---

[1] [德]路德维希·费尔巴哈:《费尔巴哈哲学史著作选》第二卷《对莱布尼茨哲学的叙述、分析和批判》,涂纪亮译,北京:商务印书馆,1979年版,第5—7页。
[2] 参见《马克思恩格斯全集》(第40卷),北京:人民出版社,1982年版,第135—148页,第170页。

著作时期的思维范式都是黑格尔式的,但是,具体而言,费尔巴哈的思维范式是比较纯正的黑格尔式的客观唯心主义,而马克思的思维范式却是"鲍威尔式的黑格尔哲学"即"自我意识哲学"。

第五,研究结果不同。通过哲学史研究,费尔巴哈发现科学和宗教的调和是近代哲学史的污点,是一种伪善的态度,必须坚决加以克服,从而为下一步对宗教问题的划时代解决提供了基本思路。可是,在有神论还是无神论的问题上,费尔巴哈的态度非常暧昧。对马克思来说,通过哲学史研究,他的世界观从过去的"理想主义"转变到"鲍威尔式的黑格尔哲学"即"自我意识哲学"上,并显示出十分强烈而明确的无神论倾向。

我们认为,马克思和费尔巴哈的哲学史著作与黑格尔的《哲学史讲演录》有着密切的学术继承关系。对黑格尔来说,哲学史著作是其哲学体系的有机组成部分,或者说是黑格尔哲学在哲学史上的具体化。但是,对于马克思和费尔巴哈来说,他们的哲学史著作从某种意义上来说是他们各自学术研究的起点。起点的不同,在很大程度上决定了两人走出完全不同的学术道路。

第二节
《莱茵报》时期马克思对费尔巴哈的初步熟悉

1841 年 3 月 30 日,马克思毕业于柏林大学,并于 4 月 15 日收到耶拿大学的哲学博士证书。之后,马克思希望谋取大学教职。1841 年夏季,费尔巴哈的《基督教的本质》在莱比锡出版。1841 年秋季,由于各大学解聘了许多进步学者,马克思放弃了在大学执教的想法。1842 年 4 月,马克思开始为莱茵省资产阶级的机关报

《莱茵报》撰稿。从此,报刊成为马克思宣传革命民主主义思想的舞台。也正是从这一时期开始,马克思在思想上逐渐离开了"自我意识哲学",开始批判黑格尔哲学,并逐渐走近费尔巴哈哲学。

一、"我们一时都成为费尔巴哈派了"吗?

在 1886 年出版的《路德维希·费尔巴哈和德国古典哲学的终结》这部著作中,恩格斯认为,正是由于费尔巴哈的《基督教的本质》的出版,"我们一时都成为费尔巴哈派了"[1]。那么,这个"我们"是否包括马克思呢? 恩格斯接着说道:"马克思曾经怎样热烈地欢迎这种新观点,而这种新观点又是如何强烈地影响了他(尽管还有种种批判性的保留意见),这可以从《神圣家族》中看出来。"[2]很显然,按照恩格斯的意思,这个"我们"肯定是包括马克思的,但是,在马克思自己的著作中,关于这一点却找不到有力的证据。

在博士论文中第一次提到费尔巴哈之后,马克思再次提到费尔巴哈已经是 1842 年的事情了。在 1842 年 2 月 10 日写给阿尔诺德·卢格的信中,马克思提到了费尔巴哈关于卡尔·拜尔《论道德精神概念和道德实质》的一篇书评,这篇书评载于 1840 年的《哈雷年鉴》。[3] 在 1842 年 3 月 20 日写给卢格的信中,马克思谈到自己正在写的一篇论文,其中谈论到宗教的一般本质时,自己在这个问题上和费尔巴哈的理解并不相同。[4] 另外,在 1842 年 6 月底—7 月初写的《〈科隆日报〉第 179 号的社论》中,马克思也有两处[5]提

---

[1] 《马克思恩格斯文集》(第 4 卷),北京:人民出版社,2009 年版,第 275 页。
[2] 《马克思恩格斯文集》(第 4 卷),北京:人民出版社,2009 年版,第 275 页。
[3] 参见《马克思恩格斯全集》(第 47 卷),北京:人民出版社,2004 年版,第 22 页。
[4] 参见《马克思恩格斯全集》(第 47 卷),北京:人民出版社,2004 年版,第 27 页。
[5] 《马克思恩格斯全集》(第 1 卷),北京:人民出版社,1995 年版,第 221、222 页。

到费尔巴哈,内容都与费尔巴哈的宗教研究有关。从马克思1842年的这几个文本可以看出,马克思对于《基督教的本质》一书是熟悉的,对于其基本原则也是认同的,但是要达到"一时都成为费尔巴哈派了",好像有些言过其实。仔细研究马克思的这几处提到费尔巴哈的文本,就会发现这样几个小细节:第一,马克思根本没有提到《基督教的本质》一书;第二,马克思与费尔巴哈在宗教的一般本质问题的理解上有些冲突;第三,马克思是把费尔巴哈、鲍威尔和施特劳斯的名字并列在一起的,并没有突出强调某一个人的意思。从这几个小细节我们不难看出,至少在1842年,马克思对费尔巴哈并不存在任何的崇拜问题。

但是,与马克思对费尔巴哈的态度形成鲜明对照的是,这一时期的恩格斯反复提到费尔巴哈及其《基督教的本质》,并多次对费尔巴哈哲学进行了相当准确的阐述。早在1841年12月2—4日写的《谢林论黑格尔》中,恩格斯就提到了费尔巴哈的名字。接着,在1842年初写的《谢林和启示》中,恩格斯多次提到费尔巴哈及其《基督教的本质》,并对费尔巴哈有着十分准确到位的评价,他指出:"现代哲学的结论在谢林的早期哲学中至少作为前提就已经有了,只有费尔巴哈才使我们对它有了透彻的认识;这种结论是:理性只有作为精神才能存在,精神则只能在自然界内部并且和自然界一起存在,而不是比如脱离整个自然界,天知道在什么地方与世隔绝地生存着。"[1] 由此可见,恩格斯对费尔巴哈是相当了解的,他不仅非常熟悉《基督教的本质》,也应该非常熟悉《黑格尔哲学批判》,甚至把费尔巴哈在这些著作中透露出来的,然而在当时还没有清晰说明的,直到后来才在其他著作中明确确认的内容代替费

---

[1] 《马克思恩格斯全集》(第2卷),北京:人民出版社,2005年版,第355页。

尔巴哈说了出来。另外,在这篇文章中,恩格斯对黑格尔、谢林、费尔巴哈和施特劳斯之间的学术关系有一段非常精彩的阐述:

> 黑格尔是一个开辟了意识的新纪元的人,因为他结束了旧纪元。值得注意的是,正是现在他受到两方面的攻击:一方面来自他的先驱谢林,另一方面来自他的最年轻的继承人费尔巴哈。如果费尔巴哈指摘黑格尔仍然深陷于旧事物之中,那么,他应当想到,对旧事物的意识就已经是新事物了,旧事物之所以进入历史范畴,是因为它已经被充分意识到了。由此可见,在黑格尔那里旧事物当然就是新事物,新事物就是旧事物,因此,费尔巴哈对基督教的批判,是对黑格尔创立的关于宗教的思辨学说的必要补充,这种学说在施特劳斯那里达到了顶峰,教义通过本身的历史**客观地**在哲学思想中获得解答。同时,费尔巴哈把宗教的定义归结为**主观的**人的关系,但是这不仅决没有扬弃施特劳斯的结论,而是恰恰验证了这些结论,他们两人都得出同一结论:神学的秘密是人本学。[1]

在1842年4月9日写给卢格的信[2]中,恩格斯提到自己给《德国科学和艺术年鉴》写的一篇文章,这篇文章是运用费尔巴哈所阐明的观点来详细论述中世纪的基督教诗,特别是它的中心人物但丁。由此可见,恩格斯不仅熟悉费尔巴哈的观点,甚至可以运用费尔巴哈的观点来论述其他作品。再后来,在《评亚历山大·荣克的〈德国现代文学讲义〉》一文和与埃德加·鲍威尔合写的叙事讽刺

---

1 《马克思恩格斯全集》(第2卷),北京:人民出版社,2005年版,第391页。
2 《马克思恩格斯全集》(第47卷),北京:人民出版社,2004年版,第297页。

诗《横遭威逼但又奇迹般地得救的圣经,或信仰的胜利》中,恩格斯也对费尔巴哈进行了十分形象的描述。

综上所述,我们认为,1842年的恩格斯不仅是懂费尔巴哈的,而且懂得很深很透。比较而言,这一时期的马克思也了解费尔巴哈,但深入程度并不及恩格斯。因此,恩格斯所谓的"我们一时都成为费尔巴哈派了",对于恩格斯是没有问题的,但对于马克思来说,恐怕是言过其实,如果更为精确一点,或者可以这么说,言过其"时"。事实上,在《基督教的本质》出版时,恩格斯还没有和马克思见过面,因此,他用"我们"来描述显然是一种后人为主式的思维方式,并没有反映当时的实际情况。值得注意的是,恩格斯在回忆中没有提到马克思所写的《黑格尔法哲学批判》《〈黑格尔法哲学批判〉导言》和《1844年经济学哲学手稿》(其中都包含了马克思对费尔巴哈哲学的借鉴和评价),而是直接提到三年之后的《神圣家族》,这一方面说明了恩格斯并不是十分清楚马克思没有发表的那些手稿,另一方面也体现出恩格斯在回忆中发生了记忆上的错位,以自己的思想变化代替了"我们"思想上的变化。事实上,马克思对费尔巴哈哲学的接受,经过了一段较长时间的思想变化过程。

二、"苦恼的疑问"与《关于哲学改造的临时纲要》的不期而遇

1842—1843年初,马克思在《莱茵报》当编辑时,"第一次遇到要对所谓物质利益发表意见的难事"[1]。正在马克思试图解决这一使他"苦恼的疑问"[2]时,费尔巴哈的《关于哲学改造的临时纲

---

[1] 《马克思恩格斯全集》(第31卷),北京:人民出版社,1998年版,第411页。
[2] 《马克思恩格斯全集》(第31卷),北京:人民出版社,1998年版,第412页。

要》不期而至。

费尔巴哈的《关于哲学改造的临时纲要》写于1842年,但由于书报检查,它未能在德国出版,它最初于1843年在瑞士问世,载于两卷本的《德国现代哲学和政论界轶文集》[1]的第2卷中。值得一提的是,在这一文集的第1卷中,还收入了马克思于1842年1月底到2月初所写的《评普鲁士最近的书报检查令》一文。[2] 也正是因为如此,作为八个撰稿人之一的马克思拥有这本文集就顺理成章了。[3]

费尔巴哈的《关于哲学改造的临时纲要》发表之后,立刻引起了马克思的高度关注。1843年3月初,在燕妮写给马克思的信中,她讲到一件有趣的事情:

> 今天早上,我在收拾房间,……拾到一张纸。这是你把你的朋友路德维希的著作肢解了,把这重要的一页遗留在了这里。如果你已经往下读了,那我就不急于给你了。……你必定还散落了不少页,若是这样,可真遗憾。你要保存好那些散开的书页。[4]

首先需要澄清的是,燕妮谈到的被马克思所"肢解"的著作,正是上面提到的这本文集,而并非费尔巴哈所写的另外一本独立著

---

[1] 这部两卷本的文集于1843年出版,题为《德国现代哲学和政论界轶文集》,布鲁诺·鲍威尔、路德维希·费尔巴哈、弗里德里希·科本、卡尔·瑙威尔克、阿尔诺德·卢格等人著,阿尔诺德·卢格编,1843年苏黎世和温特图尔版第1、2卷。

[2] 参见《马克思主义研究资料》(第27卷),"马克思恩格斯列宁相关书信及其研究Ⅱ",北京:中央编译出版社,2015年版,第319—323页。

[3] 参见《马克思主义研究资料》(第27卷),"马克思恩格斯列宁相关书信及其研究Ⅱ",北京:中央编译出版社,2015年版,第323页。

[4] 《马克思恩格斯全集》(第47卷),北京:人民出版社,2004年版,第598页。

作。原因很简单,此时的马克思,在思想上完全沉浸在政治领域,不大可能去深入研读1841年出版的《基督教的本质》,而《未来哲学原理》是1843年下半年才出版的,马克思也不可能去阅读。因此,我们认为被马克思所"肢解"的著作实际上是指收入这本文集中的费尔巴哈所写的《关于哲学改造的临时纲要》这本著作。另外,我们完全可以做出推测:马克思对这本著作非常看重,一定是经过反复研读的。原因很简单:第一,这本著作由于反复翻看以致被"肢解"了;第二,这本著作并没有留在燕妮当时所在的克罗茨纳赫,而是被马克思随身带去了科隆;第三,从燕妮的口气来看,她很清楚这本著作对马克思来说很重要,事实上,从后来卢格在1843年8月19日写给费尔巴哈的信中可以看出,燕妮不仅熟悉费尔巴哈,而且"是很了解新哲学的"。[1] 综上几点,我们认为,马克思对费尔巴哈的这本纲要显然是进行深入阅读了的。

因此,我们认为,马克思在《莱茵报》当编辑期间,遇到了要对所谓物质利益发表意见的令他苦恼的疑问,为了解决这一疑问,马克思拟对黑格尔法哲学进行批判性的分析,可是,这个时期的马克思尚未深入研究政治经济学,本身就带有浓厚的黑格尔哲学色彩的"自我意识哲学"显然不可能作为批判黑格尔法哲学的武器,更何况在费尔巴哈等人的激烈批判下,马克思原有的主观唯心主义的思维范式已经崩塌,尚未形成自己所独有的思维范式,因此,刚刚出版的费尔巴哈《关于哲学改造的临时纲要》恰恰为马克思提供了哲学思想与方法论。或者说,马克思面临的疑问,正巧与费尔巴哈的这本著作发生了某种共鸣和契合。当然,在这里,马克思采用

---

[1] 《马克思主义研究资料》(第27卷),"马克思恩格斯列宁相关书信及其研究Ⅱ",北京:中央编译出版社,2015年版,第350页。

费尔巴哈的哲学思想与方法论，显然是为了解决自己的问题，而并非沿着费尔巴哈的思路往下走。即便如此，马克思还是很清楚地看到了自己和费尔巴哈的差异。

三、《莱茵报》时期马克思与费尔巴哈的差异

早在1842年3月20日写给卢格的信中，马克思提到自己正在撰写的一篇文章《论基督教的艺术》（马克思当时已经决定将其改名为《宗教和艺术，特别是基督教的艺术》），"在这篇论文中，我不免要谈论宗教的一般本质；我同费尔巴哈在这个问题上有些冲突，这个冲突不涉及原则，而是涉及对它的理解。不管怎样，宗教是不会从中占到什么便宜的"[1]。很显然，马克思此时提到的费尔巴哈对宗教的一般本质的观点，只能源于《基督教的本质》一书。在此时的马克思看来，在批判宗教方面，他和费尔巴哈是一致的，他们之间的这个冲突不涉及原则，只是涉及对宗教的一般本质的理解。遗憾的是，我们无法看到马克思所写的这篇文章，不清楚马克思究竟表达了怎样一种观点，但是，我们能够弄清楚的是对宗教的一般本质的不同理解，说到底其实就是一种原则上的不同。可是，由于此时的马克思还没有完全摆脱鲍威尔的影响，在思想上还处于从宗教批判到政治批判的过渡之中，因此才会认为他和费尔巴哈并没有原则上的冲突。不过，即便如此，我们认为，在接触费尔巴哈之初，马克思还是非常清楚地意识到了自己和费尔巴哈在对宗教的一般本质的理解上的冲突。

1842年4月马克思开始为《莱茵报》撰稿，从马克思撰稿的内

---

[1] 《马克思恩格斯文集》（第47卷），北京：人民出版社，2009年版，第27页。

容不难看出,此时的马克思在思想上已经完成了从宗教批判到政治批判的过渡。从1842年10月15日起,马克思任《莱茵报》的主编。此时的马克思,更是明确表明要"在批判政治状况当中来批判宗教,而不是在宗教当中来批判政治状况"[1]的撰文思路,"因为宗教本身是没有内容的,它的根源不是在天上,而是在人间,随着以宗教为**理论**的被歪曲了的现实的消失,宗教也将自行消失"[2]。由此可见,马克思的宗教批判与费尔巴哈的宗教批判,在批判进路上是完全不同的,也就是说,不仅仅是理解上的不同,还有原则上的不同。

在1843年3月13日写给卢格的信中,马克思说道:

> 费尔巴哈的警句只有一点不能使我满意,这就是:他强调自然过多而强调政治太少。然而这是现代哲学能够借以成为真理的惟一联盟。结果可能会像16世纪那样,除了醉心于自然的人以外,还有醉心于国家的人。[3]

马克思所说的"费尔巴哈的警句",显而易见指的是《关于哲学改造的临时纲要》。从马克思对费尔巴哈《关于哲学改造的临时纲要》的这段评论不难看出,此时此刻,马克思完全理解了费尔巴哈,也明确指出了他与费尔巴哈的不同。费尔巴哈批判以前那种哲学与神学的错配,主张哲学必须重新与自然科学结合。马克思并不反对这种观点,但是他认为现代哲学要成为真理,必须与政治结为唯一联盟。由此可见,马克思在理论的起点就与费尔巴哈存在着明显的差别,费尔巴哈更强调自然,而马克思醉心于政治。

---

[1] 《马克思恩格斯全集》(第47卷),北京:人民出版社,2004年版,第42—43页。
[2] 《马克思恩格斯全集》(第47卷),北京:人民出版社,2004年版,第43页。
[3] 《马克思恩格斯全集》(第47卷),北京:人民出版社,2004年版,第53页。

第二章 "黑格尔法哲学批判"时期马克思对费尔巴哈哲学的初次运用

> 批判的武器当然不能代替武器的批判,物质力量只能用物质力量来摧毁;但是理论一经掌握群众,也会变成物质力量。理论只要说服人[ad hominem],就能掌握群众;而理论只要彻底,就能说服人[ad hominem]。所谓彻底,就是抓住事物的根本。但是,人的根本就是人本身。[1]
>
> ——马克思

出于写作上的方便,我们把马克思的"黑格尔法哲学批判"时期稍微进行了时间和文本上的扩展。马克思在这一时期的文本,不仅包括《黑格尔法哲学批判》这一著作,也包括他稍后在《德法年鉴》上发表的《论犹太人问题》和《〈黑格尔法哲学批判〉导言》这两篇文章。

完成博士论文后,马克思很快就摆脱了"自我意识哲学"的影响,把学术研究的重点从哲学史领域转移到政治领域。1842—

---

[1] 《马克思恩格斯全集》(第3卷),北京:人民出版社,2002年版,第207页。

1843年，马克思作为《莱茵报》的编辑，第一次遇到要对所谓物质利益发表意见的难事。为了解决使自己"苦恼的疑问"，1843年3月《莱茵报》被查封后，马克思立刻着手"对黑格尔法哲学进行批判性的分析"[1]，这就是《黑格尔法哲学批判》。也就在此时，费尔巴哈的《关于哲学改造的临时纲要》公开发表。马克思立刻把这份纲要体现出来的哲学思想和方法论用在自己的法哲学研究之中。

"现实人道主义"是马克思世界观的一个重要阶段。这一阶段萌芽于"黑格尔法哲学批判"时期，终结于《神圣家族》时期。我们认为，马克思的"现实人道主义"世界观是一种"马克思式的费尔巴哈哲学"，与费尔巴哈的"唯物主义人本学"[2]有着十分清晰的理论关联，但也存在特别明显的客观差异。事实上，马克思的"现实人道主义"世界观第一次阐发，首先是从政治领域开始阐发的，这里称之为"政治的"人道主义[3]。我们认为，"政治的"人道主义是马克思在"黑格尔法哲学批判"时期所持有的一种显性理论逻辑，在

---

1 《马克思恩格斯全集》（第31卷），北京：人民出版社，1998年版，第412页。
2 这里特别使用"唯物主义人本学"而没有使用中国学术界比较通用的"人本学唯物主义"，主要是考虑到费尔巴哈本人一直强调自己的哲学是"人本学"，而对于"唯物主义"长期刻意回避甚至颇有微词，因此，我们认为"唯物主义人本学"相较于"人本学唯物主义"更能准确体现费尔巴哈哲学的本质。事实上，苏联学者马利宁和申卡鲁克就曾经把费尔巴哈的新世界观称之为"唯物主义人本学"，具体参见［苏］B. A. 马利宁、B. И. 申卡鲁克：《黑格尔左派批判分析》，曾盛林译，北京：社会科学文献出版社，1987年版，第121页。
3 这里特别使用"'政治的'人道主义"这一术语，主要是为了强调马克思通过在政治领域中运用费尔巴哈的"唯物主义人本学"表现出来的哲学思想和方法论阶段。我们认为，从政治领域到社会领域再到历史领域，研究领域的不断拓展才是马克思的哲学思想和方法论发生转变的根本原因。

这一显性理论逻辑的背后,时隐时现的,是一种"政治的"唯物主义[1]的理论逻辑。

第一节
《黑格尔法哲学批判》的前因后果

完成博士论文之后,马克思开始正式步入社会。在经历了一个短暂的《莱茵报》时期后,马克思选择以"黑格尔法哲学批判"为主题,开始撰写自己的第一部著作,有一定的必然性。

一、马克思何以选择黑格尔的《法哲学原理》进行批判?

早在上大学期间,马克思就写过法哲学方面的著作。在1837年11月10—11日写给父亲的信里,马克思谈到,法学和哲学这两门学科紧密地交织在一起,自己一方面阅读法学文献,另一方面又试图使一种法哲学贯穿整个法的领域。"我在前面叙述了若干形而上学的原理作为导言,并且把这部倒霉的作品写到了公法部分,约有300张纸。"[2]在这里,马克思遇到的严重障碍是"现有之物和应有之物的对立"[3]:

---

[1] 这里使用"'政治的'唯物主义"这一术语,绝不是我们刻意生造出来的一个概念。事实上,正如本文"前言"中我们所说过的,费尔巴哈在《宗教本质讲演录》中就表示想要成为"政治的唯物主义者"。我们认为,"'政治的'唯物主义"这一概念,最能表达这一时期马克思的哲学思想和方法论推进中所能达到的最高水平,同时也可以把此时马克思的唯物主义和费尔巴哈的"自然的""直观的"唯物主义相区别。
[2] 《马克思恩格斯全集》(第47卷),北京:人民出版社,2004年版,第7页。
[3] 《马克思恩格斯全集》(第47卷),北京:人民出版社,2004年版,第7页。

> 最初我搞的是我慨然称之为法的形而上学的东西,也就是脱离了任何实际的法和法的任何实际形式的原则、思维、定义,这一切都是按费希特的那一套,只不过我的东西比他的更现代,内容更空洞而已。……第二部分是法哲学……此外,我又把这第二部分分成关于程序法和实体法的学说……在实体的私法的结尾部分,我看到了整体的虚假,这个整体的基本纲目接近于康德的纲目,而阐述起来却大相径庭。这再次使我明白,没有哲学就无法深入。于是我就可以心安理得地重新投入哲学的怀抱,并写了一个新的形而上学基本体系,但在该体系的结尾处我又不得不认识到它和我以前的全部努力都是错误的。[1]

对于马克思来说,大学期间的这次法哲学探索以失败告终,但是,这次努力终究不是没有结果的。

我们认为,马克思的这次探索之所以失败,一个非常重要的原因是马克思在哲学知识方面的相对匮乏。事实上,马克思试图运用自己了解的哲学知识去建构一个法学基本理论体系(即法理学)。可是,法学意义上的基本理论体系与法哲学体系毕竟是完全不同的。但是,也正是因为这次探索,使得马克思对费希特和康德的法哲学著作有了一定程度的了解。一个显而易见的事实是,黑格尔的《法哲学原理》[2]、费希特的《自然法权基础》[3]和康德的《法

---

1 《马克思恩格斯全集》(第47卷),北京:人民出版社2004年版,第7—11页。
2 参见[德]黑格尔:《法哲学原理或自然法和国家学纲要》,范扬、张企泰译,北京:商务印书馆,1961年版。
3 参见[德]费希特:《自然法权基础》,谢地坤、程志民译,北京:商务印书馆,2004年版。

学的形而上学的基本原理》[1]这三本著作有着直接的学术继承关系,即便这三本著作之间也存在着很大的差异。

经过大学期间的学习以及博士论文的洗礼,马克思的哲学水平有了很大的提升。为《莱茵报》撰稿和任《莱茵报》编辑的经历,使得马克思对政治产生了浓厚的兴趣,马克思选择黑格尔《法哲学原理》作为自己的批判对象,既可以继续自己大学期间的研究,又可以解决自己为《莱茵报》工作期间所产生的"苦恼的疑问"。其实,早在1842年8月中—9月下半月写给达哥贝尔特·奥本海姆的信中,马克思就提到自己所写的一篇"反对黑格尔立宪君主制学说的文章"[2],这篇文章没有被保存下来,具体内容我们不得而知,但显而易见的是,它针对的正是黑格尔《法哲学原理》中的观点,这应该算是马克思对黑格尔法哲学批判的开始。到了1843年,马克思的研究兴趣再一次聚焦到黑格尔法哲学研究上来。

二、《黑格尔法哲学批判》的文本"缺失"之谜

我们能看到的《黑格尔法哲学批判》这一著作,从表面上看,似乎并不是一个完整的文本。在这个文本中,马克思对黑格尔《法哲学原理》一书的第261—313节几乎是逐节逐节进行批判的,被批判的这些内容属于该书的第三篇"伦理"篇中的第三章"国家"章的"国家法"部分,但是,这一部分内容是从260节开始的,结束于第320节,马克思批判的内容并没有完全覆盖这个部分,前面空过了第260节,后面留下了第314—320节。在马克思一生留下的大量

---

[1] 参见李秋零主编:《康德著作全集》(第6卷)之"道德形而上学"之"第一部法权论的形而上学初始根据",北京:中国人民大学出版社,2007年版。
[2] 《马克思恩格斯全集》(第47卷),北京:人民出版社,2004年版,第36页。

手稿中,像《黑格尔法哲学批判》这样既没有"开头"也没有"结尾"的文本极为罕见。这到底是怎么一回事呢?

问题一:这个文本批判的范围到底是什么?

我们认为,此时马克思批判的范围应该限于黑格尔《法哲学原理》的第260—320节,而不是文本显示的第261—313节,更不可能是该书的全部内容,原因如下:

第一,我们知道这一时期马克思关注的重点是政治,而且是德国的政治,其他方面他还无意顾及。在《黑格尔法哲学批判》之后写的《〈黑格尔法哲学批判〉导言》一文中,马克思指出:"随导言之后将要做的探讨——这是为这项工作尽的一份力——首先不是联系原本,而是联系副本即联系德国的国家**哲学和法哲学**来进行的。其所以如此,正是因为这一探讨是联系**德国**进行的。"[1]之后,在《1844年经济学哲学手稿》"序言"中,马克思开门见山地指出:"我在《德法年鉴》上曾预告以**黑格尔**法哲学批判的形式对法学和国家学进行批判。"[2]由此可见,此时马克思要批判的是德国的国家哲学和法哲学,黑格尔法哲学只是这种批判的借以实现的形式,因此,马克思只是选定了黑格尔《法哲学原理》的"国家法"这一部分内容进行批判,他根本无意去批判"国家"章中的"国际法"和"世界历史"两个部分的内容。

第二,我们认为,马克思之所以没有从黑格尔《法哲学原理》的开头进行批判,另一个重要的原因是马克思对这一部分内容非常熟悉,或者说,马克思本身就有可能有以前大量现成的手稿可以拿来直接使用。从他大学期间写给父亲的信中我们可以看出,马克

---

[1] 《马克思恩格斯全集》(第3卷),北京:人民出版社,2002年版,第200页。
[2] 《马克思恩格斯全集》(第3卷),北京:人民出版社,2002年版,第219页。

思对黑格尔《法哲学原理》的第一篇"抽象法"的内容是非常熟悉的。如果我们对比康德和费希特的法哲学方面的著作,也可以发现,马克思在《黑格尔法哲学批判》中选择进行批判的这一部分内容恰恰是康德和费希特的相关法哲学著作中没有的,而是在黑格尔的法哲学著作中所包含的内容。事实上,马克思在批判黑格尔《法哲学原理》"立法权"部分时,也信手拈来地引用了该书的序言、第65节、第66节,第71节和第257节的内容,[1]足见马克思对黑格尔《法哲学原理》的整体框架非常熟悉。那么,马克思从中间开始批判只剩下一个原因,那就是他对这部分内容非常感兴趣。

因此,我们认为,马克思选择黑格尔《法哲学原理》的"国家法"这一部分进行批判,实际上是经过精心选择的,既符合马克思当时关注的重点,也符合马克思当时的学术能力。

问题二:这个文本中究竟有没有马克思批判第260条和第314—320条的内容?

我们认为,这个文本中有批判黑格尔《法哲学原理》第260条的内容,但是确实没有批判第314—320条的内容,原因如下:

第一,现在保留下来的马克思的《黑格尔法哲学批判》是从黑格尔《法哲学原理》的第261节开始批判的,但从这一节的开头的"上一节"的说法[2]可以推断出,马克思是从第260节开始批判的。我们也知道,马克思曾经写过一篇《〈黑格尔法哲学批判〉手稿索引》,其中十分清晰地说明了手稿缺失的第1个印张中的第3、4两页有"体系的发展的二重化"[3]的内容,很显然,这不仅能说明第1

---

1 参见《马克思恩格斯全集》(第3卷),北京:人民出版社,2002年版,第121、125—127页。
2 参见《马克思恩格斯全集》(第3卷),北京:人民出版社,2002年版,第7页。
3 《马克思恩格斯全集》(第3卷),北京:人民出版社,2002年版,第159页。

印张是存在的,而且总共有四页内容。那么,这个写有批判黑格尔《法哲学原理》第260条的第1印张的四页内容到哪里去了?我们认为,这缺失的四页内容很有可能不是真的缺失,而是马克思在写作其他相关文本时拿去直接使用了。如果这个假设成立的话,那么,最有可能是用在了《〈黑格尔法哲学批判〉导言》之中。

第二,我们之所以认为文本中确实没有批判第314—320条的内容,主要原因是:黑格尔《法哲学原理》第314—320条的核心内容是谈论"公共舆论",颇为巧合的是,之前马克思发表的《评普鲁士最近的书报检查令》和《第六届莱茵省议会的辩论(第一篇论文)。关于新闻出版自由和公布省等级会议辩论情况的辩论》两篇文章,恰恰也是在谈论这个问题。更为巧合的是,虽然黑格尔在形式上区分了"科学的表达"和"不法的表达",[1]但是,在总体上看,黑格尔在这方面和马克思的观点是一样的,也主张"表达自由""言论自由",甚至是一定程度上的"出版自由"。如此一来,马克思还要对其进行批判,实在有些勉为其难。因此,我们认为,马克思对黑格尔《法哲学原理》的批判,确实只是批判到第313条就结束了,留下了一个看似中断但实际上不可能完整的文本。如果非要给马克思的这一文本画上一个完整的句号,其实也可以把当时马克思已经发表的上述两篇文章作为《黑格尔法哲学批判》一书的最后部分。当然,这样做就会显得比较牵强,毕竟,在长篇大论地批判黑格尔之后,又与黑格尔在主张上保持了一致,不管怎么说,都不是一个内在自洽的理论逻辑。

问题三:马克思到底有没有完成这部著作?

---

1 参见[德]黑格尔:《法哲学原理或自然法和国家学纲要》,范扬、张企泰译,北京:商务印书馆,1961年版,第337页。

这个问题实际上是很难回答的。事实上,我们既可以认为马克思没有完成这部著作,也可以认为马克思完成了这部著作。

如果从直观的表现形式来看,马克思并没有完成这部著作。之所以没有完成,一个最为重要的原因是:在学术研究过程中,马克思的研究思路逐渐发生了改变。马克思原本打算写一部《黑格尔国家学批判》,但是在研究过程中发现要弄清问题,就要研究国民经济学。在对国民经济学进行初步的学习和研究之后,马克思决定撰写一部《政治和国民经济学批判》。客观而言,《黑格尔法哲学批判》就是其中的"政治批判"部分,《1844年经济学哲学手稿》就是其中的"国民经济学批判"的初步成果。但是,由于此时的马克思尚不能把这两个相对独立的部分有机地组合在一起,加上又出现了鲍威尔及其伙伴的《文学总汇报》,马克思觉得有必要先理清德国哲学,再来进行深入研究,于是,《黑格尔法哲学批判》连同后来计划中的《政治和国民经济学批判》都被暂时搁置在一边,由于马克思在理论进路上越深入越清晰,最终产生了自己独立的世界观和方法论,导致这个一变再变的写作计划最终成为"手稿"。

如果从实质的具体内容来看,马克思实际上完成了这部著作。在《1844年经济学哲学手稿》的"序言"中,马克思谈到自己的《黑格尔法哲学批判》一书已经"加工整理准备付印"[1]。在1844年8月11日写给费尔巴哈的信中,马克思谈道,"这一批判我已经写完,但后来又重新做了加工,以便使它通俗易懂"[2]。从马克思自己的这两个说法推测,《黑格尔法哲学批判》实际上是一部完整的著作。

1　《马克思恩格斯全集》(第3卷),北京:人民出版社,2002年版,第219页。
2　《马克思恩格斯全集》(第47卷),北京:人民出版社,2004年版,第73页。

我们知道,在《黑格尔法哲学批判》中,缺少对"市民社会"的深入剖析,但是,这其实并不能说明马克思不懂相关内容,而是他暂时还没有来得及进行这方面的研究。这一点可以通过下面这个说法得到印证。在说明文明时代中人和人的对象性本质相分离的错误时,马克思这样说道:"关于这一点要在《市民社会》这一章中做进一步阐述。"[1] 事实上,马克思大学期间专攻法学,还精通罗马法,法学中非常重要的内容之一就是民法,罗马法更是关于"市民社会"方面立法的经典之作。当然,显而易见的是,马克思对德国正在形成的资产阶级性质的"市民社会"还不够了解。另外一个值得注意的现象是,此时马克思所理解的"市民社会",其实与黑格尔《法哲学原理》中的"市民社会"有着较大的差别。在黑格尔《法哲学原理》中,"市民社会"一章由"需要的体系""司法"和"警察和同业公会"三个部分组成。很显然,黑格尔所说的"市民社会",根本不是一个完全政治经济学意义上的概念,更不可能是成熟意义上的资产阶级性质"市民社会"的概念,反倒像一个半封建阶级半资产阶级所理解的非典型"市民社会"。然而,此时的马克思对"市民社会"的理解,其实已经是从国民经济学的角度去理解的了。正是由于马克思困惑于黑格尔的"市民社会"的非典型界定,他才没有直接批判"市民社会"一章。在这个意义上来说,马克思并非没有理解黑格尔,而是超过了黑格尔。后来,通过《1844年经济学哲学手稿》,马克思显然补上了这个"欠缺",但并没有继续遵循《黑格尔法哲学批判》的批判逻辑进行补充,而是按照国民经济学的批判逻辑。

在《黑格尔法哲学批判》中,多次提到"留待以后再谈""以后再

---

1 《马克思恩格斯全集》(第3卷),北京:人民出版社,2002年版,第102页。

研究",主要涉及的问题有:国家和教会的关系[1]、从经验到思辨和从思辨到经验的这种必然转变[2]、主管机关的体系[3]、市民社会[4]、逻辑学[5]、宗教与哲学的关系[6]、长子继承的地产是世传地产[7]、从利益方面提出来的选举改革的问题[8]、由立法权的双重规定所产生的其他冲突[9]、利益方面[10]。这和《1844年经济学哲学手稿》的"序言"中提到的"需要探讨的题目丰富多样"完全一致,由此可见,马克思是在写作过程中逐渐认识到黑格尔《法哲学原理》构思的复杂性的。

三、马克思对费尔巴哈的密切关注

在《莱茵报》被查封之前,马克思所写的各类文本(包括博士论文、书信和政论性文章)中虽然也有多处提及费尔巴哈,但是,其中并没有体现对费尔巴哈特别的关注,而只是把他作为当时比较重要的人物"之一"来看待。但是,就在马克思写作《黑格尔法哲学批判》的过程中,费尔巴哈的《关于哲学改造的临时纲要》《基督教的本质》第二版和《未来哲学原理》相继问世,此时的马克思对费尔巴哈哲学思想的这些进展显示出了十分浓厚的兴趣。

1　《马克思恩格斯全集》(第3卷),北京:人民出版社,2002年版,第19页。
2　《马克思恩格斯全集》(第3卷),北京:人民出版社,2002年版,第51页。
3　《马克思恩格斯全集》(第3卷),北京:人民出版社,2002年版,第55页。
4　《马克思恩格斯全集》(第3卷),北京:人民出版社,2002年版,第100、102页。
5　《马克思恩格斯全集》(第3卷),北京:人民出版社,2002年版,第110页。
6　《马克思恩格斯全集》(第3卷),北京:人民出版社,2002年版,第112页。
7　《马克思恩格斯全集》(第3卷),北京:人民出版社,2002年版,第130地。
8　《马克思恩格斯全集》(第3卷),北京:人民出版社,2002年版,第150页。
9　《马克思恩格斯全集》(第3卷),北京:人民出版社,2002年版,第150—151页。
10　《马克思恩格斯全集》(第3卷),北京:人民出版社,2002年版,第153页。

《德法年鉴》中收录了马克思写给卢格的三封信,从这三封信的内容可以看出,马克思对德国的政治非常失望。虽然这三封信发表的时间是 1844 年 2 月,但它们却是马克思在写作《黑格尔法哲学批判》的过程中撰写的,从这三封信中,我们能够看到马克思对费尔巴哈从不大关注到比较关注,然后又到主动开始运用费尔巴哈的哲学思想与方法论的过程。

在马克思于 1843 年 3 月写的第一封信中,并没有费尔巴哈哲学的任何痕迹。

在他于 1843 年 5 月上半月写的第二封信中,已经出现费尔巴哈特有的人本学思维范式,当然,与费尔巴哈完全不同的是,马克思是在政治领域内展开这种思维的。马克思指出,"专制制度的唯一思想就是轻视人,使人非人化"[1],"君主政体的原则总的说来就是轻视人,蔑视人,**使人非人化**"[2],因此,"我们必须彻底揭露旧世界,并积极建立新世界"[3]。很显然,马克思在这里受到了费尔巴哈的影响。

在 1843 年 9 月写给卢格的第三封信中,马克思说道:

> 虽然对于"从何处来"这个问题没有什么疑问,但是对于"往何处去"这个问题却很模糊。……以前,哲学家们把一切谜底都放在自己的书桌里,愚昧的凡俗世界只需要张开嘴等着绝对科学这只烤乳鸽掉进来就得了。而现在哲学已经世俗化了,……哲学意识本身,不但从外部,而且从内部来说都卷入了斗争的漩涡。……我们现在应该做些什么,我指的就是

---

[1] 《马克思恩格斯全集》(第 47 卷),北京:人民出版社,2004 年版,第 58 页。
[2] 《马克思恩格斯全集》(第 47 卷),北京:人民出版社,2004 年版,第 59 页。
[3] 《马克思恩格斯全集》(第 47 卷),北京:人民出版社,2004 年版,第 63 页。

要对现存的一切进行无情的批判,所谓无情,就是说,这种批判既不怕自己所作的结论,也不怕同现有各种势力发生冲突。[1]

颇为巧合的是,就在不久前刚刚出版的《未来哲学原理》的末尾,费尔巴哈指出:"从前各种改造哲学的企图,只是在方式上或多或少的与旧哲学有所不同,而不是在种类上与旧哲学有所不同。而一种真正的新哲学,即适合于人类和未来的需要的,独立的哲学,其不可缺少的条件则在于它在本质上与旧哲学不同。"[2] 两相对照,我们不难看出,两者之间还是有着共同之处。

马克思这里的"批判"思维,到底是来自鲍威尔还是费尔巴哈?综合各种因素,我们认为,马克思之前的"批判"思维来自鲍威尔,但此时的"批判"逻辑更多来自费尔巴哈。事实上,在这一时期,对于"从何处来"和"往何处去"两个问题都说得比较清楚的只有费尔巴哈。在1844年8月11日马克思给费尔巴哈的信中也可以看出来:"您的《未来哲学》和《信仰的本质》尽管篇幅不大,但它们的意义,却无论如何要超过目前德国的全部著作。"[3]

另外,在费尔巴哈后来写的《从人本学观点论不死问题》中,费尔巴哈写有一篇题为"关于我的《论死与不死》"的组成部分,其中也提到,"作者意愿,人们不要再等待从天上或在天上烤就了飞到他们口中来的鸽子,而是要自己去捉鸽子,自己去烤鸽子"[4]。《从

---

[1]《马克思恩格斯全集》(第47卷),北京:人民出版社,2004年版,第64页。
[2] [德]路德维希·费尔巴哈:《费尔巴哈哲学著作选集》(上卷),荣震华、李金山等译,北京:商务印书馆,1984年版,第186页。
[3]《马克思恩格斯全集》(第47卷),北京:人民出版社,2004年版,第73页。
[4] [德]路德维希·费尔巴哈:《费尔巴哈哲学著作选集》(上卷),荣震华、李金山等译,北京:商务印书馆,1984年版,第345页。

人本学观点论不死问题》比马克思的这封信的出版晚得多,但《论死与不死》却要比马克思的这封信要早得多。因为没有看到《论死与不死》的全文,关于鸽子的这个例子究竟是这篇文章中的内容还是《从人本学观点论不死问题》中"关于我的《论死与不死》"这部分的内容,我们就不得而知了。但是,显而易见的是,两者之间如此密切的关联是不大可能用巧合来说明的。要么是马克思借鉴了费尔巴哈,要么是费尔巴哈借鉴了马克思。我们认为,综合各个方面的因素来看,此时的马克思正在详细研究费尔巴哈的几本主要著作,包括《关于哲学改革的临时纲要》《基督教的本质》和《未来哲学原理》。因此,我们认为,应该是马克思借鉴了费尔巴哈。

就在马克思写给卢格的第三封信中,马克思还提到了费尔巴哈,"我们的全部意图只能是使宗教问题和政治问题具有自觉的人的形态,像费尔巴哈在批判宗教时所做的那样"[1]。由此可见,这一时期的马克思对费尔巴哈进行了深入的研究。

在这封信的末尾,马克思指出:"这样,我们就能用一句话表明我们杂志的倾向:对当代的斗争和愿望做出当代的自我阐明(批判的哲学)。……问题在于**忏悔**,而不是别的。人类要使自己的罪过得到宽恕,就只有说明这些罪过的真相。"[2] 在中文第一版《马克思恩格斯全集》第 1 卷中,收录了一篇题为《路德是施特劳斯和费尔巴哈的仲裁人》的短文,署名"非柏林人"。一开始,这篇文章被认为是马克思的作品,但是,后来有证据证明这篇文章的作者不是马克思,而是费尔巴哈自己。在这篇文章的末尾,费尔巴哈指出:"你们只有**通过火流**才能走向**真理**和**自由**,其他的路是没有的。费尔

---

[1] 《马克思恩格斯全集》(第 47 卷),北京:人民出版社,2004 年版,第 66 页。
[2] 《马克思恩格斯全集》(第 47 卷),北京:人民出版社,2004 年版,第 67 页。

巴哈,这才是我们时代的**涤罪所**。"[1] 马克思在上述信中末尾的话与费尔巴哈的这句话有异曲同工之妙。很显然,此时的马克思对费尔巴哈的著作一定进行过十分仔细的研读,否则不可能有如此明显的仿写。

至于《路德是施特劳斯和费尔巴哈的仲裁人》这篇短文的作者是费尔巴哈而非马克思的这个说法,我们认为是有道理的。

第一,我们知道,这篇文章和《关于哲学改造的临时纲要》均发表于《德国现代哲学和政论界轶文集》第2卷,而马克思的《论普鲁士最近的书报检查令》则发表于《德国现代哲学和政论界轶文集》第1卷,署名"莱茵省一居民"。

第二,从写作习惯来看,马克思的作品从来没有大段引用过宗教著作中的内容,而这恰恰是费尔巴哈的强项。

第三,从思想的连续性来说,其中"我劝你们,思辨神学家和哲学家们,假如你们愿意明白事物存在的真相,即明白**真理**,你们就应该从先前的思辨哲学的概念和偏见中解放出来"[2]。这显然是费尔巴哈《黑格尔哲学批判》的思路,而此时的马克思还没有正式开始批判黑格尔哲学。

第四,"非柏林人"这个署名非常有意思,恰恰是费尔巴哈对自身经历的一种反讽:"曾经在柏林,而现在在乡间!何其荒诞!"[3]

在马克思写给卢格的这三封信之后不久的1843年10月3日,马克思就致信费尔巴哈,邀请他为《德法年鉴》撰稿,并表示"您的任何稿件都是我们最为欢迎的"[4],足见马克思对费尔巴哈的重

---

1 《马克思恩格斯全集》(第1卷),北京:人民出版社,1956年版,第33—34页。
2 《马克思恩格斯全集》(第1卷),北京:人民出版社,1956年版,第33页。
3 [德]路德维希·费尔巴哈:《费尔巴哈哲学著作选集》(上卷),荣震华、李金山等译,北京:商务印书馆,1984年版,第239页。
4 《马克思恩格斯全集》(第47卷),北京:人民出版社,2004年版,第67页。

视。另外,这封信中还谈到"《基督教的本质》第二版序言"[1]。不难看出,这一时期的马克思对费尔巴哈的著作非常熟悉。

第二节
费尔巴哈的哲学思想和方法论在政治批判中的运用

对于正在形成中的费尔巴哈哲学,马克思起初并没有给予特别的关注,只是将施特劳斯、费尔巴哈、鲍威尔等人放在同一个层级上同等对待。事实上,马克思对费尔巴哈的哲学还是持有一种谨慎赞同但又保持一定距离的态度。但是,在《关于哲学改造的临时纲要》正式发表后,马克思对费尔巴哈的思想进展尤其关注,不仅全面深入地研究了费尔巴哈已经问世的所有核心著作,而且还在自己的学术研究中主动灵活地加以运用,从某种意义上来说,这种运用起到了推广和发展费尔巴哈哲学的客观作用。

一、《黑格尔法哲学批判》中马克思对
费尔巴哈"颠倒过来"方法的运用

早在1839年发表的《黑格尔哲学批判》中,费尔巴哈就提出了一种"发生学观点的批判哲学",其最基本的特点就是让"自然"和"起源"意义上真正第一性的东西回归第一性的位置,让第二性的东西回归第二性的位置。很显然,马克思在这里的分析方法与费尔巴哈的《黑格尔哲学批判》中的"发生学观点的批判哲学"分析方

---

1 《马克思恩格斯全集》(第47卷),北京:人民出版社,2004年版,第68页。

法完全一致。简言之,这种方法就是"颠倒"。

1. 家庭和市民社会与国家的关系上的"颠倒"

家庭和市民社会与国家的关系是《黑格尔法哲学批判》中的最为核心的问题。关于这一点,马克思从一开始就已经明确提出来了。

马克思认为,黑格尔对家庭和市民社会与国家的关系的诠释是一种"逻辑的、泛神论的神秘主义"[1]的颠倒诠释。在马克思看来,家庭和市民社会都是国家的前提,但是,在黑格尔的思辨的思维看来,观念变成了主体,而家庭和市民社会对国家的现实的关系被理解为观念的内在想象活动,于是,作为出发点的事实没有被理解为事实本身,而是被理解为神秘的结果。马克思一针见血地指出,在这里"集法哲学和黑格尔整个哲学的神秘主义之大成"[2]。

马克思指出,黑格尔使作为观念的主体的东西成为观念的产物、观念的谓语,他不是从对象中发展自己的思想,而是按照自身已经形成了的,并且是在抽象的逻辑领域中已经形成了的思想来发展自己的对象。在黑格尔那里,具体的内容即现实的规定成了形式的东西,而完全抽象的形式规定则成了具体的内容。国家的各种规定的实质并不在于这些规定是国家的规定,而在于这些规定在其最抽象的形式中可以被看作逻辑学的形而上学的规定。真正注意的中心不是法哲学,而是逻辑学。哲学的工作不是使思维体现在政治规定中,而是使现存的政治规定消散于抽象的思想。哲学的因素不是事物本身的逻辑,而是逻辑本身的事物。不是用逻辑来论证国家,而是用国家来论证逻辑。因此,黑格尔的"整个

---

1 《马克思恩格斯全集》(第 3 卷),北京:人民出版社,2002 年版,第 10 页。
2 《马克思恩格斯全集》(第 3 卷),北京:人民出版社,2002 年版,第 12 页。

法哲学只不过是逻辑学的补充"。[1]

事实上,早在《黑格尔哲学批判》一文中,费尔巴哈就曾经指出:

> 黑格尔的精神是一种逻辑学上的精神,……这种精神特别显示在他的历史观和他对历史的处理上。[2]

费尔巴哈曾经这样批判黑格尔哲学,尤其是黑格尔的历史哲学,马克思在这里用同样的说法批判黑格尔的法哲学。

2. 个人和国家的关系上的"颠倒"

在个人和国家的关系上,马克思通过运用费尔巴哈的"颠倒"方法,得出了和黑格尔完全不同的观点。

黑格尔认为,国家的各种职能和活动同个人发生联系,是同作为政治的个人发生联系,是同个人的政治特质发生联系,是以外在的和偶然的方式同这种特殊的人格本身联结在一起。

马克思认为,黑格尔之所以会有这些谬论,是因为黑格尔抽象地、孤立地考察国家的各种职能和活动,而把特殊的个体性看作与它们对立的东西;但是,他忘记了特殊的个体性是人的个体性,国家的各种职能活动是人的职能;他忘记了"特殊的人格"的本质不是它的胡子、它的血液、它的抽象的肉体,而是它的社会特质,而国家的职能等只不过是人的社会特质的存在方式和活动方式。因此,不言而喻,个人既然是国家各种职能和权力的承担者,那

---

1 《马克思恩格斯全集》(第3卷),北京:人民出版社,2002年版,第23页。
2 [德]路德维希·费尔巴哈:《费尔巴哈哲学著作选集》(上卷),荣震华、李金山等译,北京:商务印书馆,1984年版,第45页。

就应该按照他们的社会特质,而不应该按照他们的私人特质来考察他们。

马克思进而指出:"国家是抽象的东西。只有人民才是具体的东西。"[1]

> 正如同不是宗教创造人,而是人创造宗教一样,不是国家制度创造人民,而是人民创造国家制度。[2]

很明显,马克思在这里仿照了费尔巴哈在宗教批判中的颠倒方法,将之运用到人民和国家的关系的理解上。

3. 民主制和君主制的关系上的"颠倒"

支持民主制还是君主制是马克思与黑格尔在政治主张上的根本区别。在这个问题上,马克思和晚年费尔巴哈的主张是一致的,主张民主制或共和制,黑格尔主张君主制。在这里,马克思运用了费尔巴哈的"颠倒过来"的方法,论证了民主制是君主制的真理。

针对黑格尔"朕即国家""君是主权"的"混乱思想"和"粗陋观念",马克思指出:

> 人民主权不是凭借君王产生的,君王倒是凭借人民主权产生的。[3]

马克思进而指出,民主制是君主制的真理,但君主制却不是民

---

1 《马克思恩格斯全集》(第3卷),北京:人民出版社,2002年版,第38页。
2 《马克思恩格斯全集》(第3卷),北京:人民出版社,2002年版,第40页。
3 《马克思恩格斯全集》(第3卷),北京:人民出版社,2002年版,第37页。

主制的真理。君主制必然是本身不彻底的民主制,而君主环节却不是民主制中的不彻底性。君主制不能从自身中得到理解,而民主制则可以从自身中得到理解。马克思还指出,在某种意义上,民主制对其他一切国家形式的关系,同基督教对其他一切宗教的关系是一样的。实际上,费尔巴哈曾经谈论过基督教和其他一切宗教之间的关系,马克思在这里将这种关系类比到民主制和君主制的关系的理解上,是相当有道理的。

马克思进而谈到共和制,他认为,在民主制中,抽象的国家不再是统治环节。君主制与共和制之间的争论始终是抽象的国家范围内的争论。政治的共和制是抽象国家形式范围内的民主制。因此,共和制是民主制的抽象国家形式,但这里共和制已不再仅仅是政治制度了。事实上,晚年的费尔巴哈也改变了早年尽量避免直接表态的比较谨慎的政治态度,在没有发表的文本中表达了有条件地赞成共和制而不赞成君主制的想法。但是,与费尔巴哈不同的是,此时的马克思,在政治立场上坚持共和制,反对君主制,而且在随后的《〈黑格尔法哲学批判〉导言》中公开表达出来。

当然,在《黑格尔法哲学批判》中,马克思谈论的问题不仅仅限于以上几点"颠倒",考虑到其他内容与这里要谈论的主题没有多少关系,暂时不再赘述。不管如何,正如马克思所说,在黑格尔那里,"正确的方法被颠倒了。最简单的东西被描绘成最复杂的东西,而最复杂的东西又被描绘成最简单的东西。应该成为出发点的东西变成了神秘的结果,而应当成为合乎理性的结果的东西却成了神秘的出发点"[1]。在这一点上,马克思对黑格尔的批判与费尔巴哈对黑格尔的批判保持了完全的一致。

---

1 《马克思恩格斯全集》(第3卷),北京:人民出版社,2002年版,第52页。

值得一提的是,以色列学者阿维纳瑞对《黑格尔法哲学批判》给予了极高的评价,他认为"马克思后来思想的显著样态在这部著作中攻击黑格尔时就已经成形"[1]。我们认为,如果把马克思主义哲学定位为政治哲学的话,这种观点当然是有一定道理的;但是,我们也认为,马克思主义哲学从归根结底意义上来说就是唯物史观,因此,作为马克思政治哲学著作开端的《黑格尔法哲学批判》,正如阿维纳瑞自己所说的,"它就像是一名拔尖的学生完成一篇高难度文章的努力"[2],仅此而已。

二、《德法年鉴》时期马克思对费尔巴哈的哲学思想和方法论的继承与发展

其实《德法年鉴》的出版计划本身就是费尔巴哈"德法结合"思想的一种表现方式。马克思在《德法年鉴》中发表的《论犹太人问题》和《〈黑格尔法哲学批判〉导言》两篇文章,更是对费尔巴哈的哲学思想和方法论的扩展式运用。

1. 从费尔巴哈的"德法结合"到马克思的《德法年鉴》

在《关于哲学改造的临时纲要》中,费尔巴哈提出了"德法结合"的思想。

费尔巴哈认为,哲学的主要工具和器官是头脑——是活动、自由、形而上学无限性、唯心主义的来源,同时是心情——是痛苦、有限性、需要、感觉主义的来源。用理论名词来说,哲学的工具和器

---

1 [以]阿维纳瑞:《马克思的社会与政治思想》,张东辉译,北京:知识产权出版社,2016年版,第14页。
2 [以]阿维纳瑞:《马克思的社会与政治思想》,张东辉译,北京:知识产权出版社,2016年版,第14页。

官就是思维和直观,因为思维是头脑需要的,直观感觉是心情需要的。思维是学派和体系的原则,直观是生活的原则。在直观中我为对象所决定,在思维中我决定对象。在思维中我是我,在直观中我是非我。只有从思维的否定中,从对象的确定中,从欲望中,从一切快乐和烦恼的来源中,才能创造出真实的、客观的思想,真实的、客观的哲学。直观提供出与存在直接同一的实体,思维提供出与存在异化了和分离了的间接本质。因此,只有存在与本质结合、直观与思维结合、被动与主动结合、法国感觉主义和唯物主义的反经院派的热情原则与德国形而上学的经院派的冷淡态度结合起来的地方,才有生活和真理。费尔巴哈进而指出:

> 真正的、与生活、与人同一的哲学家,必须有法国人和德国人的混合血统。纯洁的德国人请不要害怕这种混血!《哲学家文汇》(Acta Philosophorum)已经于纪元1716年表明了这种思想。"如果我们将德国人和法国人比较一下,那么,法国人的心灵比较活泼,德国人则比较严正,我们可以毫不夸大地说:法国人和德国人的气质对于哲学来说,是最适合不过的,换句话说:一个父亲是法国人而母亲是德国人的孩子,一定(假定其他条件相同)具有很好的哲学才能。"完全正确;我们只要将法国人当作母亲,将德国人当作父亲。心情,是女性的原则,是对于有限事物的官能,是唯物主义的所在地——这是法国式的想法;头脑,是男性的原则,是唯心主义的所在地——这是德国式的想法。心情是革命的,头脑是改良的;头脑使事物成立,心情使事物运动。但是只有运动、激动、欲望、热血、感觉存在的地方,才存在着精神。只有莱布尼茨的智慧,只有他的热情的唯物同时又唯心的哲学原则,才第一次将

德国人从他们的哲学上的学究气和经院习气中拯救出来。[1]

　　从费尔巴哈引证的内容来看,早在1716年就有人提出了这种"德法结合"的想法。其实,德国哲学家费希特也曾有此设想并付诸实施。在1798年9月12日写给弗兰茨·威廉·荣的信中,费希特提到自己曾有目的地为自己伟大的民族考虑过一个计划,那就是要建立一种学院,其目的是为了纯粹科学的利益。在这个学院中,人们关心的不是这个或那个有什么用处,而是关心它们是否是真的。费希特相信,这个伟大民族有必要不仅为了它的市民,而且为了整个人类,首先去把握和实施这一想法。这样就可以将所有民族都吸附在自己身边,征服所有的天才。费希特认为,"人类这样一种联合的基础必然是为了科学的利益,即法兰西和德意志精神的联合。因此,这个学院设在莱茵河左岸最合目的。如果我对自己个性的理解是正确的话,我的一点微薄的力量也许可以最合适地为这个想法和实施提供一些帮助"[2]。费希特是这么说的,也确实这么做了,世界上第一所研究型大学——柏林大学就是基于这种理念于1809年创建的,费希特曾任该大学的第一任校长。费尔巴哈和马克思都是柏林大学的学生,自然对这一点非常熟悉。事实上,马克思在大学期间攻读法学,非常熟悉费希特哲学,因此这种思想应该也会受到费希特的影响。

　　当然,马克思"德法结合"的这种思想,其直接来源显然应该是费尔巴哈。在1843年10月3日写给费尔巴哈的信中,马克思说

---

[1] [德]路德维希·费尔巴哈:《费尔巴哈哲学著作选集》(上卷),荣震华、李金山等译,北京:商务印书馆,1984年版,第111—112页。
[2] [德]约翰·哥特利勃·费希特:《行动的哲学》,洪汉鼎、倪梁康译,南京:译林出版社,2013年版,第168页。

道:"您是第一批宣布必须建立法德科学联盟的著作家之一。因此,您也必然是第一批支持实现这一联盟的事业的人之一。"[1] 在这封信中,马克思邀请费尔巴哈为《德法年鉴》撰写抨击谢林的稿件,马克思指出:

> 您是**谢林的直接对立面**。谢林的**真诚的青春思想**……已经除了想象以外没有任何能力,……除了容易激动的女性感受力以外没有任何感觉器官了,谢林的这种真诚的青春思想,在他那里只是一场异想天开的青春梦,而在您那里则成了真理、现实、男子汉的郑重。因此谢林是您的**预期的模拟像**,而这种模拟像一旦面对现实就会变得模糊不清。因此,我认为您是自然和历史的陛下所召来的、谢林的必然的和天然的对手。您同他的斗争是哲学的想象同哲学的斗争。[2]

从这封信的内容来看,此时的马克思不仅对费尔巴哈本人非常敬重,也对费尔巴哈的著作非常熟悉,甚至在描述谢林和费尔巴哈在理论上的差别时都使用了费尔巴哈《关于哲学改造的临时纲要》中关于德法哲学的差异来进行类比。由此可见,马克思的"德法结合"思想的直接来源是费尔巴哈的《关于哲学改造的临时纲要》。

我们知道,在《德法年鉴》出版前,马克思曾经拟定了一份《〈德法年鉴〉办刊方案》,具体内容如下:

> 本年鉴的文章由德国人或法国人撰写,将论述:

---

[1] 《马克思恩格斯全集》(第47卷),北京:人民出版社,2004年版,第67页。
[2] 《马克思恩格斯全集》(第47卷),北京:人民出版社,2004年版,第69页。

(1) 具有有益的或危险的影响的人物和学说，以及当前的政治问题，不论它们涉及的是宪法、政治经济学还是国家机构和道德风尚。

(2) 我们将对报纸进行述评，它对一些报纸的奴颜婢膝和卑鄙行径将是一种鞭挞和匡正，它将引导人们注意另一些报纸为了人类和自由所做的崇高的努力。

(3) 此外，我们还将评介目前正走向腐败和灭亡的德国旧制度下的书刊和出版物，最后，还将评介两国那些开辟并继续推进我们正在跨入的新时代的书籍。[1]

由此可见，与费希特和费尔巴哈的"德法结合"思想主要着眼于精神层面的"解放"有所不同的是，马克思的"德法结合"思想主要致力于政治层面的"实践"。

当然，不可否认的是，马克思"德法结合"的思想与卢格的影响应该也有一定的关系，毕竟，《德法年鉴》是马克思和卢格共同商定的结果，事实上，卢格也曾经为这份刊物起草了两份办刊方案，其中一份为德文，一份为法文，从具体内容来看，与马克思的办刊方案非常相似。[2]

2.《论犹太人问题》中马克思对费尔巴哈的哲学思想和方法论的运用

《德法年鉴》中收录了马克思的两篇文章:《论犹太人问题》和《〈黑格尔法哲学批判〉导言》。虽然发表的时间相同，但是比较而

---

[1] 《马克思恩格斯全集》(第3卷)，北京:人民出版社，2002年版，第215页。
[2] 参见《马克思恩格斯全集》(第3卷)，北京:人民出版社，2002年版，第662—663页，注释53。

言,《论犹太人问题》的写作时间要早一些,其中对费尔巴哈哲学原则和方法论的运用不及《〈黑格尔法哲学批判〉导言》。《论犹太人问题》这篇文章与布鲁诺·鲍威尔发表的相关文章有着密切的关系。

写作博士论文时期的马克思,主要是受鲍威尔"自我意识哲学"的影响。之后,马克思和鲍威尔虽然暂时保持着一种比较密切的私人关系,但是由于思想观念上的差异,两人之间的距离逐渐扩大了。

早在 1842 年 11 月 30 日写给卢格的信中,作为《莱茵报》编辑的马克思就谈到了他和"自由人"有关的"纠纷",并对"自由人"的作品提出了一些"要求":

> 少发些不着边际的空论,少唱些高调,少来些自我欣赏,多说些明确的意见,多注意一些具体的事实,多提供一些实际的知识。……我要求他们,如果真要讨论共产主义,那就要用另一种完全不同的方式,更切实地加以讨论。我还要求他们更多地在批判政治状况当中来批判宗教,而不要在宗教当中来批判政治状况,……因为宗教本身是没有内容的,它的根源不是在天上,而是在人间。随着以宗教为理论的被歪曲了的现实的消失,宗教也将自行消灭。最后,我向他们建议,如果真要谈论哲学,那么最好少炫耀"无神论"的招牌……,多向人民宣传哲学的内容。[1]

马克思的这些要求不可谓不合理,但恰恰打中了"自由人"的

---

[1] 《马克思恩格斯全集》(第 47 卷),北京:人民出版社,2004 年版,第 42—43 页。

软肋。可是,布鲁诺·鲍威尔是"自由人"的灵魂人物,也是马克思的前辈和好友,这或多或少让马克思左右为难。

到了1843年3月13日,在写给卢格的信中,马克思对布鲁诺·鲍威尔的评价就已经正反参半了。马克思评论道:"鲍威尔评阿蒙的文章写得非常出色。我认为《神学意识的痛苦和欢乐》一文是《现象学》中的一篇《不幸的意识》的不太成功的改编。……您想必已经看过鲍威尔的自辩书了。依我看,他还从来没有写得这样好过。"[1]在这封信的末尾,马克思说道:"不管我多么讨厌犹太人的信仰,但鲍威尔的观点在我看来还是太抽象。应当在基督教国家上面打开尽量多的缺口,并且尽我们所能塞进合理的东西。至少,应当试一试,——而**愤怒**将随着请愿被一次一次地拒绝而增长起来。"[2]在这里,我们可以看出,马克思和鲍威尔的理论分歧已经开始显现。

1843年,布鲁诺·鲍威尔的《犹太人问题》和《现代犹太人和基督徒获得自由的能力》两篇文章发表。当年10—12月,马克思撰写了《论犹太人问题》,与布鲁诺·鲍威尔正式展开论战。

在布鲁诺·鲍威尔看来,犹太人问题是从属于宗教同国家的关系问题,犹太人的解放应服从于一般的政治解放;他反对把基督教作为普鲁士国家的思想支柱、主张消灭所有的宗教,因为它们是人的自我异化的原因。他提出犹太人的政治解放应该是犹太人从他们的宗教中获得解放。

针对布鲁诺·鲍威尔的观点,马克思指出,宗教不是世俗局限性的原因,而只是它的现象。因此,我们用自由公民的世俗约束来

---

1 《马克思恩格斯全集》(第47卷),北京:人民出版社,2004年版,第53—54页。
2 《马克思恩格斯全集》(第47卷),北京:人民出版社,2004年版,第54页。

说明他们的宗教约束。我们并不宣称:他们必须消除他们的宗教局限性,才能消除他们的世俗限制。我们宣称:他们一旦消除了世俗限制,就能消除他们的宗教局限性。我们不把世俗问题化为神学问题,我们要把神学问题化为世俗问题。相当长的时期以来,人们一直用迷信来说明历史,而我们现在是用历史来说明迷信。在这里,马克思依然以费尔巴哈的"颠倒过来"的方法作为批判武器。

在《论犹太人问题》中,马克思肯定了黑格尔在《法哲学原理》中确定的政治国家对宗教的关系,并进一步指出,在政治国家真正形成的地方,人不仅生活在思想中,在意识中,而且在现实中,在生活中,都过着双重的生活——天国的生活和尘世的生活。前一种是政治共同体中的生活,在这个共同体中,人把自己看作社会存在物;后一种是市民社会中的生活,在这个社会中,人作为私人进行活动,把他人看作工具,把自己也降为工具,并成为异己力量的玩物。政治国家对市民社会的关系,正像天国对尘世的关系一样,也是唯灵论的。在这里,马克思又回到《黑格尔法哲学批判》中讨论的问题上,可见,《论犹太人问题》实际上是《黑格尔法哲学批判》的直接继续,在这里,马克思力图解决《黑格尔法哲学批判》中未来得及解决的问题。因此,也可以把《论犹太人问题》理解为马克思在《1844年经济学哲学手稿》"序言"中打算撰写的"不同的、独立的小册子"[1]之一。

在批判布鲁诺·鲍威尔的过程中,马克思专门提到把布鲁诺·鲍威尔《犹太人问题》中的一段内容与黑格尔《法哲学原理》中的"市民社会"这一章进行对照,其中涉及的是黑格尔《法哲学原

---

[1] 《马克思恩格斯全集》(第3卷),北京:人民出版社,2002年版,第219页。

理》"市民社会"的第一部分"需要的体系"的内容。[1]不仅如此,马克思在谈论人权时,还特意谈到黑格尔是在何种意义上把市民社会称为"需要和理智的国家"的。[2] 从这两处内容可以看出,此时的马克思对黑格尔《法哲学原理》中的"市民社会"这一章的内容是非常熟悉的,而且是不大认同的。

3.《〈黑格尔法哲学批判〉导言》中马克思对费尔巴哈的哲学思想和方法论的运用

《〈黑格尔法哲学批判〉导言》和《论犹太人问题》一样,是马克思比较少见的对宗教问题进行阐发的文章。事实上,马克思对宗教问题似乎一直不大感兴趣,因为在他看来,宗教问题并不能在宗教问题本身得到解答。这一点在《黑格尔法哲学批判》中就有相关说明。马克思认为,哲学与宗教并不是相对立的问题:

> 宗教对哲学来说形不成**真正的**对立面,因为哲学是通过**宗教**的**虚幻**现实来理解**宗教**的。于是,对哲学来说,宗教由于想成为某种现实而自行解体。**本质**的真正二元性是没有的。[3]

在这里,马克思似乎不屑于批判黑格尔的宗教哲学,因为他更为关注现实。费尔巴哈则揪着宗教不放,当然,他是在用自己的方式关注现实。

我们认为,马克思明显是费尔巴哈的"接着说",而作为主角的

---

[1] 参见《马克思恩格斯全集》(第3卷),北京:人民出版社,2002年版,第174页。
[2] 参见《马克思恩格斯全集》(第3卷),北京:人民出版社,2002年版,第184页。
[3] 《马克思恩格斯全集》(第3卷),北京:人民出版社,2002年版,第112页。

费尔巴哈却独自去清理地基了。但对于马克思来说，这个地基是没有必要清理的，因为18世纪的法国学者已经清理过了。在这个意义上，费尔巴哈是地地道道的德国人，而马克思是世界公民。

马克思对德国理论界学术动向的把握是相当到位的，这一点从《德法年鉴》中的《〈黑格尔法哲学批判〉导言》一文中可以看出来。《〈黑格尔法哲学批判〉导言》的第一句就是：

就德国来说，**对宗教的批判**基本上已经结束；而对宗教的批判是其他一切批判的前提。[1]

我们知道，对宗教的批判开始于1835年施特劳斯的《耶稣传》，施特劳斯、鲍威尔和费尔巴哈是最为重要的几个人物。在此时的马克思看来，费尔巴哈应该可以作为这场批判的终结。虽然在博士论文写作期间，鲍威尔对马克思的影响很大，但很快马克思的思想就离开了鲍威尔，他先是关注卢格，立刻又转向费尔巴哈。

马克思指出，一个人如果想在天国的幻想的现实中寻找超人，而找到的只是他自身的反映，他就再也不想在他正在寻找和应当寻找自己的真正现实性的地方，只去寻找他自身的映象，只去寻找非人了。[2] 我们认为，马克思在这里明显是继承了费尔巴哈《基督教的本质》"1843年第二版序言"中的下述说法：在现在这个影像胜过实物、副本胜过原本、表象胜过现实、外貌胜过本质的时代，要使宗教以及思辨哲学或神学向内面的眼睛转向外面，将存在于表象或想象之中的对象转变成为存在于现实之中的对象，这个转变

1　《马克思恩格斯全集》（第3卷），北京：人民出版社，2002年版，第199页。
2　参见《马克思恩格斯全集》（第3卷），北京：人民出版社，2002年版，第199页。

只会是一种幻灭。[1]

因此,马克思干脆从现实开始,从人开始。马克思指出:

> 反宗教的批判根据是:**人创造了宗教**,而不是宗教创造人。就是说,宗教是还没有获得自身或已经再度丧失自身的人的自我意识和自我感觉。但是,**人**不是抽象的蛰居于世界之外的存在物。人就是**人的世界**,就是国家、社会。这个国家、这个社会产生了宗教,一种**颠倒的世界意识**,因为它们就是**颠倒的世界**。[2]

马克思进而指出:

> 因此,**真理的彼岸世界**消逝以后,**历史的任务**就是确立**此岸世界的真理**。人的自我异化的**神圣形象**被揭穿以后,揭露具有**非神圣形象**的自我异化,就成了为历史服务的**哲学**的迫切**任务**。于是,对天国的批判变成对尘世的批判,**对宗教的批判**变成**对法的批判**,对神学的批判变成**对政治的批判**。[3]

我们认为,在这里,马克思是接着费尔巴哈在《基督教的本质》一书中的结论"神学之秘密是人本学"[4]的理论逻辑往下推演的,那么,人又是什么呢?费尔巴哈在《关于哲学改造的临时纲要》中

---

1 参见[德]路德维希·费尔巴哈:《费尔巴哈哲学著作选集》(下卷),荣震华、王太庆、刘磊译,北京:商务印书馆,1984年版,第18页。
2 《马克思恩格斯全集》(第3卷),北京:人民出版社,2002年版,第199页。
3 《马克思恩格斯全集》(第3卷),北京:人民出版社,2002年版,第200页。
4 [德]路德维希·费尔巴哈:《费尔巴哈哲学著作选集》(下卷),荣震华、王太庆、刘磊译,北京:商务印书馆,1984年版,第5页。

明确指出:"自然是人的根据。"[1]马克思则认为,人就是人的世界,就是国家、社会。由此可见,马克思实际上是直接继承了费尔巴哈的批判进路。当然,对于费尔巴哈和马克思来说,他们都在寻找人的发生学的根据。但是,结论却截然不同:费尔巴哈寻找到自然那里去了,马克思则寻找到国家和社会这里来了;费尔巴哈意图说清楚宗教的真相,马克思意图说清楚现实的真相。不难看出,马克思第一次运用费尔巴哈的哲学思想和方法论,就表现出与费尔巴哈批判进路上的根本差异。

马克思清楚地指出:

> 如果想从德国的现状[status quo]本身出发,即使采取惟一适当的方式,就是采取否定的方式,结果依然是**时代错乱**。即使对我国当代政治状况的否定,也已经是现代各国历史废旧物品堆藏室中布满灰尘的史实。即使我否定了敷粉的发辫,我还是要同没有敷粉的发辫打交道。即使我否定了1843年的德国制度,但是按照法国的纪年,我也不会处在1789年,更不会是处在当代的焦点。[2]

马克思很清楚德国的现状,也很了解法国的历史。时代错乱是因为各国发展的不平衡。对于马克思来说,时代错乱是他面对的客观现实。那么,他是怎么拨开迷雾的呢?很显然,他用解剖人体的方法来解剖猴体。此时此刻,猴体是德国,人体是法国。解剖猴体的方法是哲学,解剖人体的方法是政治学。

---

1 [德]路德维希·费尔巴哈:《费尔巴哈哲学著作选集》(上卷),荣震华、李金山等译,北京:商务印书馆,1984年版,第116页。
2 《马克思恩格斯全集》(第3卷),北京:人民出版社,2002年版,第200—201页。

在这里,马克思认为,"工业以至于这个财富领域对政治领域的关系,是现代主要问题之一"。他甚至还谈到德国人关注的"**保护关税、贸易保护制度、国民经济学**"。[1] 我们认为,从"市民社会"到"工业以至于这个财富领域",应该是一个理论推进。事实上,在《黑格尔法哲学批判》中,马克思曾屡屡提及"地产",当然也提到"现代的市民社会"。由此可见,马克思理解的"市民社会"本身就有广义和狭义之分,广义的"市民社会"是指每一历史时期的物质关系,狭义的"市民社会"是指资产阶级的现代的物质关系。因此,马克思的"市民社会"更多是经济学概念,而黑格尔的"市民社会"更多是从政治角度理解的,是国家形成过程中的一个中间环节,是德国式半封建半现代的"市民社会"。

事实上,费尔巴哈也关注到了"现代的市民社会"。在1843年2月14日于布鲁克堡为《基督教的本质》写的"1843年第二版序言"的末尾,费尔巴哈指出,基督教的这种固定观念:

> 是跟我们的火灾和人寿保险机构、我们的铁路、我们的蒸汽机车、我们的绘画陈列馆和雕刻陈列馆、我们的军官学校和实业学校、我们的剧场和博物标本室处于最尖锐的矛盾之中的。[2]

当然,与写作《〈黑格尔法哲学批判〉导言》时期的马克思相比,费尔巴哈在经济学方面的知识是贫乏的,即使此时马克思的经济学知识也很不丰富。至于费尔巴哈的这个说法是否影响了马克

---

[1] 《马克思恩格斯全集》(第3卷),北京:人民出版社,2002年版,第204页。
[2] [德]路德维希·费尔巴哈:《费尔巴哈哲学著作选集》(下卷),荣震华、王太庆、刘磊译,北京:商务印书馆,1984年版,第23页。

思,我们也不得而知。我们所能知道的是,在不久之后的《1844年经济学哲学手稿》中,马克思大谈特谈国民经济学。当然,此时马克思的兴趣点和关注点主要局限在政治领域,经济领域只是捎带一提而已。

马克思指出:

> 我们德国人在思想中、在**哲学**中经历了自己的未来的历史。我们是当代的**哲学**同时代人,而不是当代的**历史**同时代人。德国的哲学是德国历史**在观念上的延续**。[1]

可见,在马克思看来,德国与世界历史发展是不同步的,要说同步,那只是在哲学意义上的。"**德国的法哲学和国家哲学**是惟一与**正式**的当代现实保持在同等水平上[al pari]的**德国历史**。"[2] 而"**德国的国家哲学和法哲学在黑格尔**的著作中得到了最系统、最丰富和最终的表述"[3]。因此,这也是马克思选择批判黑格尔法哲学的原因之一。

事实上,在这方面,费尔巴哈比马克思要悲观得多。在1843年4月1日为《基督教的本质》的"1843年第二版序言"所写的第二个补充段落里,费尔巴哈叹息道:

> 可怜的德国!你,即使在哲学领域内,也总是受人愚弄……可怜的德国!你在科学上的荣誉,恐怕也要保不住了吧。……然而……你知道,真理决不会装饰好了来到世界上,决不会头

---

1 《马克思恩格斯全集》(第3卷),北京:人民出版社,2002年版,第205页。
2 《马克思恩格斯全集》(第3卷),北京:人民出版社,2002年版,第205页。
3 《马克思恩格斯全集》(第3卷),北京:人民出版社,2002年版,第206页。

戴王冠、在敲锣打鼓的欢迎声中而来,而总是在偏僻的暗角落里,在哭声和叹息声中诞生;你知道,受到世界史的浪潮冲击的,常只是职位卑微的人,而决不是"高官显爵",是因为他们高高在上,太显赫了。[1]

我们知道,马克思在《〈黑格尔法哲学批判〉导言》中写下上面这些内容时,面对的是黑格尔哲学。然而,费尔巴哈在《基督教的本质》的"1843年第二版序言"中写下这个第二个补充段落时,他面对的是新谢林哲学。因此,两人对待德国哲学的态度完全相反。即便如此,我们认为,在这里,马克思一定是受到了费尔巴哈的重要影响,尤其是费尔巴哈关于"世界史"的这个说法,完全可以认定为马克思相关论述的来源。

综上可见,《德法年鉴》上的两篇文章是《黑格尔法哲学批判》的补充和完善。《论犹太人问题》主要是解决政治与宗教的关系问题。《〈黑格尔法哲学批判〉导言》是马克思正在完成中的黑格尔法哲学批判研究中的一个宏观说明。这一时期马克思的著作中,不仅把费尔巴哈的哲学思想和方法论运用到政治领域,甚至充满了费尔巴哈著作中特有的用语。从某种意义上来说,《德法年鉴》时期,马克思在思想上完成了从布鲁诺·鲍威尔到费尔巴哈的转移。值得注意的是,《德法年鉴》上的两篇文章,研究领域虽有差异,但思想阶段大致相当,思想方法完全一致。但是,在《论犹太人问题》中,并没有"无产阶级"和"资产阶级"的提法,而在《〈黑格尔法哲学批判〉导言》的末尾,突然就引出了这两个阶级。当然,马克思引出

---

[1] [德]路德维希·费尔巴哈:《费尔巴哈哲学著作选集》(下卷),荣震华、王太庆、刘磊译,北京:商务印书馆,1984年版,第24页。

这两个阶级的过程又是自然而然的,因为,他在批判德国的现状中展望了德国未来的希望。事实上,这一点也和费尔巴哈在《基督教的本质》的"1843年第二版序言"最后写下的第二个补充段落高度中的"职位卑微的人"和"高官显爵"完全契合,这恐怕不能仅仅用巧合的解释来敷衍了事。

《德法年鉴》上马克思的两篇文章,尤其是《〈黑格尔法哲学批判〉导言》一文,社会影响极大。正如海尔曼·克利盖后来在给马克思的信中所言,"正是你的法哲学大作的结束语,使我对你爱慕不已"[1]。因此,《德法年鉴》在很大程度上奠定了马克思在当时德国学术圈中的地位。我们认为,对此,费尔巴哈功不可没。当然,恩格斯也没有错过这场学术盛宴。

三、《德法年鉴》时期费尔巴哈对恩格斯的影响

在马克思的《黑格尔法哲学批判》时期,马克思和恩格斯之间并没有多少直接的联系,但是,他们显然都受到了费尔巴哈的影响。客观而言,这一时期,相对于费尔巴哈对马克思的影响,费尔巴哈对恩格斯的影响在时间上要早一些,在程度上要深一些。当然,较之于恩格斯,马克思对费尔巴哈的哲学思想和方法论在理解上更通透一些,在运用上更灵活一些。

按照恩格斯晚年在《路德维希·费尔巴哈和德国古典哲学的终结》中的回忆,早在1841年费尔巴哈的《基督教的本质》出版时,他一时便成为费尔巴哈派了。相反,这一时期的马克思刚刚获得

---

[1] 《国际共产主义运动历史文献(第1卷):共产主义者同盟文献(1)》,北京:中央编译出版社,2011年版,第240页。

博士学位证书,思想还处于"鲍威尔式的黑格尔哲学"支配之下,并未受到《基督教的本质》的"解放作用"。之后相当长一段时期内,费尔巴哈对马克思的影响都是有限的,马克思甚至在给卢格的信中还表达了自己与费尔巴哈在宗教问题和理论倾向上的不同之处。但是,在写作《黑格尔法哲学批判》时,马克思对费尔巴哈开始重视起来。到了《德法年鉴》时期,马克思更是反复多次运用费尔巴哈的哲学思想和方法论。

在《德法年鉴》中,也收录了恩格斯的两篇文章:一篇是《国民经济学批判大纲》,另一篇是《英国状况——评托马斯·卡莱尔的〈过去和现在〉》,其中都提及了费尔巴哈,但是,这种提及只是一种崇拜式的完全肯定,在灵活运用方面缺少详细分析的环节。

比如在《国民经济学批判大纲》中,恩格斯在批判资产阶级政治经济学颠倒价值和价格的关系时指出:"这样一来,经济学中的一切就被本末倒置了:价值本来是原初的东西,是价格的源泉,倒要取决于价格,即它自己的产物。大家知道,正是这种颠倒构成了抽象的本质。关于这点,请参看费尔巴哈的著作。"[1] 很显然,和马克思一样,恩格斯也了解费尔巴哈的"颠倒过来"的方法,不同的是,马克思将之运用于政治领域,恩格斯将之运用到经济领域。

再比如在《英国状况——评托马斯·卡莱尔的〈过去和现在〉》中,恩格斯在谈到德国当时对泛神论的批判时说:

> 德国最近对泛神论的批判非常详尽,简直没有什么可以补充的了。费尔巴哈在《轶文集》中发表的纲要和布·鲍威尔的著作,包含了与这个问题有关的一切。……我何必照抄费

---

1 《马克思恩格斯全集》(第3卷),北京:人民出版社,2002年版,第453页。

尔巴哈的话呢？……所有这些谎言和不道德现象都来源于宗教，宗教伪善、神学是其他一切谎言和伪善的蓝本，所以我们就有理由像费尔巴哈和布·鲍威尔首创的那样，把神学这个名称扩大到当代一切假话和伪善。如果卡莱尔愿意了解毒化我们一切关系的不道德现象的由来，那就请他读一读费尔巴哈和布·鲍威尔的著作吧。……继基督教以后，不再可能产生任何其他宗教。泛神论也是不可能产生的！泛神论本身就是基督教的结论，它与自己的前提是分不开的，至少现代的、斯宾诺莎的、谢林的、黑格尔的以及卡莱尔的泛神论是这样。费尔巴哈又一次使我对此不必费心去提供证明。[1]

可见，恩格斯是把费尔巴哈哲学当作现成的结论来接受的。当然，在这里，恩格斯对费尔巴哈和鲍威尔都做了正面评价。

通览恩格斯的《英国状况——评托马斯·卡莱尔的〈过去和现在〉》这一文章，我们只看到一个结论：那就是费尔巴哈的"人"。在这篇文章一开始，恩格斯就谈到，在英国去年出版的所有书中，"卡莱尔的书可是惟一能够触动人的心弦、描绘人的关系、展示人的思想踪迹的一本书"[2]。恩格斯指出："现在，如同在神话里一样，谜底是人，确切地说，人是最广义的谜底。而这个谜语也将会被猜中。"[3]恩格斯还指出：**"我们要求把历史的内容还给历史，但我们认为历史不是'神'的启示，而是人的启示，并且只能是人的启示。"**[4]由此可见，此时的恩格斯已经完全接受了费尔巴哈的人

---

1 《马克思恩格斯全集》（第3卷），北京：人民出版社，2002年版，第517—519页。
2 《马克思恩格斯全集》（第3卷），北京：人民出版社，2002年版，第495页。
3 《马克思恩格斯全集》（第3卷），北京：人民出版社，2002年版，第502页。
4 《马克思恩格斯全集》（第3卷），北京：人民出版社，2002年版，第520页。

本学。

当然,恩格斯也指出:

> 任何一种社会哲学,只要它还把某几个论点奉为自己的最后结论,只要它还在提供莫里逊氏丸,它就远不是完备的;我们最需要的不是空泛的结论,而是研究。结论要是没有使它得以成为结论的发展过程,就毫无价值,这一点我们从黑格尔那时就已经知道了;结论若本身固定不变,若不再成为继续发展的前提,就比无用更糟糕。但是,结论在一定时期也应当具有一定的形式,应当在自己的发展过程中从模棱两可的不确定性形成明确的思想,这样一来,这些结论在像英国人那样纯粹注重经验的民族手里当然免不了具有"莫里逊氏丸"的形式。[1]

事实上,在这一时期,不论是恩格斯还是马克思,都是把"人"当成结论来看待的,虽然他们由于站在无产阶级(工人阶级、人民群众)的立场上而在不经意中将"人"理解为"政治人""社会人"甚至"经济人",但是,他们暂时都还没有意识到"人"并不是现成的自然存在物和社会存在物,也没有思考过"人"的这两种存在方式之间的内在逻辑关联。

比较而言,《德法年鉴》时期的马克思和恩格斯,在思想上与费尔巴哈有着以下几点重要差别:

第一,国际视野不同。费尔巴哈重视德国,马克思关注法国,恩格斯赞扬英国。客观而言,不仅仅是这一时期,费尔巴哈一生的视

---

[1] 《马克思恩格斯全集》(第3卷),北京:人民出版社,2002年版,第511页。

野都局限在德国的范围之内。与费尔巴哈不同的是,马克思的视野越出德国,扩展到荷兰和法国,尤其是对法国非常赞赏;恩格斯的视野最为宽广,不仅包括德国和法国,还扩展到瑞士,特别是英国。正如"真正的社会主义者"海尔曼·克利盖后来在给马克思的信中所言:"你夸奖法国人,恩格斯则赞扬法国人。"[1]

第二,理论重心不同。费尔巴哈一生都在清理宗教垃圾,其理论重心始终聚焦在宗教问题上,同时扩展到哲学领域;马克思的理论起点是法学,很快理论重心便转移到哲学上,之后逐渐扩展到政治领域和社会领域;恩格斯关注的理论领域相对比较广泛,除了宗教、哲学、政治和社会领域外,还关注了国民经济学领域。

第三,理论着眼点不同。费尔巴哈熟谙理论史,更多关注理论的自洽性,当然也考虑到德国的现实问题;马克思善于以现实为出发点,审慎接受已有理论,经常创造性地推进理论发展以解释现实问题;恩格斯善于梳理理论史和社会史,积极接受新生理论,更多地以坚定立场看待现实问题。

值得注意的是,在"黑格尔法哲学批判"时期,马克思思想中的主导逻辑是费尔巴哈哲学。正是在费尔巴哈哲学的影响下,《德法年鉴》中的两篇文章,标志着马克思从"从唯心主义向唯物主义,从革命民主主义向共产主义的转变"。但是,我们认为,这里的"唯物主义"是"政治的"唯物主义,其主导的思想逻辑应该是"政治的"人道主义,说到底还是一种唯心主义;这里的"共产主义"只是"哲学共产主义"(或"理论的共产主义"),尚未达到"群众的共产主义"(或"实践的共产主义"),与后来的"科学社会主义"还有很长很长的距离。

---

[1] 《国际共产主义运动历史文献(第1卷):共产主义者同盟文献(1)》,北京:中央编译出版社,2011年版,第239页。

第三节
"黑格尔法哲学批判"中的两种思想逻辑

在费尔巴哈哲学思想和方法论中,客观上存在着"人本学"和"自然学"[1]两种不同的思想逻辑。因此,继承了费尔巴哈"唯物主义人本学"的马克思,在"黑格尔法哲学批判"时期,在思想中也一直存在着两种截然相反的理论逻辑:一是从"人"出发的人道主义哲学思辨逻辑;二是从德国的政治现状本身出发的唯物主义法学实证逻辑。前一条思想逻辑是显性的,后一条思想逻辑是隐性的,这两种逻辑在"黑格尔法哲学批判"时期既对立又互为补充。

一、"政治的"人道主义:马克思"现实人道主义"世界观的第一次阐发

马克思虽然在《关于哲学改革的临时纲要》出版之后接受了费尔巴哈人本学,也直接使用了费尔巴哈人本学中的一些典型术语和说法,如"人的根本就是人自身""**人是人的最高本质**"[2],但是,马克思对费尔巴哈人本学中"人"的理解,从一开始就与费尔巴哈有所不同。

---

[1] 这里的"人本学"和"自然学"即马克思后来在《1844年经济学哲学手稿》中所说的费尔巴哈的"人道主义"和"自然主义",这种概念上的差别完全是由于国内学界的不同译法造成的,考虑到不同译者可能会有不同的理解,本文在直接提及费尔巴哈的哲学思想时,采用"人本学"和"自然学"的说法,在间接提及费尔巴哈的哲学思想时,采用"人道主义"和"自然主义"的说法。

[2] 《马克思恩格斯全集》(第3卷),北京:人民出版社,2002年版,第207页。

早在1843年3月13日写给卢格的信中,马克思谈到刚刚发表的费尔巴哈的《关于哲学改革的临时纲要》时说道:"费尔巴哈的警句只有一点不能使我满意,这就是,他强调自然过多而强调政治太少。然而这是现代哲学能够借以成为真理的唯一联盟。"[1] 随后,在荷兰旅行途中的马克思写给卢格一封信,其中说道:"一个最平凡的荷兰人与一个最伟大的德国人相比,仍然是一个公民。"[2] 由此可见,在此时马克思的思想中,"人"是"政治人",是"公民",是"荷兰人""德国人"……

在《黑格尔法哲学批判》中,马克思批判了黑格尔关于国家制度和民族精神之间关系上的错误观点。马克思指出,国家制度"本身具有与意识同步发展,与现实的人同步发展的规定和原则。而这只有在'人'成为国家制度的原则时才有可能"[3]。在这里,马克思第一次提出"现实的人"的说法,不难看出,此时马克思思想中的"人",是"现实的人",是"政治人"。当然,虽然马克思在《黑格尔法哲学批判》中反复提到"现实的人"的说法,但是,从整体上来看,这种说法主要还是来源于黑格尔的《法哲学原理》,马克思本人对这一概念并没有特别进行阐发。

《德法年鉴》中的《论犹太人问题》和《〈黑格尔法哲学批判〉导言》两篇文章,显然是《黑格尔法哲学批判》的"接着说"。在《论犹太人问题》中,虽然马克思对于"人"的理解依然比较抽象,但是,马克思清晰地指出了"人""德国人""犹太人"的问题,说明了"政治解放"与"人的解放"之间的关系,还提出了"现实的个人"[4]的说法。

---

1 《马克思恩格斯全集》(第47卷),北京:人民出版社,2004年版,第53页。
2 《马克思恩格斯全集》(第47卷),北京:人民出版社,2004年版,第55页。
3 《马克思恩格斯全集》(第3卷),北京:人民出版社,2002年版,第27页。
4 《马克思恩格斯全集》(第3卷),北京:人民出版社,2002年版,第189页。

在《〈黑格尔法哲学批判〉导言》中,马克思明确指出:"人不是抽象的蛰居于世界之外的存在物。人就是**人的世界**,就是国家、社会。"[1]正是基于这样的观点,马克思才认为:"**对天国的批判**变成**对尘世的批判**,对宗教的批判变成对法的批判,对神学的批判变成**对政治的批判**。"[2]

马克思的这篇文章,显然是受到了恩格斯的《国民经济学批判大纲》的影响,第一次提到了"阶级"[3]、"资产阶级"[4]、"无产阶级"[5]等政治性极强的几个术语,并谈到了在德国所发生的"无产者"和"资产者"之间斗争的特殊情况[6]。对于正在形成的德国无产阶级,马克思寄予了厚望:

> 德国唯一**实际**可能的解放是以宣布人是人的最高本质**这个理论**为立足点的解放。在德国,只有同时从对中世纪的**部分**胜利解放出来,才能从**中世纪**得到解放。在德国,不摧毁**一切**奴役制,**任何一种**奴役制都不可能被摧毁。**彻底的**德国不**从根本上**进行革命,就不可能完成革命。**德国人的解放**就是**人的解放**。这个解放的**头脑**是**哲学**,它的**心脏**是**无产阶级**。哲学不消灭无产阶级,就不能成为现实;无产阶级不把哲学变成现实,就不可能消灭自身。[7]

---

1 《马克思恩格斯全集》(第3卷),北京:人民出版社,2002年版,第199页。
2 《马克思恩格斯全集》(第3卷),北京:人民出版社,2002年版,第200页。
3 《马克思恩格斯全集》(第3卷),北京:人民出版社,2002年版,第210页。
4 《马克思恩格斯全集》(第3卷),北京:人民出版社,2002年版,第211页。
5 《马克思恩格斯全集》(第3卷),北京:人民出版社,2002年版,第213页。
6 参见《马克思恩格斯全集》(第3卷),北京:人民出版社,2002年版,第212页。
7 《马克思恩格斯全集》(第3卷),北京:人民出版社,2002年版,第214页。

因此,在整个"黑格尔法哲学批判"时期,马克思对"人"的理解虽然有浓厚的费尔巴哈人本学的痕迹,但是,他的理论出发点是"现实的人""政治的人",正是在这个意义上,我们把这一时期马克思的思想发展阶段称为"政治的"人道主义,这是马克思"现实人道主义"世界观的第一次阐发。

二、"政治的"唯物主义:马克思"政治的"人道主义背后的隐性思想逻辑

在"黑格尔法哲学批判"时期,通过运用费尔巴哈的哲学思想和方法论,马克思将费尔巴哈的人本学推演成为"政治的"人道主义,与此同步的是,费尔巴哈的"自然学"也被马克思推演成为"政治的"唯物主义。因此,早在"黑格尔法哲学批判"时期,就出现了一条不同于人道主义哲学思辨逻辑的另一条思想逻辑,即从德国的政治现状本身出发的唯物主义法学实证逻辑。

在《黑格尔法哲学批判》中,无论是在家庭、市民社会和国家的关系问题上,还是在个人与国家的关系问题上,抑或是在君主制与民主制的关系问题上,马克思都以费尔巴哈的"发生学观点的批判哲学"为批判武器,对黑格尔的颠倒逻辑进行了颠倒,从而得出了唯物主义的观点。当然,由于这种唯物主义从《黑格尔法哲学批判》中关注的法权、所有权、长子继承权等法的领域,最后延展到《论犹太人问题》和《〈黑格尔法哲学批判〉导言》中关注的政治领域,我们在这里就没有采用学术界常用的"一般唯物主义""法权唯物主义"等术语,而是采用了"政治的"唯物主义的说法。事实上,马克思写作《黑格尔法哲学批判》这一著作的初衷,是进行政治批判,但是,由于黑格尔《法哲学原理》的内容本身溢出了政治领域,

从而导致马克思探讨的主题不得不跟随黑格尔也溢出了政治领域。即便如此,马克思还是通过《〈黑格尔法哲学批判〉导言》把主题又转回政治领域。最终,在这篇文章的末尾,马克思热情地宣布了无产阶级的历史使命。从此以后,马克思牢牢地站在了无产阶级的政治立场上,一生都没有改变过。

从表面看来,费尔巴哈关注宗教问题,马克思关注政治问题,他们之间似乎只是学术研究领域不同,但事实上,马克思将费尔巴哈的哲学思想和方法论运用于政治领域,有着重大的理论和现实意义。

我们知道,马克思生活的时代,欧洲有三大巨头,分别是英国、法国和德国。英国在经济上占主导地位,法国在政治上扮演引领角色,德国在思想上处于领先位置。相比于法国、英国,德国发生了**"时代错乱"**[1],封建制度根基深厚,教会依然占据社会主导地位,因此,对于囿于德国视野的费尔巴哈来说,宗教批判是他一生的使命。但是,马克思则不然。虽然同为德国人,马克思却生活在受法国资本主义社会影响较大的莱茵省。在资本主义社会中,处于核心地位的社会组织不是教会,而是国家,因此,对于马克思来说,关注政治是自然而然的事情。我们知道,对于马克思来说是早期思想阶段的"政治的"唯物主义,对于费尔巴哈来说,一直到晚年才完成了这一步。因此,如果仅仅从"唯物主义"的角度来说,这一时期的马克思,其实已经超越了费尔巴哈。

---

[1] 《马克思恩格斯全集》(第3卷),北京:人民出版社,2002年版,第200页。

三、一个没有兑现的"预告"背后的理论困境

在《1844年经济学哲学手稿》的"序言"开头,马克思写道:

> 我在《德法年鉴》上曾预告要以**黑格尔**法哲学批判的形式对法学和国家学进行批判。在加工整理准备付印的时候发现,把仅仅针对思辨的批判同针对不同材料本身的批判混在一起,十分不妥,这样会妨碍阐述,增加理解的困难。此外,由于需要探讨的题目丰富多样,只有采用完全是格言式的叙述,才能把全部材料压缩在**一本**著作中,而这种格言式的叙述又会造成任意制造体系的**外观**。因此,我打算用不同的、独立的小册子来相继批判法、道德、政治等等,最后再以一本专门的著作来说明整体的联系、各部分的关系以及对这一切材料的思辨加工进行批判。[1]

很明显,马克思这里提到的以黑格尔法哲学批判的形式对法学和国家学进行批判的著作就是《黑格尔法哲学批判》。但是,马克思的"预告"却并没有兑现。究其原因,是因为对于当时的马克思而言,"善良的'前进'愿望大大超过实际知识"[2],具体而言,此时的马克思,在"实际知识"方面有以下三点欠缺:

第一,缺乏政治经济学的实际知识。

客观来说,马克思对市民社会是有所了解的。我们知道,马克

---

[1] 《马克思恩格斯全集》(第3卷),北京:人民出版社,2002年版,第219页。
[2] 《马克思恩格斯全集》(第31卷),北京:人民出版社,1998年版,第411页。

思在大学期间主修的是法学专业,对罗马法非常熟悉,而罗马法主要就是指民法,包括市民法和万民法。事实上,后来的大陆法系就是以罗马法为基础建立起来的资本主义社会两大法系之一。所以,马克思此时所了解的市民社会,其实并非资产阶级社会的市民社会,而是传统社会的市民社会。但是,黑格尔《法哲学原理》中的市民社会,其实已经是带有了资产阶级性质的市民社会。因为从黑格尔的这本著作的内容来看,黑格尔是了解英国的政治经济学的。另外,在《哲学全书》中,黑格尔提到过英国人把政治经济学也称为哲学。

对于马克思来说,此时此刻他缺乏对英国政治经济学的了解,因此也不大好理解黑格尔。或者说,在理解黑格尔的《法哲学原理》上存在一定程度的误认。即将黑格尔所说的资产阶级性质的市民社会误认对于为具有普遍意义的市民社会。但是,马克思很快就意识到这一点并展开研究,这就是《1844年经济学哲学手稿》。

第二,缺乏对黑格尔哲学的整体理解。

黑格尔哲学是一个整体,费尔巴哈是黑格尔的学生,对于黑格尔哲学非常熟悉,因此,《黑格尔哲学批判》是釜底抽薪式的批判,通过批判黑格尔的逻辑学进而批判黑格尔哲学。当然,由于费尔巴哈的理论基础是神学,虽然他后来研究了哲学,但由于神学思维方式的羁绊,他对于黑格尔的《法哲学原理》并没有给予更多的关注。

马克思对于黑格尔哲学的学习是分阶段的,虽然马克思在给父亲的信中谈到自己从头到尾看了黑格尔及其弟子的全部著作,但是当时马克思主修的是法学,总体的思维停留在国家、政治层面,因此,尚不能全面领会黑格尔哲学的整体。但是,马克思直接针对黑格尔的《法哲学原理》进行批判,这一点却是费尔巴哈一辈子也没有达到的较高起点。由此可见,研究方法固然很重要,但是,研究对象也非常关键。事实上,对于哲学社会科学来说,研究领域的转换往往是新的哲学思想和方法论产生的先导。

第三,缺乏个人特色的比较成型的方法论。

对于这一阶段的马克思而言,还没有自己的哲学方法论,主要是扩展知识面,运用他人的现成的方法论进行学术研究。在博士论文中,马克思采用了"鲍威尔式的黑格尔哲学"即"自我意识哲学"作为自己的研究方法。在"黑格尔法哲学批判"时期,马克思采用了费尔巴哈的"唯物主义人本学"作为自己的研究方法。但是,费尔巴哈的"唯物主义人本学"是从宗教出发得出的结论,用于研究政治问题时出现了一个逻辑上的矛盾,即"政治的"人道主义和"政治的"唯物主义之间的矛盾,再加上此时马克思新产生的无产阶级的政治立场,使得这种逻辑上的矛盾冲突更加严重,这也是马克思最终决定中断写作《黑格尔法哲学批判》这一著作的根本原因。

第三章 《1844年经济学哲学手稿》时期马克思对费尔巴哈哲学方法论的全面运用

> 建立在人们的现实差别基础上的人与人的统一,从抽象的天上降到现实的地上的人类这一概念。如果不是**社会**这一概念,那是什么呢?[1]
>
> ——马克思

在《黑格尔法哲学批判》及其《德法年鉴》中,马克思重点批判了黑格尔《法哲学原理》的"国家法"部分,还没有来得及批判其他部分,尤其是"市民社会"部分。出于批判黑格尔《法哲学原理》"市民社会"部分的目的,在英法社会主义者和德国的魏特林、赫斯、恩格斯等人的著作的影响下,马克思开始研究国民经济学。《1844年经济学哲学手稿》就是马克思研究国民经济学的第一个重要成果,正是在这个意义上,我们认为,《1844年经济学哲学手稿》是《黑格尔法哲学批判》的直接继续。

---

[1] 《马克思恩格斯全集》(第47卷),北京:人民出版社,2004年版,第73—74页。

"黑格尔法哲学批判"时期的马克思,其思想总体上还停留在对封建社会的政治、社会的批判层面,即便在《〈黑格尔法哲学批判〉导言》中已经有了"无产者"和"资产者"的说法,但更多是一种对资产阶级国家的阶级的"等级"式理解,只是在政治立场上站到了无产阶级一边。《1844年经济学哲学手稿》显然超越了这一理解层次,此时的马克思不仅是政治立场上,而且在理论逻辑上完全站在了资产阶级的社会和国民经济学的对立面,从这个意义上来说,这部著作标志着马克思思想上的一次重大转变,其重要性远远大于《〈黑格尔法哲学批判〉导言》和《论犹太人问题》。

在《1844年经济学哲学手稿》的"序言"中,马克思明确地指出:"我的结论是通过完全经验的、以对国民经济学进行认真的批判研究为基础的分析得出的。"[1] 由此可见,按照马克思的本意,《1844年经济学哲学手稿》应该被称作"国民经济学批判研究",其中的哲学部分是国民经济学批判研究的必然逻辑归结。也就是说,正是在对国民经济学的批判研究的过程中,马克思发现必须对黑格尔的辩证法和整个哲学进行剖析,所以才有了"笔记本Ⅲ"中"对黑格尔的辩证法和整个哲学的批判"这一部分内容,而且,按照马克思的逻辑,这一部分内容是整个著作的"最后一章"[2]。正是基于这样的想法,在这里,我们完全以"国民经济学批判研究"的思路解读这部著作。考虑到学术称呼上的既定事实,我们还是沿袭以往的称呼,将这部著作称为《1844年经济学哲学手稿》。

在《1844年经济学哲学手稿》中,马克思给予费尔巴哈极高的评价。即便如此,我们也不难看出,此时的马克思已经完全越出了

---

[1] 《马克思恩格斯全集》(第3卷),北京:人民出版社,2002年版,第219页。
[2] 《马克思恩格斯全集》(第3卷),北京:人民出版社,2002年版,第220页。

费尔巴哈的理论视域和理论深度。客观而言,费尔巴哈一生都没有将自己的理论诠释到马克思此时所理解的高度。

我们认为,《1844年经济学哲学手稿》是马克思"现实人道主义"世界观的第二次阐发。通过这次阐发,马克思的"现实人道主义"从"政治的"人道主义推进到了"社会的"人道主义。[1] 在"社会的"人道主义这一显性思想逻辑的背后,是"社会的"唯物主义[2]的隐性思想逻辑。值得一提的是,马克思的这种"社会的"唯物主义虽然直接源于英法古典政治经济学,但与此同时,之所以能够得出这条思想逻辑,与马克思将费尔巴哈"唯物主义人本学"运用于国民经济学领域也存在着密切的学术关联。与"社会的"人道主义和"社会的"唯物主义这两重理论逻辑相对应,马克思第一次比较系统地阐发了自己的共产主义思想。

第一节
《1844年经济学哲学手稿》的理论支援背景

早在1842—1843年,作为《莱茵报》编辑的马克思,第一次遇到要对所谓的物质利益发表意见的难事。为了解决使自己苦恼的

---

[1] 这里特别使用"'社会的'人道主义"这一术语,主要是为了强调马克思通过在国民经济学领域中运用费尔巴哈的"唯物主义人本学"表现出来的哲学思想和方法论阶段。

[2] "社会唯物主义"是张一兵在《回到马克思》(1998)一书中首先提出的概念,是指资产阶级早期政治经济学特别是古典经济学的隐性哲学前提,即在工业生产所创造的新型社会生活中承认物质生产的基础地位并抽象出客观社会关系和经济规律的唯物主义立场。参见张一兵:《回到马克思——经济学语境中的哲学话语》(第三版),南京:江苏人民出版社,2014年版,第1章第1节。在这里,我们没有采用"社会唯物主义"而是采用"'社会的'唯物主义"这一概念,旨在强调马克思"现实人道主义"世界观在社会领域和国民经济学研究中的阐发意义,与"社会唯物主义"这一概念在内涵上完全一致,但在理论逻辑进路上有所差异。

疑问,马克思写下《黑格尔法哲学批判》及《〈黑格尔法哲学批判〉导言》,但是,在善良的前进愿望大大超过实际知识的当时,缺乏国民经济学知识的马克思没能完成对黑格尔《法哲学原理》的批判。为了完成这一批判,马克思开始研究国民经济学。

一、《黑格尔法哲学批判》的理论逻辑要求是马克思进行"国民经济学批判研究"的最初起因

在《黑格尔法哲学批判》中,马克思在快要批判完黑格尔《法哲学原理》的"国家法"部分时,手稿戛然而止。很显然,马克思遇到了麻烦。我们知道,当时的马克思精通法律、哲学、历史和政治等诸多方面的专业知识,黑格尔《法哲学原理》中的所有内容,理应都是马克思熟悉的,不至于到写不下去的程度。那么,马克思到底遇到了什么麻烦呢?我们认为,这个麻烦并不是"市民社会",而是"政治经济学"。我们知道,法学出身的马克思精通罗马法,而罗马法本身就是以调整市民社会关系为核心的法律体系。更为重要的是,马克思熟悉康德和费希特的法哲学著作,甚至在大学期间还写了一部法哲学著作,因此,马克思根本不可能不了解"市民社会"。但是,此时的马克思确实不大了解政治经济学,尤其是英国的政治经济学,然而,这恰恰是黑格尔了解的,而且也确实出现在黑格尔《法哲学原理》的"市民社会"一章中。

在《法哲学原理》的"市民社会"一章的第一部分"需要的体系"的开头,黑格尔提到了"政治经济学"。在第 189 节的"附释"及其

接下来的"补充"中,黑格尔对政治经济学做了比较详细的解释。[1] 仔细研读黑格尔《法哲学原理》中关于政治经济学的这些内容,我们可以发现这样三个问题:

第一,黑格尔是熟悉在现代世界基础上产生的政治经济学的。在黑格尔看来,作为在现代世界基础上产生的若干门科学的一门,政治经济学就是从需要和劳动的观点出发,然后按照群众关系和群众运动的质和量的规定性,以及它们的复杂性来阐明这些关系和运动的一门科学。在这里,黑格尔还特意点出了斯密、塞伊和李嘉图三个政治经济学家的名字。由此可见,黑格尔确实是熟悉英国人甚至法国人的政治经济学的。

第二,黑格尔把政治经济学理解为替偶然性找出必然性规律的科学。黑格尔指出,政治经济学的发展是很有趣的,它可以从中见到思想是怎样从最初摆在它面前的无数个别事实中找出事物简单的原理,即找出在事物中发生作用并调节着事物的理智。黑格尔认为:"某些普遍需要如吃、喝、穿等,它们的得到满足完全系于偶然的情况。土壤有的肥沃些有的贫瘠些;年成的丰谦每岁不同;一个人是勤劳的,另一个人是懒惰的。但是从这样乱纷纷的任性中就产生出普遍规定。这种表面上分散的和混沌的局面是靠自然而然出现的一种必然性来维系的。这里所要发现的这种必然性的东西就是政治经济学的对象。这门科学使思想感到荣幸,因为它替一大堆偶然性找到了规律。在这里,一切的联系怎样地起着反作用,各特殊领域怎样地分类并影响别的领域,以及别的领域又怎样促进或阻挠它,这些都是有趣的奇观。这种相互交织的现象,初

---

[1] 参见[德]黑格尔:《法哲学原理或自然法和国家学纲要》,范扬、张企泰译,北京:商务印书馆,1961年版,第204—205页。

看令人难以置信,因为看来一切都是听从个人任性摆布的,然而它是最值得注意的;它同太阳系相似,在我们眼前太阳系总是表现出不规则的运动,但是它的规律毕竟是可以认识到的。"[1]

第三,黑格尔所理解的政治经济学,虽然被定位为在现代世界基础上产生的若干门科学的一门,但是,并不局限于对于现代世界的理解,而是对人类社会发展规律的把握。很显然,他所理解的政治经济学,并不是资产阶级社会的政治经济学,而是人类社会的政治经济学,而且这种政治经济学是用来认识人类社会发展规律的科学。

另外,特别值得一提的是,在《哲学科学全书纲要》(1827年版)的"导论"中,黑格尔还谈到了英国人对哲学的特别理解。在英国人看来,"那种归功于新近时期的政治经济学这门科学,也特别地叫作哲学,而这是我们通常称之为**合理**国家经济或近似于**理智**国家经济的东西"[2]。从黑格尔的说法可以看出,英国人和德国人对于哲学的理解是不同的,对于政治经济学的理解也是不同的。我们认为,虽然黑格尔知道英国人的政治经济学,但是他是按照德国人的方式来理解英国人的政治经济学的。事实上,黑格尔理解的政治经济学,并非英国人所指的资产阶级的政治经济学,而是"国民经济学",具体是指一门系统地研究国家应该采取哪些措施和手段来管理、影响、限制和安排工业、商业和手工业,从而使人民获得最大福利的科学。实际上,在德国人的眼里,政治经济学就是作为国家学的政治经济学。而在英国经济学家斯密看来,政治经

---

[1] [德]黑格尔:《法哲学原理或自然法和国家学纲要》,范扬、张企泰译,北京:商务印书馆,1961年版,第205页。

[2] [德]黑格尔:《哲学科学全书纲要》(1827年版),薛华译,北京:北京大学出版社,2010年版,第8页。

济学是关于物质财富的生产、分配和消费的规律的科学。很显然，德国人的国民经济学并不同于英国人的政治经济学。[1]

对于法学出身的马克思来说，他很有可能是了解德国人的国民经济学的。但是，"黑格尔法哲学批判"时期的马克思，对于英国的政治经济学是相对陌生的，因此，面对黑格尔的《法哲学原理》，他主要批判了"国家法"部分。因为，马克思当时关注的焦点是政治，而且是德国政治，因此，其他部分对他而言，事实上超出了他的研究兴趣，也超出了他的研究能力。但是，黑格尔的《法哲学原理》毕竟是一个整体，马克思所批判的部分只是其中的一个组成部分，如果不对相关内容进行批判研究，则无法完成整个批判。于是，马克思接着研究国民经济学，显然是为批判黑格尔的《法哲学原理》的"市民社会"部分做准备。但是，在这里，由于受到恩格斯《国民经济学批判大纲》的影响，马克思走上了一条与黑格尔理解的"政治经济学"（实际上是"国民经济学"）完全不同的国民经济学（实际上是"政治经济学"）批判之路。

二、法国、英国和德国的社会主义者的著作的直接影响

《莱茵报》时期和"黑格尔法哲学批判"时期的马克思，曾经对刚刚在德国流行起来的共产主义和社会主义思想保持了谨慎的保留态度，这种谨慎的保留态度一直持续到写作《〈黑格尔法哲学批判〉导言》之前。在《〈黑格尔法哲学批判〉导言》中，马克思非常意外地谈到了阶级，谈到了无产者和资产者之间的斗争，谈到了无产

---

[1] 参见唐正东编著：《马克思恩格斯哲学原著选读》，北京：北京师范大学出版社，2010年版，第39页脚注。

阶级的历史使命。即便如此,并没有更多文本证据显示出此时的马克思接受了共产主义和社会主义思想。这种状况在马克思写作《1844年经济学哲学手稿》的过程中发生了变化,这种变化是颠覆性的:马克思接受了共产主义和社会主义思想,并对这种思想进行了哲学和历史的论证。

在《1844年经济学哲学手稿》的"序言"中,马克思明确指出在自己的这部著作中借鉴了法国、英国和德国的社会主义者的著作。我们认为,马克思之所以在"国民经济学批判研究"中要借鉴法国、英国和德国的社会主义者的著作,其根本原因在于当时的社会主义者的著作说到底也是一种针对资产阶级社会的国民经济学批判,这种批判点中了资产阶级社会的实质,所以在当时的各种批判理论中,这种批判无疑是最为前卫、最为深刻的一种社会批判理论。

对于自己所借鉴的社会主义者的著作,马克思是分层进行描述的:首先,是法国和英国的社会主义者的著作;其次,是德国社会主义者的著作;最后,是魏特林、赫斯和恩格斯的著作。魏特林的著作,马克思没有点出其名称。赫斯的著作,马克思只是点出了其来源。具体是指格·海尔维格出版的《来自瑞士的二十一印张》文集中发表的赫斯的三篇文章:《社会主义和共产主义》《行动的哲学》和《唯一和完全的自由》。恩格斯的著作,马克思直接点出了名称,而且声明自己在《德法年鉴》上已经十分概括地提到过这本著作的要点。

其实,在《巴黎笔记》(马克思在巴黎期间写的九本经济学札记)的第五册中,马克思就曾经对恩格斯的《国民经济学批判大纲》

做了摘要[1]。在《1844年经济学哲学手稿》的"序言"中,马克思又将之列为"内容丰富而又独创性"的德国社会主义者的著作之一。在1859年出版的《政治经济学批判》第1分册的"序言"中,马克思更是将之称赞为"批判经济学范畴的天才大纲"[2]。以上几点,足见马克思对恩格斯的这一著作的重视程度。

事实上,这一时期的恩格斯,在国民经济学领域的研究已经走在了马克思的前面。这一点并不奇怪。这一时期的恩格斯在英国经商,写过很多关于英国现状的文章,已经足以表明恩格斯对英国状况,特别是英国政治经济学的理解不仅超过了黑格尔,而且也远远地超过了马克思。另外,从同一时期恩格斯所写的《大陆上社会改革的进展》也可以看出,恩格斯对欧洲各国的共产主义和社会主义思想是相当熟悉的,这一点也走在了马克思的前面。当然,这一时期的赫斯也非常了解欧洲的共产主义和社会主义思想。因此,我们不难得出这样的结论:马克思是在赫斯和恩格斯的影响下关注社会主义和共产主义思想的。

三、费尔巴哈的"发现"对马克思"国民经济学批判研究"的基础性作用

在《1844年经济学哲学手稿》中,马克思先后两次直接高度评价了费尔巴哈:第一次是在"序言"中,第二次是在"笔记本Ⅲ"的"对黑格尔的辩证法和整个哲学的批判"中。考虑到"序言"是在

---

1 参见北京图书馆马列著作研究室编:《马恩列斯研究资料汇编》(1980年版),北京:书目文献出版社,1982年版,第27页;《马克思恩格斯全集》(第42卷),北京:人民出版社,1979年版,第3—4页。

2 《马克思恩格斯全集》(第31卷),北京:人民出版社,1998年版,第413页。

"对黑格尔的辩证法和整个哲学的批判"之后写作完成的,在这里,我们将这两次评价在次序上"颠倒"一下进行分析,以还原马克思思想发展的实际过程。

在"笔记本Ⅲ"的"对黑格尔的辩证法和整个哲学的批判"中,马克思第一次对费尔巴哈进行了比较系统的评价。马克思首先指出,费尔巴哈是唯一对黑格尔辩证法采取严肃的、批判的态度的人;只有他在这个领域做出了真正的发现,总之,他真正克服了旧哲学。按照马克思的说法,费尔巴哈的哲学贡献是建立在对黑格尔辩证法的批判之上的。当然,这完全符合事实。马克思继而列举了费尔巴哈的三大功绩:

第一,他证明了哲学不过是变成思想的并且通过思维加以阐明的宗教,不过是人的本质的异化的另一种形式和存在方式;因此哲学同样应该受到谴责。很显然,马克思这里所说的"哲学",指的就是黑格尔的思辨哲学。因为,在费尔巴哈看来,黑格尔的思辨哲学就是神学,就是思辨神学,就是另一种宗教。因此,在这个意义上,费尔巴哈克服了黑格尔哲学。当然,这里的"哲学"显然还可以扩展理解为近代哲学,因为"黑格尔哲学是近代哲学的完成"[1],因此,费尔巴哈的伟大功绩之一就在于他克服了整个近代哲学。

第二,他创立了真正的唯物主义和实在的科学,因为费尔巴哈也使"人与人之间的"社会关系成了理论的基本原则。在马克思看来,费尔巴哈创立了新科学,这种新科学是真正的唯物主义和实在的科学,这种科学是以人与人之间的社会关系作为基本原则的。很显然,马克思在这里所说的"真正的唯物主义和实在的"并非强

---

[1] [德]路德维希·费尔巴哈:《费尔巴哈哲学著作选集》(上卷),荣震华、李金山等译,北京:商务印书馆,1984年版,第147页。

调费尔巴哈的自然学贡献，只是表明一种"发生学"的逻辑，最后的落脚点还是人本学。直白地说，在此时的马克思看来，费尔巴哈创立的这种新科学就是人的科学。

第三，他把基于自身并且积极地以自身为根据的肯定的东西同自称是绝对肯定的东西的那个否定的否定对立起来。马克思对费尔巴哈的这个评价非常抽象，在理解上确实容易产生分歧。我们认为，这里马克思所说的"基于自身并且积极地以自身为根据的肯定的东西"也就是费尔巴哈哲学中的"人"，而"自称是绝对肯定的东西的那个否定的否定"也就是黑格尔哲学中的"绝对精神"。在马克思看来，费尔巴哈把"人"和"绝对精神"相对立，强调了"人"的重要地位，这本身就是思想史上的伟大功绩。

从马克思对费尔巴哈的这次评价可以看出，马克思只是强调了费尔巴哈在人本学方面的贡献，而对于费尔巴哈在自然学方面的贡献，马克思其实还没有提及。

在"序言"中，马克思再次对费尔巴哈进行高度评价。马克思认为，对国民经济学的批判和对于整个实证的批判，全靠费尔巴哈的发现打下的真正基础。从费尔巴哈起才开始了实证的人道主义的和自然主义的批判。费尔巴哈的著作越不被宣扬，这些著作的影响就越扎实、深刻、广泛和持久；费尔巴哈著作是继黑格尔的《现象学》和《逻辑学》之后包含着真正理论革命的唯一著作。从马克思的这个评价不难看出，此时的马克思已经完全领会了费尔巴哈的人本学和自然学，这一点是十分不容易的，因为在《基督教的本质》《关于哲学改革的临时纲要》和《未来哲学原理》中，费尔巴哈虽然已经明确了"神学就是人本学"，也提出"自然学"的说法，但是，他还没有像后来那样明确说出"神学就是人本学和自然学"的观点，因此还导致了当时的很多学者对于费尔巴哈的误解。针对这种误解，费尔巴哈在后来做了解释，补充了"神学就是人本学"的观点，明确说出"神学就是人本学和自然学"的新看法。这一时期的马克思，居然看到了费尔巴哈想要说出但是暂时没有说出的内容，这只能有一个解释，那就是马克思非常清楚费尔巴哈的理论逻辑进路，因此才能够从费尔巴哈已经发表的著作中十分敏锐地捕捉到蛛丝马迹，先于费尔巴哈说出了费尔巴哈的想法。由此可见，在马克思和费尔巴哈之间，其实不仅仅是费尔巴哈对马克思的单向度的影响，他们之间也存在着某种程度的思想"契合"。另外，在这里，马克思把费尔巴哈的著作看作继黑格尔的《现象学》和《逻辑学》之后包含着真正理论革命的唯一著作，实际上在某种意义上肯定了黑格尔，这和第一次单方面地强调费尔巴哈对黑格尔哲学的克服的思路有所不同。

马克思对费尔巴哈的这两次评价，大略来看，意思是差不多的。但仔细研究之后，就会发现这两次评价还有着一个更大的不同：在第一次评价中，马克思实际上只强调了费尔巴哈哲学中的一个方面，即"人"这一个方面，关于"人"的科学其实就是"真正的唯物主义和实在的科学"；在第二次评价中，马克思实际上将费尔巴哈哲学中的"人道主义"和"自然主义"并列看待，它们都是"实证的"批判形式。我们认为，马克思对费尔巴哈的这两次评价，清楚地表明了此时的马克思不仅领会了费尔巴哈的"人本学"和"自然学"，而且已经完全领悟了费尔巴哈的更根本层面上的"发生学观点的批判哲学"，这是极为不容易的。正是凭借着对费尔巴哈哲学的这种精准把握，马克思才能够以之为基础，展开对国民经济学的"实证的"批判之旅。

第二节
《1844年经济学哲学手稿》中的费尔巴哈哲学思想和方法论

《1844年经济学哲学手稿》由三个笔记本构成,是一个非常复杂的文本,其中"笔记本Ⅰ"的前三个部分"工资""资本的利润"和"地租"纯粹属于经济学的内容,与费尔巴哈哲学完全没有关联,这里不列入讨论的范围。马克思对费尔巴哈哲学思想和方法论的运用,是从"笔记本Ⅰ"的最后一部分,即第四部分"异化劳动和私有财产"开始的。

一、马克思异化劳动理论背后的费尔巴哈"宗教异化"逻辑

"异化"是贯穿《1844年经济学哲学手稿》的基本概念,但是并不是马克思的首创,而是由来已久。原本的"异化"范畴只是商品经济生活中形成的商品出售及财产转让的日常观念,后来演变成经济学、法学和政治学概念,用来表达"自然权利的让渡"之意,表达的是一种平等、互惠、和谐的关系和过程。法国启蒙思想家卢梭第一个将"异化"概念从无批判的实证概念转变为批判的价值概念,指的是私有制出现后由于人们自然权利的让渡所形成的社会和国家权力最后反过来压制和剥夺人们。德国古典哲学将"异化"发展为哲学范畴和完整的哲学理论。特别是在黑格尔的思想体系中,整个世界都成了绝对观念自我异化的否定之否定过程;人不过是处于扬弃异化阶段上的绝对观念自身("自我意识"),人本身也经历了异化和扬弃异化的过程;异化是绝对观念和"自我意识"自

我生成的必然环节,异化和扬弃异化是同一过程。异化成为黑格尔哲学的核心、结构、方法和整个体系。费尔巴哈认为宗教和思辨哲学都是人的本质的异化,必须用人自身的"类本质"("理性、意志、心")的崇拜来代替对上帝和绝对观念的崇拜。

马克思正是接着费尔巴哈"宗教异化"的逻辑推进理论发展的。在《黑格尔法哲学批判》中,体现的正是马克思的"政治异化"逻辑。在《德法年鉴》中,马克思把"政治异化"推进到"经济异化"阶段。在《1844年经济学哲学手稿》中,马克思把"经济异化"归结到"劳动异化"这一根源上,创立了异化劳动理论。

马克思认为,在当时的资产阶级的社会中,整个社会已经出现了这样一个"经济事实":工人生产的财富越多,他的产品的力量和数量越大,他就越贫穷。工人创造的商品越多,他就越变成廉价的商品。物的世界的增值同人的世界的贬值成正比。劳动生产的不仅是商品,生产作为商品的劳动自身和工人,而且是按它一般生产商品的比例生产的。马克思正是从这一经济事实出发来阐发自己的异化劳动理论的。马克思从下面四个方面考察了资产阶级的社会的这一基本经济事实即工人及其产品的异化:

第一,人同自己的劳动产品相异化。

第二,人同自己的生命活动相异化。

第三,人同自己的类本质相异化。

第四,人同人相异化。

通过阐发异化劳动理论,马克思解释了国民经济学的出发点——私有财产的秘密。马克思指出,国民经济学虽然从劳动是生产的真正灵魂这一点出发,但是它没有给劳动提供任何东西,而是给私有财产提供了一切。马克思进而得出这样的结论:

社会从私有财产等等解放出来、从奴役制解放出来,是通过**工人解放**这种**政治**形式来表现的,这并不是因为这里涉及的仅仅是工人的解放,而是因为工人的解放还包含普遍的人的解放;其所以如此,是因为整个人类奴役制就包含在个人对生产的关系中,而一切奴役关系只不过是这种关系的变形和后果罢了。[1]

在阐发异化劳动理论的过程中,马克思多次提到费尔巴哈的宗教异化观点,很显然,正是费尔巴哈的"宗教异化理论"为马克思的国民经济学批判提供了哲学思想和方法论,进而得出了社会革命的最终结论。

二、马克思共产主义观点背后费尔巴哈的"人本学"视野

异化劳动理论的创立为马克思分析和批判各种社会主义、共产主义学说和正面论证共产主义提供了一个新的理论基点。在《1844年经济学哲学手稿》"笔记本Ⅲ"的"私有财产和共产主义"部分,马克思以费尔巴哈的"人本学"为理论基础,阐发了他的共产主义观点。

马克思理解的"共产主义",是针对私有财产提出来的,是私有财产的扬弃。马克思指出:"**共产主义**是扬弃了的私有财产的**积极表现**"[2],"自我异化的扬弃同自我异化走的是一条道路"[3]。正是基于这样的认识,马克思对"共产主义"做了极具历史性的阐发:

---

1 《马克思恩格斯全集》(第3卷),北京:人民出版社,2002年版,第278页。
2 《马克思恩格斯全集》(第3卷),北京:人民出版社,2002年版,第295页。
3 《马克思恩格斯全集》(第3卷),北京:人民出版社,2002年版,第294页。

第一,粗陋的共产主义。马克思认为,这种共产主义是共产主义的最初的形式,是私有财产关系的普遍化和完成,是想把自己设定为积极的共同体的私有财产的卑鄙性的一种表现形式。

第二,政治的共产主义。马克思指出,这种共产主义有两种形式:其一,还具有政治性质的,是民主的或专制的共产主义;其二,是废除国家的,但同时是还未完成的,总是处于私有财产即人的异化的影响下的共产主义。马克思认为,这两种形式的共产主义都认识到自己是人向自身的还原或复归,是人的自我异化的扬弃;但是,因为它还没有理解私有财产的积极的本质,也还不了解需要所具有的人的本性,所以它还受私有财产的束缚和感染。它虽然已经理解私有财产这一概念,但是还不理解它的本质。

第三,自然主义和人道主义的共产主义(或"完成的共产主义")。在马克思看来,这种共产主义

> 是**私有财产**及**人的自我异化的积极的**扬弃,因而是通过人并且为了人而对人的本质的真正占有;因此,它是人向自身、向**社会的**即合乎人性的人的复归,这种复归是完全的、自觉的和在以往发展的全部财富的范围内生成的,这种共产主义,作为完成了的自然主义=人道主义,而作为完成了的人道主义=自然主义,它是人和自然界之间、人和人之间的矛盾的真正解决,是存在和本质、对象化和自我确证、自由和必然、个体和类之间的斗争的**真正**解决。它是历史之谜的解答,而且知道自己就是这种解答。[1]

---

[1] 《马克思恩格斯全集》(第3卷),北京:人民出版社,2002年版,第297页。

不难看出，这里的第三种共产主义就是建立在费尔巴哈的"人本学"基础之上的共产主义。显而易见的是，它只是一种"理论的"共产主义，尚没有上升到实践的层面。

当然，马克思最终还是把共产主义看成一种"历史运动"。在《1844年经济学哲学手稿》"笔记本Ⅲ"的"增补"部分中，马克思把这种"历史运动"理解为"现实的共产主义行动"。马克思指出，要扬弃私有财产的思想，有思想上的共产主义就完全够了。而要扬弃现实的私有财产，则必须有现实的共产主义行动。历史将会带来这种共产主义行动，而我们在思想中已经认识到的那正在进行自我扬弃的运动，在现实中将经历一个极其艰难而漫长的过程。

事实上，由于马克思把费尔巴哈的"宗教异化"推进到"经济异化"进而推进到"劳动异化"，导致对"异化"的扬弃就不只是发生在意识领域、人的内心领域中，还会发生在"现实生活"中，于是，马克思的思想重心开始发生重大变化，虽然总体上依然是费尔巴哈的"人本学"思想逻辑，但这种"人本学"已经完全不同于费尔巴哈的"自然的"人本学，而是一种"社会的"人道主义了。

三、马克思透过费尔巴哈的"眼镜"批判黑格尔的辩证法和整个哲学

按照《1844年经济学哲学手稿》"序言"中的说法，"笔记本Ⅲ"中的"对黑格尔的辩证法和整个哲学的剖析"部分是"本著作的最后一章"[1]。在这部分内容中，马克思再一次批判了黑格尔。当然，从严格意义上来说，在《1844年经济学哲学手稿》中，马克思并

---

[1]《马克思恩格斯全集》（第3卷），北京：人民出版社，2002年版，第220页。

非再一次批判黑格尔,而是继续批判黑格尔。这一次,在国民经济学批判思路的指引下,马克思把对黑格尔的批判引向深入和整体。从整体这个层面来说,马克思借鉴了费尔巴哈,但是,从深入的这个层面来说,完全是马克思研究国民经济学的必然结果。

在这一部分中,马克思首先指出,为了便于理解和论证,对黑格尔的整个辩证法,特别是《现象学》和《逻辑学》中有关辩证法的叙述,以及最后现代批判运动同黑格尔的关系略做说明,也许是适当的。在这里,马克思在批判黑格尔的辩证法和整个哲学的同时,捎带批判了青年黑格尔派。

在马克思看来,在费尔巴哈已经从根本上推翻了旧的辩证法和哲学之后,青年黑格尔派这种唯心主义甚至一点也没想到现在已经到了同自己的母亲即黑格尔辩证法批判地划清界限的时候,甚至一点也没有表明它对费尔巴哈辩证法的批判态度。这是对自身持完全非批判的态度。

值得注意的是,马克思在这里提到了"费尔巴哈辩证法"这样一种说法,并将之与"黑格尔辩证法"相对。我们认为,对于费尔巴哈来说,这一点恐怕是不能接受的,因为费尔巴哈一生都对辩证法持十分排斥的态度。由此可见,马克思所理解的费尔巴哈恐怕与真实的费尔巴哈有所不同,这里的马克思应该是误解或者高估了费尔巴哈。事实上,在马克思后来的思想中,确实有"唯物主义的辩证法",但是在费尔巴哈那里,有的只是"发生学观点的批判哲学",虽然两者在某种程度上有共同之处,但总体上还是有很大的区别。当然由此也可以看出,虽然马克思多次批判黑格尔哲学,但是却从来不曾排斥辩证法。在这一点上,马克思与费尔巴哈完全不同。

马克思认为,施特劳斯和鲍威尔这样的批判家实际上还是拘泥于黑格尔哲学。与此形成鲜明对比的是,费尔巴哈是值得高度肯定的。之后，马克思从黑格尔的《精神现象学》即"黑格尔哲学的真正诞生地和秘密"[1]开始，深入分析黑格尔的体系。事实上，费尔巴哈早在1839年的《黑格尔哲学批判》中已经这样批判黑格尔的体系了。由此可见，在这一点上，马克思确实是费尔巴哈的学生。但是，与费尔巴哈对黑格尔主要是否定，极少是肯定，尤其是完全否定辩证法的情况不同，马克思对黑格尔的辩证法确实是肯定的。马克思指出：

> 黑格尔的**《现象学》**及其最后成果——辩证法，作为推动原则和创造原则的否定性——的伟大之处首先在于，黑格尔把人的自我产生看作一个过程，把对象化看作非对象化，看作外化和这种外化的扬弃；可见，他抓住了**劳动**的本质，把对象化的人、现实的因而真正的人理解为他**自己的劳动**的结果。人同作为类存在物的自身发生**现实的、能动的**关系，或者说，人作为现实的类存在物即作为人的存在物的实现，只有通过下述途径才有可能：人确实显示出自己的全部**类力量**——这又只有通过人的全部活动、只有作为历史的结果才有可能——并且把这些力量当作对象来对待，而这首先又只有通过异化的形式才有可能。[2]

在一定程度上肯定了黑格尔的辩证法之后，马克思并没有揪着黑格尔体系的细枝末叶不放，而是选择了《现象学》的最后一章——绝对知识——来详细说明黑格尔的片面性和局限性。考虑

---

[1] 《马克思恩格斯全集》（第3卷），北京：人民出版社，2002年版，第316页。
[2] 《马克思恩格斯全集》（第3卷），北京：人民出版社，2002年版，第319—320页。

到马克思这里的手稿并不完整,而且也没有把黑格尔哲学的秘密揭露清楚,这里暂时不赘述这个问题。

事实上,在"对黑格尔的辩证法和整个哲学的剖析"中,马克思借鉴了费尔巴哈的做法,当然,他与费尔巴哈在对黑格尔哲学批判的进路上还是存在着较大差别。对于费尔巴哈来说,早在1839年的《黑格尔哲学批判》中,他已经运用"发生学观点的批判哲学"对黑格尔哲学进行了整体性的颠覆。马克思则不然,他对黑格尔哲学的批判是从黑格尔《法哲学原理》中的"国家法"这个"点"开始,逐渐扩展到"黑格尔法哲学"这条"线",最后扩展到黑格尔的"整个辩证法"和"整个哲学"这个"面"的。因此,费尔巴哈对黑格尔哲学的颠覆,一开始就是整体性的,而马克思对黑格尔哲学的批判,是不断批判并且借鉴吸收的。

除了上述三个方面主要的理论关联之外,在《1844年经济学哲学手稿》中,马克思还表现出与费尔巴哈诸多的理论共性:如对于"唯物主义"这个术语的回避态度,对于"无神论"的复杂说法,对于"自然科学和哲学的结合"的类似观点,对于"谁生出了第一个人和整个自然界"的巧妙回答,等等。考虑到这些内容并非《1844年经济学哲学手稿》的核心内容,就不再一一赘述。

第三节
"社会的"人道主义:马克思"现实人道主义"世界观的第二次阐发

正如"黑格尔法哲学批判"中存在两种不同的理论逻辑一样,在《1844年经济学哲学手稿》中同样存在着两种不同理论逻辑:

"一是以抽象的'人的本质'为出发点的哲学思辨逻辑;二是以经验的'经济事实'为出发点的经济学实证逻辑。"[1] 这两种逻辑在《1844年经济学哲学手稿》里既互相对立又互为补充,交叉运演着。

一、马克思对"人的本质"问题的第一次阐发

"人的本质"问题是马克思与费尔巴哈学术关系中的一个核心问题。在《1844年经济学哲学手稿》中,马克思第一次对这一问题进行了非常重要的阐发。当然,需要说明的是,马克思对"人的本质"的这次阐发是极其复杂的,各种观点之间甚至相互矛盾。在这里,我们主要说明马克思在这一问题上的创新性见解。对于马克思在这一问题上的诸多不足,我们将之理解为马克思"思想实验室"中的"半成品"。

早在《德法年鉴》时期,受到《关于哲学改革的临时纲要》和《未来哲学原理》的影响,马克思就接受了费尔巴哈的"人的本质"观,即人的本质就是人的类本质。在《论犹太人问题》一文中,马克思将费尔巴哈"人的本质"观从宗教和哲学领域扩展运用到了政治领域。在谈到政治解放和人类解放的关系时,马克思指出,政治解放一方面把人归结为市民社会的成员,归结为利己的、独立的个体人,另一方面把人归结为公民,变成法人。只有当现实的个人把抽象的公民复归于自身,并且作为个人,在自己的经验生活、自己的个体劳动、自己的个体关系中间,成为类存在物的时候,只有当人

---

[1] 姚顺良主编:《马克思主义哲学史:从创立到第二国际》,北京:北京师范大学出版社,2010年版,第62页。

认识到自身"固有的力量"是社会力量,并把这种力量组织起来因而不再把社会力量以政治力量的形式同自身分离的时候,只有到了那个时候,人的解放才能实现。在同时发表的《〈黑格尔法哲学批判〉导言》一文中,马克思在对宗教进行批判时指出,宗教是还没有获得自身或再度丧失自身的人的自我意识和自我感觉。但是,人不是抽象的蛰居于世界之外的存在物。人就是人的世界,就是国家、社会。这个国家、这个社会产生了宗教,一种颠倒的世界意识,因为它们就是颠倒的世界。宗教是人的本质在幻想中的实现,因为人的本质不具有真正的现实性。因此,反宗教的斗争间接地就是反对以宗教为精神抚慰的那个世界的斗争。而对宗教的批判使人不抱幻想,使人能够作为不抱幻想而具有理智的人来思考,来行动,来建立自己的现实;使他能够围绕着自身和自己现实的太阳旋转。在这时的马克思看来,"人的根本就是人本身",因此,

> 对宗教的批判最后归结为**人是人的最高本质**这样一个学说,从而也归结为这样的**绝对命令:必须推翻**使人成为被侮辱、被奴役、被遗弃和被蔑视的东西的**一切关系**……[1]

不难看出,在"人的本质"问题上,此时的马克思在总体上持费尔巴哈的类本质的看法。当然,马克思把费尔巴哈的这种哲学思想运用到政治领域,这在当时的历史条件下也是极为难能可贵的。

在《1844年经济学哲学手稿》中,马克思指出人的类特性就是自由的有意识的活动,并强调了人的社会性。实际上,"人的本质"是"自由的活动"的观点也不是马克思的首创,这其实是赫斯的观

---

[1] 《马克思恩格斯文集》(第1卷),北京:人民出版社,2009年版,第11页。

点。在马克思写作《1844年经济学哲学手稿》之前,赫斯在《唯一而完全的自由》[1]一文中指出,"人的本质即人区别于动物的独特的东西,确实,在于没有任何外在强制的人的自由的活动"[2]。很显然,马克思在这里借鉴了赫斯的观点。当然,马克思对这种观点进行了创造性的阐发。

在分析资产阶级的社会的"异化劳动"时,马克思指出:

> 劳动这种**生命活动**、这种**生产生活**本身对人说来不过是满足一种需要即维持肉体生存的需要的一种**手段**。而生产生活就是类生活。这是产生生命的生活。一个种的整体特性、种的类特性就在于生命活动的性质,而自由的有意识的活动恰恰就是人的类特性。[3]

可见,在马克思看来,"人的本质"就是人的类特性,就是"自由的有意识的活动"。

之后,在阐述"私有财产和共产主义"时,马克思进一步指出:

> 自然界的**人的**本质只有对**社会的**人说来才是存在的;因为只有在社会中,自然界对人来说才是人与人**联系的纽带**,才是他为别人的存在和别人为他的存在,只有在社会中,自然界才是人自己的**人的**存在的**基础**,才是人的现实的生活要素;只有在社会中,人的**自然的**存在对他说来才是自己的**人的**存在,

---

1 1843年发表于《二十一印张》杂志上。
2 [德]莫泽斯·赫斯:《赫斯精粹》,邓习议编译,南京:南京大学出版社,2010年版,第130页。
3 《马克思恩格斯全集》(第3卷),北京:人民出版社,2002年版,第273页。

并且自然界对他说来才成为人。因此,**社会**是人同自然界的完成了的本质的统一,是自然界的真正复活,是人的实现了的自然主义和自然界的实现了的人道主义。[1]

至此,马克思阐发出一个异常重要的概念——社会。我们认为,"社会"这一概念,正是这一时期马克思思想发展过程中具有里程碑意义的一大发现。

在与《1844年经济学哲学手稿》写于同一时期的《詹姆斯·穆勒〈政治经济学原理〉一书摘要》中,马克思明确指出,"**人的本质是人的真正的社会联系**"[2]。另外,在马克思于同一时期所写的《评一个普鲁士人的〈普鲁士国王和社会改革〉一文》这篇文章中,马克思更是直接指出:"**人的本质**是人的**真正的共同体**。"[3] 很显然,这一时期的马克思,已经将"人的本质"理解为人的社会联系、人的社会本性。

综上可见,这一时期的马克思虽然曾经广泛使用"类存在物"这一术语,但是他是在"社会"意义上来使用这一概念的,因此,他的"类"概念与费尔巴哈从自然基础来谈论的"类"概念有着很明显的差异。至此,马克思在费尔巴哈的"人的本质"观点的基础上对"人的本质"的理解有了新的突破,更多强调了人的社会性的一面。我们认为,《1844年经济学哲学手稿》时期的马克思对"现实人道主义"世界观进行了"社会的"人道主义阐发。虽然在理论本质上依然是"人本学"的,但是和费尔巴哈的"自然"意义上的"人本学"

---

1 《马克思恩格斯全集》(第3卷),北京:人民出版社,2002年版,第301页。
2 中共中央马克思恩格斯列宁斯大林著作编译局译:《1844年经济学哲学手稿》,北京:人民出版社,2000年版,第170页。
3 《马克思恩格斯全集》(第3卷),北京:人民出版社,2002年版,第394页。

已经大为不同,是一种"社会"意义上的"人道主义"。显然,《1844年经济学哲学手稿》的主导思想逻辑就是这种"社会的"人道主义。与此同时,在"社会的"人道主义这一种主导思想逻辑的背后,也生发出另一种是"社会的"唯物主义的思想逻辑。

二、"社会的"唯物主义:马克思"社会的"人道主义背后的隐性思想逻辑

我们知道,《1844年经济学哲学手稿》的"笔记本Ⅰ"的前三个部分"工资""资本的利润"和"地租",是马克思按照国民经济学(即"资产阶级的政治经济学")的各个前提对国民经济学的一种系统梳理,正如马克思在接下来的第四部分"异化劳动和私有财产"的一开始所说:"我们是从国民经济学的各个前提出发的。我们采用了它的语言和它的规律。"[1] 即便如此,也能够得出"整个社会必然分化为两个阶级,即**有产者**阶级和没有财产的**工人阶级**"[2] 的最后结论。

接着,马克思一针见血地指出,国民经济学是从私有财产的事实出发的。它没有给我们说明这个事实。它把私有财产在现实中所经历的物质过程,放进一般的、抽象的公式,然后把这些公式当作规律。它不理解这些规律,就是说,它没有指明这些规律是怎样从私有财产的本质中产生出来的。马克思进而指出,国民经济学"把应当加以阐明的东西当作前提"[3],国民经济学家"把应当加以推论的东西……假定为事实、事件。神学家也是这样

---

1 《马克思恩格斯全集》(第3卷),北京:人民出版社,2002年版,第266页。
2 《马克思恩格斯全集》(第3卷),北京:人民出版社,2002年版,第266页。
3 《马克思恩格斯全集》(第3卷),北京:人民出版社,2002年版,第266页。

用原罪来说明恶的起源,就是说,他把他应当加以说明的东西假定为一种具有历史形式的事实"[1]。在这里,马克思把国民经济学家和神学家进行类比,事实上,他们确实犯了同样的错误,就是把假定当成了事实。

针对国民经济学"从私有财产的事实出发"的思想逻辑,马克思提出了"从**当前的**经济事实出发"[2]的思想逻辑。值得注意的是,这是一个十分重要的理论推进。如果我们把《德法年鉴》时期马克思"从德国当代政治状况出发"的思想逻辑理解为一种"政治的"唯物主义的话,那么,这里的"从当前的经济事实出发"的思想逻辑显然就应该是一种"社会的"唯物主义的思想逻辑。事实上,从马克思在《1844年经济学哲学手稿》的论证逻辑来看,他最终会走向共产主义的社会革命。很显然,这确实是一种"社会的"唯物主义的思想逻辑,其根源和"政治的"唯物主义一样,源于费尔巴哈"人本学"中所固有的"自然主义"。虽然费尔巴哈起初并不承认这种"自然主义"就是"唯物主义",但是,事实上,这种"自然主义"正是一种"唯物主义"的哲学思想和方法论。由于这种哲学思想和方法论只是刚刚生发出来的一条理论逻辑,并没有在《1844年经济学哲学手稿》成为主导思想逻辑,我们将之称为隐性思想逻辑。

三、"哲学共产主义":马克思共产主义思想的起源

在《1844年经济学哲学手稿》中,"共产主义"是当之无愧的关键概念之一,但是,这里的"共产主义",并不是后来《神圣家族》中

---

1 《马克思恩格斯全集》(第3卷),北京:人民出版社,2002年版,第267页。
2 《马克思恩格斯全集》(第3卷),北京:人民出版社,2002年版,第267页。

的"群众的共产主义",更不是再后来在《德意志意识形态》之后逐渐形成的"科学共产主义",而是马克思在"哲学共产主义"基础之上阐发出来的一种"现实的""行动的"共产主义。考虑到这一时期马克思对"共产主义"和"社会主义"两个概念并没有进行明确的区分,这里对这两个概念暂时也不进行区分。

所谓"哲学共产主义",其实就是一种具有德国特色的理论的共产主义。相比于法国和英国,德国的共产主义思想的产生要晚得多。对于德国的社会主义和共产主义思想,晚年的恩格斯在 1891 年写的《德国的社会主义》一文中曾经做出过总结。按照恩格斯的说法,德国的社会主义起初有两个独立的派别:一派是纯粹的工人运动,产生了魏特林的空想社会主义;另一派是青年黑格尔派的理论运动,在这一派中马克思的名字从一开始就占统治地位。如果从一个比较长的时间范围来看,恩格斯的这一总结是没有什么问题的。但是,如果更为精细地去了解青年黑格尔派的理论运动,我们就会发现,恩格斯提出的"在这一派中马克思的名字从一开始就占统治地位"[1]的说法并不准确。事实上,青年黑格尔派理论运动所产生的共产主义,一开始占统治地位的名字不是马克思,而是赫斯。当然,这种观点同样出自恩格斯的说法,不过在时间上要早很多年,因此也更为可信。

早在 1843 年 10 月—11 月,在为《新道德世界》周报撰写的第一篇文章,即《大陆上社会改革的进展》中,恩格斯详细说明了大陆上不同国家正在展开的社会运动。在介绍德国的社会改革进展时,恩格斯指出,德国有两个捍卫共产主义的党派,一个纯粹是"民众的党

---

[1] 《马克思恩格斯文集》(第 4 卷),北京:人民出版社,2009 版,第 426 页。

派",另一个是"哲学的党派"。[1] 前者与法国工人阶级的政治运动和社会运动有着十分密切的接触,魏特林被看作这个党派的领导人。后者和英法共产主义者没有什么渊源,而是从近50年来德国引以为豪的哲学中产生的党派。这个党派就是新黑格尔派即青年黑格尔派,该派的政治性刊物是《莱茵报》,赫斯博士"实际上是该派第一个成为共产主义者"[2]的人。除了赫斯以外,这一时期成为共产主义者的还有一大批人,如卢格博士、马克思博士、格奥尔格·海尔维格等人。当然,也应该包括恩格斯本人。也正是在这篇文章中,恩格斯提出了一个非常重要的概念,即"哲学共产主义"[3],作为对这一时期这一批共产主义者所持共产主义思想的特定称呼。

综上可见,赫斯是德国"哲学共产主义"的创始人,是德国第一个"哲学共产主义者",在写作《1844年经济学哲学手稿》之前,马克思只是德国第一批"哲学共产主义者"中的一员。但是,在《1844年经济学哲学手稿》中,马克思阐发了属于自己的共产主义思想。

事实上,早在1837年,赫斯就匿名发表了自己的处女作《人类的圣史》。虽然这本书中并没有"共产主义"一词,但是,该书却十分明显地包含着阶级分化和无产阶级革命即将到来的思想,因此这本书被麦克莱伦称为"德国本民族共产主义的第一本书"[4]。

在《莱茵报》担任编辑期间,赫斯在该报纸上发表了《法国的共产主义者》《共产主义原则的统治形式》《柏林的家庭住宅》等文章,向德国民众介绍共产主义思想。由于没有看到《法国的共产主义

---

1 参见《马克思恩格斯全集》(第3卷),北京:人民出版社,2002年版,第489页。
2 《马克思恩格斯全集》(第3卷),北京:人民出版社,2002年版,第492页。
3 参见《马克思恩格斯全集》(第3卷),北京:人民出版社,2002年版,第492、493页。
4 [英]戴维·麦克莱伦:《马克思传》,王珍译,北京:中国人民大学出版社,2010年版,第57页。

者》和《柏林的家庭住宅》两篇文章,这里不便加以评论。但是,《共产主义原则的统治形式》一文已经译成中文,收录在《赫斯精粹》一书中,这里不妨一提。1842年9月29日,《莱茵报》第272号上刊载了赫斯撰写的一篇题为《共产主义原则的统治形式》的短文,该文介绍了《德意志电讯》[1]八月号在上述标题下发表的《年轻一代》[2]上转载的一篇文章,这篇文章的目的是使它的读者认识共产主义本身的性质,它批判了从君主政体到共和政体的各种不同的统治形式,并认为它们对"大同社会"来说都是不充分的,然后,它阐明了共产主义原则的统治形式不是民众统治,而是科学统治。在介绍这篇文章的同时,赫斯指出:

> 任何工作在达到一定的高度时都会变成一种科学。正如泥瓦匠可以登上建筑师的科学,印染匠可以登上化学家的科学,这种情况在任何行业屡见不鲜。如果把思想提供给行业,那么任何行业都会变为科学。[3]

这篇短文是我们目前所看到的赫斯最早提到"共产主义"一词的地方,我们不妨把这看作德国"哲学共产主义"的开始。当然,赫斯成为"哲学共产主义者"的时间,也应该就在这一时期。

---

[1] 《德意志电讯》是德国作家卡·谷兹科夫创办的一家文学杂志,1838—1848年在汉堡出版。它反映了文学团体"青年德意志"的观点。恩格斯早年曾为该刊撰稿。

[2] 《年轻一代》是威·魏特林主编的杂志,1842年1月—1843年5月先后在伯尔尼、菲菲斯和朗根塔尔出版。

[3] [德]莫泽斯·赫斯:《赫斯精粹》,邓习议编译,南京:南京大学出版社,2010年版,第79页。

1842年10月初[1]，恩格斯服完为期一年的兵役之后，从柏林回巴门的途中，在科伦短暂逗留，访问了《莱茵报》编辑部。在那里，他第一次与赫斯会面并进行了深入的交谈。赫斯在给朋友的书信中曾经这样叙述这次见面："我们就各种各样的问题进行了讨论。尽管他已经是一位革命家，然而他是作为一位热忱的共产主义者与我分手的。"[2] 这里所引用的内容来源于日本学者广松涉的《青年恩格斯的思想形成》一文，广松涉在文中并没有标明这句话的来源。我们所能看到的资料是，麦克莱伦在《青年黑格尔派与马克思》一书中这样引用这封书信的内容："我们谈论了当代的问题，他是一个彻底的革命者，与我不同的最热情的共产主义者。"[3] 在这里，麦克莱伦注明了该段话来自《赫斯通讯集》。两相对照，我们不难看出，广松涉和麦克莱伦的说法完全不同。按照广松涉的说法，与赫斯的谈话，使恩格斯成为共产主义者。但是，按照麦克莱伦的说法，恩格斯与赫斯谈话前，本身已经是一个热情的共产主义者，而且与赫斯本人不同。那么，问题来了，此时的赫斯本人是什么样的？莫非是受了恩格斯的影响才成为共产主义者？之前的赫斯只不过是共产主义思想的宣传者而已？但是，广松涉和麦克莱伦都表达了共同的意思，那就是：恩格斯是受了赫斯的影响才成为共产主义者的。由于没有看到《赫斯通讯集》的原文，我们不便对广松涉和麦克莱伦同是引用语的说法进行孰是孰非的判断，或许

---

1 国内一些教材认为这一时间为"1842年9月"，经核实，应该为"10月初"。参见［德］海因里希·格姆科夫等：《恩格斯传》，易廷镇、侯焕良译，北京：生活·读书·新知三联书店，1975年版，第52页。

2 ［日］广松涉编注：《文献学语境中的〈德意志意识形态〉》，彭曦译，南京：南京大学出版社，2009年版，第360页。

3 ［英］戴维·麦克莱伦：《青年黑格尔派与马克思》，夏威仪、陈启伟、金海民译，北京：商务印书馆，1982年版，第156页。

他们引用的并不是同一句话。我们倾向于这样一种看法，即广松涉和麦克莱伦的说法可能都不大精确，毕竟，他们都弄错了一个基本事实，那就是：恩格斯和赫斯的见面时间，是在1842年10月初恩格斯从柏林返回巴门家中途经科伦时，而不是1842年11月底恩格斯从巴门前往曼彻斯特经商途经科伦时。因为第二次恩格斯见到的不是赫斯，而是马克思。从这一细节可以看出，广松涉和麦克莱伦的说法都是有些问题的。当然，不管怎样，从恩格斯后来的说法中完全可以看出，赫斯是共产主义思想当之无愧的德国首倡者。

相比于赫斯和恩格斯，这一时期的马克思对共产主义思想保持了比较慎重的质疑态度，这一点在马克思写于1842年10月15日、载于1842年10月16日《莱茵报》第289号的《共产主义和奥格斯堡"总汇报"》一文中表达得十分清楚。在这篇文章中，马克思指出：

《莱茵报》甚至不承认现有形式的共产主义思想具有**理论上的现实性**，因此，更不会期望**在实际上去实现**它，甚至根本不认为这种实现是可能的事情。《莱茵报》将对这种思想进行认真的批判。[1]

当然，马克思同时也认为："构成真正**危险的**并不是共产主义思想的**实际实验**，而是它的**理论阐述**。"[2] 很显然，马克思从一开始就反对"现有形式的共产主义思想"，同时指出真正构成危险的是共产主义思想的"理论阐述"而非"实际实验"。从马克思对待共产主义思想的这种看似矛盾的态度可以看出，这一时期的马克思实

---

1 《马克思恩格斯全集》(第1卷)，北京：人民出版社，1995年版，第295页。
2 《马克思恩格斯全集》(第1卷)，北京：人民出版社，1995年版，第295页。

际上处于"一个人的主观愿望起来反对他自己的理智的客观见解"的"良心的痛苦"之中。

之后的 1843 年,赫斯执笔的《行动的哲学》《社会主义和共产主义》和《唯一而完全的自由》三篇论文收入《来自瑞士的二十一印张》文集中。在这三篇文章中,我们能够感受到的是浓重的费尔巴哈人本学话语。颇为有趣的是,在前两篇文章尤其是在《社会主义和共产主义》一文中,赫斯把德国的哲学和法国的共产主义放在一起进行了比较性分析:

> 如果对所谓德国哲学和法国社会哲学进行大尺度的类比,却简直有着惊人的一致。也就是说,德国哲学到了黑格尔那里不过是秘教的学问,如今作为思辨的无神论其影响开始波及现实生活,另外法国的社会哲学也是同样,自圣西门和傅立叶之后,终于从现在的学派摆脱出来,开始作为科学的共产主义渗透到群众当中。这两种现象之间的相似性,不是诗的东西,而是哲学的明确的东西。换句话说,在巴贝夫的共产主义和费希特的唯心论失去其固有的基于虚无主义力量之后,我们看到在德国出现了**黑格尔**和**谢林**,在法国出现了**圣西门**和**傅立叶**。[1]

后来,马克思在《德意志意识形态》中也这样总结道:

> 赫斯把法国社会主义的发展和德国哲学的发展综合在一

---

1 [德]莫泽斯·赫斯:《赫斯精粹》,邓习议编译,南京:南京大学出版社,2010 年版,第 111—112 页。

起,也就是说,把圣西门和谢林、傅立叶和黑格尔、蒲鲁东和费尔巴哈综合在一起。[1]

综观赫斯这一时期的三篇文章,结合马克思在《德意志意识形态》中的相关分析,我们不难得出这样一个结论:在赫斯看来,蒲鲁东的社会主义就是法国的"科学的共产主义",它和德国的费尔巴哈哲学之间存在着理论逻辑上的对应关系。

按照马克思在《1844年经济学哲学手稿》的"序言"中的说法:

> 除了法国和英国的社会主义者的著作外,我也利用了德国社会主义者的著作。但是,德国人为了这门科学而撰写的内容丰富而**有独创性的**著作,除去魏特林的著作,就要算《二十一印张》文集中**赫斯**的几篇论文和《德法年鉴》上**恩格斯的**《国民经济学批判大纲》。[2]

由此可见,这一时期的马克思刚刚开始系统研究社会主义思想,魏特林、赫斯和恩格斯一并被马克思认定为重要的"德国社会主义者"。

或许是因为马克思在这一时期对于共产主义更为积极的态度,恩格斯把关注的重点由赫斯转移到了马克思身上。在写于1844年11月9日左右的《共产主义在德国的迅速发展》的第一篇文章(共两篇文章,第二篇写于1845年2月2日)中,恩格斯把马克思排在"德国社会主义者当中最积极的作家"的第一位,而把赫

---

1 《马克思恩格斯全集》(第3卷),北京:人民出版社,1960年版,第580页。
2 《马克思恩格斯文集》(第1卷),北京:人民出版社,2009年版,第112页。

斯排在第二位,之后分别是格律恩、恩格斯、奥·吕宁、海·皮特曼、亨利希·海涅等等。[1] 不难看出,在共产主义在德国迅速发展的过程中,马克思的影响确实有一个逐渐超过赫斯,甚至后来居上的客观事实存在。这也能够说明,在恩格斯的著作中为什么会出现前后矛盾的说法。

值得一提的是,作为赫斯共产主义思想哲学奠基人的费尔巴哈,甚至也在这股共产主义思潮的推动下,在1845年发表的《因〈唯一者及其所有物〉而论〈基督教的本质〉》一文的末尾声明自己是"共产主义者"。[2] 费尔巴哈"深信共产主义不过是他所宣布的原则的必然结果,而且实质上不过是他很久以前在理论上所宣布的东西的**实践**"[3]。由此可见,在德国的共产主义思想,尤其是赫斯所推动的"哲学共产主义"与费尔巴哈哲学之间,有着十分密切的理论承继关系。

综上可见,无论是恩格斯,还是马克思,甚至是费尔巴哈,在共产主义思想方面,相比于赫斯,都只能算是后来者。当然,这种"共产主义",是"哲学共产主义",是"理论的"共产主义。赫斯最终并没有走向"科学的社会主义",其共产主义思想即"哲学共产主义"被其后来者格律恩等人发展成了"真正的社会主义",赫斯本人也成了"真正的社会主义"的思想奠基人。恩格斯和马克思在"哲学共产主义"的影响上,先是通过对布鲁诺·鲍威尔及其伙伴的批判,形成了"群众的共产主义",后来又通过对"德意志意识形态"特别是"真正的社会主义"的批判,逐渐形成了自己的共产主义思想。

---

1 参见《马克思恩格斯全集》(第2卷),北京:人民出版社,1957年版,第591页。
2 参见[德]路德维希·费尔巴哈:《费尔巴哈哲学著作选集》(下卷),荣震华、王太庆、刘磊译,北京:商务印书馆,1984年版,第435页。
3 《马克思恩格斯全集》(第2卷),北京:人民出版社,1957年版,第594页。

第四章 《神圣家族》时期马克思对费尔巴哈哲学的最后致敬

> 难道批判的批判以为,只要它把人对自然界的理论关系和实践关系,把自然科学和工业排除**在**历史运动**之外**,它就能达到,哪怕只是**初步**达到对历史现实的认识吗?难道批判的批判以为,它不把比如说某一历史时期的工业,即生活本身的直接的生产方式认识清楚,它就能真正地认清这个历史时期吗?确实,唯灵论的、**神学的**批判的批判仅仅知道(至少它在自己的想象中知道)历史上的政治、文学和神学方面的重大事件。正像批判的批判把思维和感觉、灵魂和肉体、自身和世界分开一样,它也把历史同自然科学和工业分开,认为历史的诞生地不是地上的粗糙的**物质**生产,而是天上的迷蒙的云兴雾聚之处。[1]
>
> ——马克思

1842年夏季,柏林的青年黑格尔派成立了"自由人"小组,该小组热衷于唯心主义的哲学思辨和空洞抽象的哲学争论,马克思

---

[1] 《马克思恩格斯文集》(第1卷),北京:人民出版社,2009版,第350—351页。

当时就反对这种做法。在《论犹太人问题》中,马克思已经明确表现出与"自由人"小组的精神领袖布鲁诺·鲍威尔的不同之处。1843年底,布鲁诺·鲍威尔及其同伴创办了《文学总汇报》,继续鼓吹一种主观唯心主义的"自我意识"哲学。在《1844年经济学哲学手稿》的"序言"中,马克思明确表示将在"另一个场合"对当代批判的神学家加以详细的介绍,这个场合就是马克思和恩格斯合作完成的《神圣家族》。

《神圣家族》是马克思和恩格斯的第一部合作著作,从文献学和文本研究的角度来说,如果能够还原合作者在写作上的具体分工,这固然是非常有学术价值的一件事情,但与此同时,这必定也是费气力且不讨好的一个差事。为此,对于马克思和恩格斯的所有合著,本文采取了阿维纳瑞的策略:既然这些著作的最终定稿全都是马克思确定下来的,它们就可以被认为马克思的作品。[1] 当然,对于《神圣家族》而言,由于在目录中标注了各自完成的部分,因此这部合著从表面上看起来似乎并不存在知识产权方面的争议,但是,仅仅从《神圣家族》"序言"最后的署名顺序——恩格斯在前,马克思在后——这一点我们就会发现这部合著署名的不准确性,谨慎起见,我们还是采用了阿维纳瑞的策略。

在《神圣家族》中,马克思的批判对象是布鲁诺·鲍威尔及其伙伴的"唯灵论即思辨唯心主义",马克思的批判武器是"现实人道主义"。由于布鲁诺·鲍威尔及其伙伴在《文学总汇报》上发表的作品中涉及的学术领域非常广泛,为了批判的需要,马克思也就不得不随之进入诸多学术领域。值得注意的是,论战进入历史领域

---

[1] 参见[以]阿维纳瑞:《马克思的社会与政治思想》,张东辉译,北京:知识产权出版社,2016年版,第4页。

后,费尔巴哈的"唯物主义人本学"和马克思的"现实人道主义"作为批判的武器就显得有些力不从心。

我们认为,《神圣家族》是马克思"现实人道主义"世界观的第三次阐发。通过这次阐发,马克思的"现实人道主义"从"社会的"人道主义推进到了"历史的"人道主义[1]。在"历史的"人道主义这一显性思想逻辑的背后,是"历史的"唯物主义[2]的隐性思想逻辑。值得一提的是,在《神圣家族》中,通过批判黑格尔哲学的思辨结构,梳理唯物主义的历史,在马克思的思想逻辑中,唯物主义逐渐成为主导,人道主义逐渐退居次要地位,"现实人道主义"世界观和方法论趋于解体。与"历史的"人道主义和"历史的"唯物主义这两重理论逻辑相对应,马克思阐发了自己的"群众的共产主义"思想。

第一节
《神圣家族》的来龙去脉

《神圣家族》是马克思和恩格斯合作完成的第一部著作,但是,马克思最初的合作意向,指向的却不是恩格斯,而是费尔巴哈。

---

1 这里使用"'历史的'人道主义"这一术语,旨在比较准确地描述出这一时期马克思在哲学思想和方法论上所能达到的最高水平。
2 这里使用"'历史的'唯物主义"这一术语,主要是为了比较精确地表达这一时期马克思在哲学思想和方法论上取得的突破,简言之,就是马克思已经发现了"历史的诞生地不是地上的粗糙的物质生产"这一唯物主义历史观的基本观点,但是,此时的马克思还没有找到历史发展的动力,也没有发现历史运行的规律。当然,这里使用"'历史的'唯物主义"一词,也是为了与后来的"历史唯物主义"这一概念有所区别。

一、马克思就批判鲍威尔向费尔巴哈征求意见

1844年8月11日,马克思写信给费尔巴哈,谈到了布鲁诺·鲍威尔及其《文学总汇报》。马克思说道:

> 对于德国人来说,要摆脱对立的片面性是很困难的,我的多年的朋友(但现在同我越来越疏远了)**布鲁诺·鲍威尔**在他的柏林出版的批判性《文学报》中重新证明了这一点。不知您看过这家报纸没有。那里有不少文章是在同您进行无声的论战。……他用您以及我们整个时代所获得的成果来谴责别人。……我将出一本小册子来反对批判的这种谬误。对我来说,**最宝贵的是您**能事先把**您的**意见告诉我,总之,如能早日得到您的回音,我将感到荣幸。[1]

在这里,马克思主要表达了两个方面的意思:

第一,自己准备批判鲍威尔。马克思之所以要批判布鲁诺·鲍威尔,完全是因为不能接受布鲁诺·鲍威尔的哲学,不存在任何私人的恩怨。事实上,我们也知道,马克思与布鲁诺·鲍威尔的私人关系是非常友好的,马克思博士论文的哲学思想和方法论正是布鲁诺·鲍威尔的"自我意识哲学"。但是,随着马克思从哲学的批判逐渐转向对社会和经济生活的批判乃至现实政治斗争,他已经越来越不能容忍布鲁诺·鲍威尔的"批判"的谬误,因此决定出一本小册子来批判布鲁诺·鲍威尔。马克思这里所说的"小册

---

[1] 《马克思恩格斯全集》(第47卷),北京:人民出版社,2004年版,第75—76页。

子",就是后来的《神圣家族》。值得注意的是,马克思表示自己"将出一本小册子来反对批判的这种谬误",这足以表明此时的马克思至少已经有了基本的写作思路或者已经拟好了写作提纲,甚至有可能已经写作了其中的部分内容。

第二,希望得到费尔巴哈的意见。马克思在批判鲍威尔之前,之所以要征求费尔巴哈的意见,其实道理非常简单,马克思在这里也讲得非常清楚,那就是:布鲁诺·鲍威尔的《文学总汇报》中有不少文章,实际上是在同费尔巴哈进行无声的论战,不仅如此,布鲁诺·鲍威尔还用费尔巴哈和整个时代获得的成果来谴责别人,因此,作为"批判"的对象和被剽窃了知识产权的被侵权人,费尔巴哈本人最应该站出来迎战。在马克思看来,自己作为费尔巴哈的一个追随者尚且不能容忍这种事情,作为当事人的费尔巴哈就更不应该置之不理。正因为如此,马克思才主动与费尔巴哈商量这件事情。

遗憾的是,和马克思第一次写信给费尔巴哈希望他写一篇批判谢林的文章给《德法年鉴》的结果一样,这一次,马克思也没有等到费尔巴哈的回音。但是,庆幸的是,这一次的马克思没有完全失望,因为他等到了远道而来的恩格斯。

二、《神圣家族》的写作和出版过程

1844年8月28日,恩格斯在从英国回德国的归途中,在巴黎拜访了马克思,在马克思家里度过10天时间。其间,他与马克思商讨写作《神圣家族》,并很快完成了自己承担部分的写作任务,最后大约在9月6日从巴黎回到巴门。之后一直到《神圣家族》出版期间,恩格斯在和马克思的通信中多次提到这本书。

在 1844 年 10 月 7 日写给出版商尤利乌斯·康培的信中,马克思说道:"我和恩格斯写了一本反对布鲁诺·鲍威尔及其伙伴的小册子,篇幅大约为 10 个印张。这本小册子的主题是论述哲学、历史和唯心主义,以及对《巴黎的秘密》所做的批判,等等,因而对德国来说并非没有意义。总之,它不会违反书报检查令。如果您愿意出版这本小册子,那么请您立即回信,因为延迟出版,它就会失去意义。"[1] 马克思这里所说的小册子,就是《神圣家族》。从马克思的说法可以看出,1844 年 10 月初,《神圣家族》已经完成,篇幅大约为 10 个印张,主题是论述哲学、历史和唯心主义,以及对《巴黎的秘密》所做的批判,等等。

之后,在马克思写给亨利希·伯恩施太因的信中,马克思把自己和恩格斯合著的《神圣家族》称为"这本**每一个**字都很重要的小册子"[2]。由此可以看出,马克思本人非常看重这本书。

在大约 1845 年 1 月 20 日写给马克思的信中,恩格斯说道:"你把《批判的批判》扩充到 20 个印张,这的确使我大吃一惊。但这是很好的事情。……不过,你把我的名字也署在封面上,那就未免欠妥了,因为我至多只写了一个半印张。"[3] 可见,到了 1845 年 1 月,马克思已经把《神圣家族》的篇幅扩充到了 20 个印张。而且,按照恩格斯的说法,自己的名字出现在封面上是不合适的,原因是自己写的篇幅很少。

在 1845 年 2 月 22 日—3 月 7 日写给马克思的信中,恩格斯说道:

---

[1] 《马克思恩格斯全集》(第 47 卷),北京:人民出版社,2004 年版,第 324 页。
[2] 《马克思恩格斯全集》(第 47 卷),北京:人民出版社,2004 年版,第 325 页。
[3] 《马克思恩格斯全集》(第 47 卷),北京:人民出版社,2004 年版,第 337 页。

《批判的批判》**还是没有收到！**新的书名《**神圣家族**》肯定会使我和我家虔诚的、现在本来就已十分恼火的老头儿发生争吵,这一点你自然不会知道。我从出版广告上看到,你把我的名字写在前面了,为什么这样？我可是几乎什么也没有写,而且[你的]文风确实是每一个人都能看出来的。[1]

由此可见,恩格斯对于马克思将恩格斯的名字署在前面是很惊诧的:一是因为这不符合事实,毕竟自己只写了不到一个半印张,相对于总篇幅的 20 多个印张,可以说几乎什么也没有写。二是那样会被别人看出其中端倪,因为,风格就是人本身,马克思的文风确实是每一个人都能看出来的。三是担心因此会与自己的虔诚的当时本来就已经十分恼火的父亲发生争吵。

在 1845 年 3 月 17 日写给马克思的信中,恩格斯写道:

《批判的批判》——我好像已写信告诉你,这本书我已收到——真是太好了。你对犹太人问题、唯物主义的历史和《秘密》的论述非常精辟,一定会产生极大的影响。但是,尽管如此,这本书的篇幅还是太大了。我们两人对《文学报》所采取的严正的鄙视态度,同我们竟然对它写了 22 个印张这一点很不协调。而且,对思辨和整个抽象本质所做的大部分批判根本不会为大多数读者所理解,也不会引起人们的普遍关注。除此之外,全书的确写得非常精彩,能使人捧腹大笑。鲍威尔弟兄将无言以对。再有,毕尔格尔斯在皮特曼的刊物的第一册上介绍这部书的时候,可顺便提一提我为什么只写了一点

---

1 《马克思恩格斯全集》(第 47 卷),北京:人民出版社,2004 年版,第 346 页。

点,并且写的又只是一些无须深入研究的问题,——原因是我在巴黎只待了短短的10天。这总归显得很可笑:我写了不到一个半印张,而你写了二十多个印张。《卖淫》这一段最好删去。这一段内容太少,而且没有什么意义。[1]

另外,在这封信中,恩格斯还担心地提道:

我的老头儿要是发现还有《批判的批判》这本书,他就会把我赶出家门。[2]

三、马克思和恩格斯的首次合作

马克思和恩格斯的巴黎会见,给恩格斯留下了极为美好的回忆。在1844年10月7日写给马克思的信中,恩格斯说道:"自从和你分手以后,我就再没有像在你家里度过的10天那样感到心情愉快,感到有人情味。"[3]

在这次会面中,恩格斯和马克思探讨的话题十分全面,探讨的程度应该十分深入,两人在思想上产生了诸多共鸣。就在1844年10月7日写给马克思的信中,恩格斯说道:"只要我们的原则还没有从以往的世界观和以往的历史中逻辑地和历史地作为二者的必然继续用几部著作加以阐述,一切就仍然处于半睡半醒状态,大多

---

[1] 《马克思恩格斯全集》(第47卷),北京:人民出版社,2004年版,第350—351页。
[2] 《马克思恩格斯全集》(第47卷),北京:人民出版社,2004年版,第352页。
[3] 《马克思恩格斯全集》(第47卷),北京:人民出版社,2004年版,第323页。

数人还得盲目地摸索。"[1]在后来写的《关于共产主义同盟的历史》一文中,恩格斯回忆道:"当我1844年夏天在巴黎拜访马克思时,我们在一切理论领域中都显出意见完全一致,从此就开始了我们共同的工作。"[2]恩格斯这里所说的"共同的工作",显然是指创立新的世界观的理论工作。

在晚年写作的《路德维希·费尔巴哈和德国古典哲学的终结》这一著作中,恩格斯指出:

> 要从费尔巴哈的抽象的人转到现实的、活生生的人,就必须把这些人作为在历史中行动的人去考察。而费尔巴哈反对这样做,……但是,费尔巴哈没有走的一步,必定会有人走的。对抽象的人的崇拜,即费尔巴哈的新宗教的核心,必定会由关于现实的人及其历史发展的科学来代替。这个超出费尔巴哈而进一步发展费尔巴哈观点的工作,是由马克思于1845年在《神圣家族》中开始的。[3]

在这里,恩格斯准确地指出了《神圣家族》的重要意义,肯定了马克思在费尔巴哈观点继续推进方面的重要贡献。

综上可见,我们认为,虽然说《神圣家族》是马克思和恩格斯的一部合著,但是,不仅这部著作的写作思路是马克思首先提出来的,而且这部著作的绝大部分内容也是由马克思完成的,此外,这部著作中所提出的主要问题和核心观点也是属于马克思一个人的,因此,我们采用了阿维纳瑞的策略,将《神圣家族》认定为马克

---

1 《马克思恩格斯全集》(第47卷),北京:人民出版社,2004年版,第320页。
2 《马克思恩格斯文集》(第4卷),北京:人民出版社,2009年版,第232页。
3 《马克思恩格斯文集》(第4卷),北京:人民出版社,2009年版,第294—295页。

思的作品进行研究,这一点是并不过分的。

第二节
马克思借助费尔巴哈对黑格尔思辨结构秘密的揭露

马克思写作《神圣家族》的主要目的之一,就是揭露黑格尔思辨结构的秘密。在揭露黑格尔思辨结构的秘密时,马克思采用了费尔巴哈的"发生学观点的批判哲学"的哲学思想和方法论。

一、马克思对埃德加·鲍威尔的批判

《神圣家族》全书除"序言"和"历史的结语"外共有九章。从这一著作章节目录中的署名情况来看,"序言"为恩格斯和马克思合写,恩格斯署名在前,马克思署名在后;第一、二、三章,第四章第一节和第二节,第六章第二节第一目,第七章第二节第二目为恩格斯所写;其余的内容为马克思所写。客观而言,在署名为恩格斯所写的前三章中,并没有多少比较重要的内容,当然,从一部完整的著作的角度而言,前三章也是不可或缺的。这里,我们还是从第四章开始说起。

综观《神圣家族》全书,给人留下印象最为深刻的,就是该书中处处表现出来的那种鲜明的工人(群众)的阶级立场,而这个鲜明特色,首先是由恩格斯开始表达出来的。在《神圣家族》第四章第一节批判埃德加·鲍威尔时,恩格斯一针见血地指出:

批判的批判什么都没有创造,工人才创造一切,甚至就以

他们的精神创造来说,也会使得整个批判感到羞愧。英国和法国的工人就很好地证明了这一点。工人甚至创造了**人**,批判家却永远是不通人性的人……[1]

我们认为,这是《神圣家族》中恩格斯的贡献之一。很显然,恩格斯的结论落脚到人,表明了费尔巴哈人本学对这一时期恩格斯的根本性影响。

在《神圣家族》中,恩格斯的第二个贡献是准确指出了"批判的批判"和黑格尔哲学的内在关联。就在强调了工人的重要作用之后,恩格斯接着指出:

批判的批判所做的,仅仅是"用现存事物的范畴来制定公式",也就是用现存的**黑格尔**哲学和现存的社会意向来制定公式。公式除了公式便什么也没有。而且尽管批判在竭力抨击教条主义,但是它还是宣告自己是教条主义……[2]

事实上,早在1839年的《黑格尔哲学批判》一文中,费尔巴哈就指出"黑格尔的精神是一种逻辑学上的精神"[3]。显而易见的,批判的批判是黑格尔哲学的翻版,恩格斯对批判的批判的批判也是费尔巴哈对黑格尔哲学批判的继续。

马克思是接着恩格斯没有写完的第四章开始进行写作的。在《神圣家族》的第四章第三节中,马克思批判了埃德加·鲍威尔的

---

1 《马克思恩格斯全集》(第2卷),北京:人民出版社,1957年版,第22页。
2 《马克思恩格斯全集》(第2卷),北京:人民出版社,1957年版,第22页。
3 [德]路德维希·费尔巴哈:《费尔巴哈哲学著作选集》(上卷),荣震华、李金山等译,北京:商务印书馆,1984年版,第45页。

神学爱情观和其中所包含的黑格尔思辨逻辑。马克思指出:埃德加·鲍威尔所用的办法是把爱人者、把人的爱情变成爱情的人,把"爱情"作为特殊的本质和人分割开来,并使它本身成为独立存在的东西。"通过这样一个简单的过程,通过谓语到主体的这一转变,就可以把人所固有的一切规定和表现都批判地改造成**怪物**和**人类本质的自我异化**。"[1] 针对埃德加·鲍威尔把爱情主体化、主体对象化、对象客体化、客体个体化、具体抽象化、现实思辨化等一系列的胡说八道,马克思针锋相对地指出,"然而爱情却是**非批判的非基督教的唯物主义者**"[2],"非批判的爱情却没有把人类和单个的人、和个人分割开来"[3],"它的发展是发生于感性世界中和现实的个人当中的现实的发展"[4],最后,马克思指出:

> 在这里,批判的批判不仅反对爱情,而且也反对一切有生命的东西、一切直接的东西、一切感性的经验,反对一些**实际**的经验,而关于这种经验,我们是决不会预先**知道**它"来自何处"和"走向何方"的。[5]

正如费尔巴哈在《黑格尔哲学批判》中所说的:"我从头到尾读完了黑格尔的《逻辑学》。在结尾的地方我又回到了开端。"[6] 黑格尔哲学如此,埃德加·鲍威尔的神学爱情观亦如此。费尔巴哈批

---

[1] 《马克思恩格斯全集》(第2卷),北京:人民出版社,1957年版,第24页。
[2] 《马克思恩格斯全集》(第2卷),北京:人民出版社,1957年版,第25页。
[3] 《马克思恩格斯全集》(第2卷),北京:人民出版社,1957年版,第25页。
[4] 《马克思恩格斯全集》(第2卷),北京:人民出版社,1957年版,第26页。
[5] 《马克思恩格斯全集》(第2卷),北京:人民出版社,1957年版,第26页。
[6] [德]路德维希·费尔巴哈:《费尔巴哈哲学著作选集》(上卷),荣震华、李金山等译,北京:商务印书馆,1984年版,第53页。

判黑格尔哲学只是一个封闭的圆圈体系，马克思同样批判埃德加·鲍威尔在爱情观上的黑格尔式的先验构造。由此可见，在这里，与其说马克思是在批判埃德加·鲍威尔的爱情观，还不如说是在运用费尔巴哈的"发生学观点的批判哲学"批判黑格尔哲学的"来自何处"和"走向何方"的思辨结构。

《神圣家族》第四章第四节是非常重要的一个内容。在这里，马克思回击了埃德加·鲍威尔对蒲鲁东的批判，马克思的批判武器依然是费尔巴哈的"发生学观点的批判哲学"，当然，马克思把费尔巴哈的这种哲学思想和方法论运用到国民经济学领域。马克思的批判对象从表面上看是埃德加·鲍威尔，实际上是埃德加·鲍威尔对蒲鲁东进行批判过程中体现出来的黑格尔思辨结构。

蒲鲁东的《什么是财产？或关于法和权力的原理的研究》一书第一版于1840年在巴黎问世，马克思所引用的是1841年的巴黎版本。由于这本著作是法文版本，对于德国研究者埃德加·鲍威尔来说，首先要把蒲鲁东的著作翻译成德语，然后再进行评注。显而易见的是，埃德加·鲍威尔的法语不大过关，知识上的缺陷也导致他不能深入了解蒲鲁东的观点，于是，就出现了两个蒲鲁东：一个是"被赋予特征的蒲鲁东"（或"批判的蒲鲁东""被批判地赋予特征的蒲鲁东""蒲鲁东第一""神秘的蒲鲁东"），一个是"真正的蒲鲁东"（或"群众的蒲鲁东""非批判的蒲鲁东""蒲鲁东第二""真正的唯理论的蒲鲁东"）。在马克思看来，埃德加·鲍威尔不仅曲解了蒲鲁东的著作，而且还在曲解的基础上对蒲鲁东进行了攻击。于是，埃德加·鲍威尔对蒲鲁东的这部著作的批判，实际上成了双重攻击：一是通过赋予特征的翻译的暗中攻击；二是批判的评注的公开攻击。马克思认为，埃德加·鲍威尔对蒲鲁东的这部著作"在翻译时比他在做评注时更为毒辣"[1]。

在这里,马克思采用了两种批判进路:一种是批判埃德加·鲍威尔的"赋予特征的翻译",另一种是批判埃德加·鲍威尔的"批判性的评注"。如果仔细比较这两种批判进路,我们就会发现:第一种批判进路,主要是正本溯源,"回到蒲鲁东",其中并没有真正属于马克思自己的新观点;第二种批判进路就完全不同,马克思不仅批判了埃德加·鲍威尔对蒲鲁东的批判,而且在这个过程中阐述了自己的一些新观点。也正是因为如此,我们这里仅仅对这第二种批判进路中的新观点进行阐述。

马克思指出,对任何科学的最初的批判都必然要拘泥于这个批判所反对的科学本身的种种前提,蒲鲁东的《什么是财产?》是根据国民经济学的观点对国民经济学所做的批判,因此,通过对国民经济学,其中包括对蒲鲁东所了解的国民经济学的批判,蒲鲁东的著作才能被科学地超越。虽然马克思是这样说的,但是,在这里,马克思基本上没有批判蒲鲁东,反而是处处维护蒲鲁东。显而易见的是,此时的马克思完全无意批判蒲鲁东,因为在他看来,相比于埃德加·鲍威尔在国民经济学领域的业余水平,蒲鲁东完全是专业的。相反,马克思高度评价了蒲鲁东。马克思认为,国民经济学的一切论述都以私有财产为前提,蒲鲁东则对国民经济学的基础即私有财产做了批判的考察,而且是第一次具有决定意义的、无所顾忌的和科学的考察。这就是蒲鲁东在科学上实现的巨大进步,这个进步在国民经济学中引起革命,并且第一次使国民经济学有可能成为真正的科学。

在这里,马克思把资产阶级的国民经济学和神学进行类比。

---

[1] 《马克思恩格斯全集》(第2卷),北京:人民出版社,1957年版,第27页。

马克思指出,把私有财产关系当作合乎人性的和合理的关系的国民经济学,不断同自己的基本前提——私有财产——发生矛盾,这种矛盾正像神学家所碰到的矛盾一样:神学家经常从合乎人性的观点来解释宗教观念,而正因为如此,他们就不断地违背自己的基本前提——宗教的超人性。很显然,马克思把费尔巴哈对宗教和神学的批判逻辑也运用到了资产阶级的国民经济学上。

马克思甚至还把蒲鲁东与费尔巴哈进行了类比。马克思指出,平等是法国的用语,它表示人的本质的统一,表示人的类意识和类行为,表示人和人的实际的同一性,也就是说,它表示人同人的社会关系或人的关系。因此,正如德国的破坏性的批判在以费尔巴哈为代表对现实的人进行考察以前,试图用自我意识的原则来瓦解一切确定的和现存的东西一样,法国的破坏性的批判也试图用平等的原则来达到同样的目的。

马克思也对蒲鲁东的一些观点表达了遗憾。马克思指出:蒲鲁东未能对这个思想做出恰当的阐述,"平等的占有"是国民经济学的观念,因而本身也是下列状况的异化表现:对象作为为了人的存在,作为人的对象性存在,同时也就是人为了他人的定在,是他同他人的人的关系,是人同人的社会关系。马克思认为:"蒲鲁东**在**国民经济学的异化**范围内**扬弃国民经济学的异化。"[1]

显而易见的是,无论是维护蒲鲁东,还是批评蒲鲁东,马克思处处不忘费尔巴哈的"发生学观点的批判哲学",让第一性的东西回归第一性,让第二性的东西回归第二性,费尔巴哈对神学的批判如此,马克思对埃德加·鲍威尔的批判也是如此。

---

1 《马克思恩格斯文集》(第1卷),北京:人民出版社,2009年版,第268页。

二、马克思对塞利加、布鲁诺·鲍威尔思辨唯心主义的批判

我们认为,在《神圣家族》中,最令人难以理解的是第五章"贩卖秘密的商人所体现的批判的批判或塞利加先生所体现的批判的批判"和第八章"批判的批判走进尘寰并改变形象或盖罗尔施泰因公爵鲁道夫所体现的批判的批判"。只要稍加留意,我们就不难看出,在《神圣家族》中被割裂开的这两章,实际上刚好是一个整体,其主题就是对塞利加对《巴黎的秘密》[1]的评论进行再评论。可是,对于"神圣家族"中的一个并不十分重要的人物——塞利加,马克思何以要不厌其烦地长篇大论地进行批判呢?

在这里,马克思一边叙述小说的故事情节,一边叙述塞利加对这部小说的评论,一边还要叙述自己对这部小说和塞利加的评论的评论,可以说忙乱得一塌糊涂。对于大多数读者而言,这种三重叙述方式是极难理解的,尤其是对这部小说、塞利加的评论和马克思的评论这三重叙述的内容都不大熟悉的现在的读者而言,更是如此。另外,在这极为冗长的叙述过程中,马克思似乎并没有提出什么新的东西来,这一点会让人觉得马克思在这里似乎有刻意拼凑字数以避免书报检查的意味。但是,我们认为,在这表面看上去啰里啰唆的叙述中,马克思揭露了一个十分重要的"秘密",那就是"思辨结构的秘密",也就是"黑格尔结构的秘密",同时也是黑格尔的弟子们,直接是塞利加,间接包括布鲁诺·鲍威尔及其伙伴,其

---

[1] 《巴黎的秘密》是法国作家欧仁·苏写的一部长篇小说,这部小说用伤感庸俗的笔调写成,书中充满了社会幻想,于1842—1843年在巴黎出版后,不仅在法国国内大负盛名,而且在国外也享有盛誉。在《文学总汇报》第7期(1844年6月)上,刊载了塞利加对《巴黎的秘密》的一篇评论。在《神圣家族》中,马克思极其罕见地用了两章之长的篇幅对这篇评论进行了再评论。

实也应该包括后来的施蒂纳的结构的秘密。对于《神圣家族》这部著作来说，这一点是异常重要的，因为《神圣家族》从表面上看是在批判布鲁诺·鲍威尔及其伙伴，但是从归根结底的意义上来看是在批判黑格尔，毕竟，相比于鲍威尔及其伙伴而言，黑格尔更有学术批判的价值。

在第五章的一开头，马克思首先引用了塞利加对《巴黎的秘密》高度评价的一段话："史诗创造这样一种思想：现在本身是无，它甚至不仅是**过去**和**未来**的永恒的**分界线**，而且还是**应该**经常加以**填充**的、把**永生**和**无常**分割开来的**裂口**……**这就是'巴黎的秘密'的普遍意义**。"[1] 之后，马克思立刻切入正题，开写第一部分"'文明中的野蛮的秘密'和'国家中的无法纪的秘密'"。刚一切入正题，马克思就提到了费尔巴哈：

> 谁都知道，**费尔巴哈**把基督教关于投胎降世、三位一体、永生不灭等的观念看作投胎降世的秘密、三位一体的秘密、永生不灭的秘密。施里加先生[2]则把现今人世的一切关系都看作秘密。如果说**费尔巴哈**揭露了**现实的秘密**，那末**施里加**先生却反而把现实的**平凡的东西**变成了**秘密**。他的本领不是要揭露被掩盖的东西，而是要掩盖已经被揭露的东西。[3]

我们注意到，在《神圣家族》的第五章和第八章构成的这一相对完整的部分中，只有这一处直接提到了费尔巴哈。当然，从马克

1　转引自《马克思恩格斯全集》(第2卷)，北京：人民出版社，1957年版，第68页。

2　《马克思恩格斯全集》中文第2版将中文第1版中的"施里加"改译为"塞利加"，由于中文第2版中的相关卷次尚未出版，这里引用的是中文第1版中的相关内容，出于尊重原译的缘故，这里没有改过来。

3　《马克思恩格斯全集》(第2卷)，北京：人民出版社，1957年版，第69页。

思此时的哲学思想和方法论来看,完全是费尔巴哈"发生学观点的批判哲学"的路数。直白地说就是,费尔巴哈用"发生学观点的批判哲学"把基督教的秘密揭露出来,塞利加却用黑格尔的思辨哲学把已经被揭露的现实再次掩盖起来。

接着,马克思似乎把《巴黎的秘密》和塞利加对《巴黎的秘密》的评论扔到一边,进入第二部分"思辨结构的秘密"的写作。当然,这部分内容并非与主题没有关系,正如这一部分开头所言:

> 对《巴黎的秘密》所作的批判性叙述的秘密,就是**思辨结构**即**黑格尔结构**的秘密。……塞利加先生对《巴黎的秘密》的论述就是对思辨结构的**具体**运用。[1]

至此,马克思直接点清了自己的真实意图,批判塞利加是表面的,批判黑格尔才是真正的目的。

之后,马克思以"果品"为例,揭露了思辨哲学家是如何通过"概念即实体"和"实体即主体"两个步骤完成了整个思辨创造过程。黑格尔如此,塞利加也如此,"他先从现实世界造出'**秘密**'这一范畴,然后又从这一范畴造出现实世界"[2]。不过,相比于塞利加的思辨结构,黑格尔的思辨结构有两个"缺陷":首先,黑格尔善于用诡辩的巧妙手法把哲学家借助感性直观和表象从一个对象过渡到另一个对象时所经历的过程,说成臆想出来的理智本质本身即绝对主体所完成的过程。其次,黑格尔常常在思辨的叙述中做出把握住事物本身的、现实的叙述。这种在思辨的阐述之中所做

---

[1] 《马克思恩格斯文集》(第1卷),北京:人民出版社,2009年版,第276页。
[2] 《马克思恩格斯文集》(第1卷),北京:人民出版社,2009年版,第280页。

现实的阐述会诱使读者把思辨的阐述看成现实的,而把现实的阐述看成思辨的。在塞利加先生那里就没有上述两种"缺陷",马克思一针见血地讽刺道:

> 他的辩证法丝毫没有伪善和矫饰。……他不在**任何地方掺入现实的内容**,……这种思辨结构让我们看到的是赤裸裸的美。而且,在塞利加先生那里还出色地表明:一方面,思辨怎样以虚假的自由方式从自身中先验地[a priori]造出自己的对象;另一方面,思辨又怎样由于想用诡辩来摆脱对**对象**的合理的、自然的依存关系,却偏偏陷入了对对象的最不合理和最不自然的**从属关系**,而不得不把对象的最偶然的和最个性的规定臆造成绝对必然的和普遍的规定。[1]

显而易见的是,马克思是在奚落塞利加,指出他学艺不精,没有真正把黑格尔的思辨方法学到手。

至此,马克思已经完成了对塞利加的揭露,其实也顺道揭露了黑格尔思辨哲学的秘密,继续了《1844年经济学哲学手稿》中"对黑格尔的辩证法和整个哲学的批判"片段的理论推进工作。如果仅仅从理论发展的角度来说,马克思其实并没有必要继续批判塞利加。或许是出于内容完整的考虑,或许是为了揭露《巴黎的秘密》这一影响很大的小说的实质,或许是考虑到篇幅足够长就可以逃避书报检查,不管如何,马克思最终还是颇有兴致地把这部分内容写完了,给我们留下了一部完整的著作。

在第五章和第八章组成的这一相对完整的文本结构之间,马

---

1 《马克思恩格斯文集》(第1卷),北京:人民出版社,2009年版,第280—281页。

克思加入了第六章"绝对的批判的批判或布鲁诺先生所体现的批判的批判"和第七章"批判的批判的通信",其中的大部分内容是在批判布鲁诺·鲍威尔的历史唯心主义,这个内容我们下面要进行专节分析,这里先谈谈马克思在其中对布鲁诺·布鲁诺思辨唯心主义的批判。

在《神圣家族》的第六章中,马克思重点批判了布鲁诺·鲍威尔的历史唯心主义,同时,马克思也捎带批判了布鲁诺·鲍威尔的思辨唯心主义。同样,与其说马克思是在批判布鲁诺·鲍威尔,不如说他还是在继续批判黑格尔的思辨哲学。马克思认为,布鲁诺·鲍威尔的"绝对批判"的方法不过是思辨戏法的重演。马克思指出,"**思辨**哲学,特别是**黑格尔**哲学认为:一切问题,要能够给以回答,就必须把它们从正常的人类理智的形式变为思辨理性的形式,并把现实的问题变为**思辨的**问题"[1]。而"批判的批判是反刍动物,批判经常把黑格尔的残羹剩饭再回一回锅;……它从来没有感到需要用任何其他方法来清算'**思辨的辩证法**',而且,它不断以重复黑格尔的办法'批判地'超过了黑格尔"[2]。可见,在马克思看来,作为"神圣家族"族长的布鲁诺·鲍威尔,和"神圣家族"的其他成员一样,都在重复黑格尔的思辨哲学。他们不仅没有发展黑格尔,反而歪曲了黑格尔。

《神圣家族》第八章的大部分篇幅,都是在叙述《巴黎的秘密》这一小说中的任务和情节,其中也有对塞利加对这部小说的评论的揭露。当然,在这里,与其说马克思是在揭露塞利加,还不如说是在批判"批判的批判"的秘密,也就是说在揭露黑格尔思辨哲学

---

1 《马克思恩格斯全集》(第2卷),北京:人民出版社,1957年版,第115页。
2 《马克思恩格斯全集》(第2卷),北京:人民出版社,1957年版,第133页。

的秘密。比如说,马克思认为塞利加的思想同黑格尔的思辨是完全一致的,他说道:"在黑格尔的历史哲学中,和在他的自然哲学中一样,也是儿子生出母亲,精神产生自然界,基督教产生非基督教,结果产生起源。"[1] 再比如说,在第八章第四节"被揭露了的有关'观点'的秘密"中,马克思清楚地指出:

> 批判的批判的主要秘密之一,就是**"观点"**和**用观点来评判观点**。在它的眼中,每一个人跟每一种精神产品一样,都成了观点。如果你看清了批判的批判的总秘密就是重弹思辨的老调,那么要发现观点的秘密就是再容易不过的事了。[2]

"神圣家族"的成员塞利加是如此,"神圣家族"的族长布鲁诺·鲍威尔也是如此,他的关于"观点"的理论充分说明了这一点,而其中的"秘密"其实在黑格尔的《精神现象学》中。马克思指出:

> 黑格尔在《现象学》中用**自我意识**来代替**人**,……《现象学》最后完全合乎逻辑地用**"绝对知识"**来代替全部人的现实,……。黑格尔把人变成**自我意识的人**,而不是把自我意识变成**人的自我意识**,变成现实的,因而是生活在现实的对象世界中并受这一世界制约的人的**自我意识**。黑格尔把世界**头足倒置**,因此,他也就能够在**头脑**中消灭一切界限;……整部《现象学》就是要证明**自我意识是唯一的、无所不包的实在**。[3]

---

[1] 《马克思恩格斯全集》(第2卷),北京:人民出版社,1957年版,第214页。
[2] 《马克思恩格斯文集》(第1卷),北京:人民出版社,2009年版,第356页。
[3] 《马克思恩格斯文集》(第1卷),北京:人民出版社,2009年版,第357—358页。

费尔巴哈当年这样理解黑格尔哲学,马克思在这里也这样理解黑格尔哲学。费尔巴哈当年用自己的"发生学观点的批判哲学"直接否定了黑格尔的思辨哲学,马克思用费尔巴哈哲学直接批判黑格尔和黑格尔思辨哲学的继承者。

马克思指出,与黑格尔有所不同的是,布鲁诺·鲍威尔把"绝对知识"改名为"批判",把"自我意识的规定性"换名为"观点"。马克思认为,如果说黑格尔的《现象学》尽管有其思辨的原罪,但还是在许多方面提供了真实地评述人的关系的要素,那么鲍威尔先生及其伙伴却相反,他们只是提供了一幅毫无内容的漫画,这幅漫画只是满足于从某种精神产物中或从现实的关系和运动中撷取的一种规定性,把这种规定性变为思想规定性,变为范畴,并用这个范畴充当产物、关系或运动的观点,以便能够以老成练达的姿态、洋洋得意的神气从抽象概念、普遍范畴、普遍自我意识的观点出发,傲然睨视这种规定性。

至此,马克思在揭露黑格尔思辨哲学的"秘密"的基础上,也揭露了布鲁诺·鲍威尔及其伙伴的思辨唯心主义的"秘密"。当然,马克思采用了费尔巴哈的哲学思想和方法论。考虑到这部分内容中极为冗长的大部分内容与我们要讨论的主题关系不大,我们这里只就第五章和第八章中的上述内容进行阐述。但是,值得注意的是,《神圣家族》中的这部分内容,其实与《德意志意识形态》中的"圣麦克斯"章有着十分密切的关联。从某种意义上来说,施蒂纳的《唯一者及其所有物》实际上也是对黑格尔思辨结构的具体运用,当然,和塞利加一样,施蒂纳同样采用了一种"思维的绝技"。但是,需要注意的是,相比于塞利加,施蒂纳对于这一"思维的绝技"的运用要高超很多。另外,值得一提的是,如果考虑到马克思和恩格斯后来在《共产党宣言》中专门批判过"封建的社会主义"这种"反动的社会主义"思潮,我们有充分的理由认为,马克思在《神圣家族》中不厌其烦地对《巴黎的秘密》和塞利加对《巴黎的秘密》的评论进行批判就不仅不是多余的,而且是十分重要的。

三、马克思与费尔巴哈在批判黑格尔思辨哲学上的差异

从表面上看,马克思这一连多次的批判似乎都与费尔巴哈没有多大关系,但实际上,马克思正是站在费尔巴哈对黑格尔进行批判后廓清的理论平台上进行这次批判的。从理论逻辑上来说,由于费尔巴哈已经对黑格尔的思辨哲学进行过系统的批判,而且还形成了自己独特的哲学思想和方法论——"发生学观点的批判哲学",那么,马克思直接使用这一"发生学观点的批判哲学"作为现成的批判武器来对付黑格尔的弟子们——布鲁诺·鲍威尔及其伙伴,应当是轻而易举的事情。可是,问题并没有那么简单。

首先,马克思在《神圣家族》中直接面对的,并不是之前费尔巴哈所直接面对的黑格尔思辨哲学本身,而是黑格尔弟子们布鲁诺·鲍威尔及其伙伴的思辨唯心主义。

其次,布鲁诺·鲍威尔及其伙伴的思辨唯心主义,从方法论上来说,与其老师黑格尔的思辨哲学相比,不但没有任何推进和高明之处,反而表现出退步和庸俗的特点。因此,批判一种本来根本就不值得批判的东西,其难度实际上是很大的。

最后,虽然布鲁诺·鲍威尔及其伙伴的思想方法是一致的,但是,他们一伙人多势众,其涉足的学术领域是相当广泛的。因此,没有足够的知识储备和充沛的斗争热情,其实是很难完成这一批判任务的。

我们知道,在批判布鲁诺·鲍威尔及其伙伴前,马克思写信征

求费尔巴哈的意见,可是,对于马克思的"要约",费尔巴哈没有做出任何"承诺"。从马克思第一次邀请费尔巴哈批判谢林而被费尔巴哈婉言谢绝的情况来看,费尔巴哈只是专心于自己的学术研究,根本不愿意花费宝贵时间去对付既利用、又攻击他的理论的布鲁诺·鲍威尔及其伙伴们。于是,这项工作就由马克思和恩格斯一起来完成了。我们注意到,虽然马克思在《神圣家族》中依然把费尔巴哈的"发生学观点的批判哲学"这种哲学思想和方法论作为批判武器,但是,马克思在这里对黑格尔思辨结构的批判与之前费尔巴哈对黑格尔思辨哲学的批判是有一定差异的。

第一,得出的批判结论不同。费尔巴哈批判黑格尔思辨哲学,得出的结论是"唯物主义人本学"。马克思批判黑格尔思辨结构,只是揭露了黑格尔思辨结构的秘密,并没有形成属于自己的具体理论。当然,显而易见的是,通过批判黑格尔的思辨哲学,马克思对费尔巴哈的"发生学观点的批判哲学"理解发生了变化,他更多关注其中的唯物主义方法,这一点与以前的马克思更多关注费尔巴哈的人本主义方法有所不同。

第二,对黑格尔辩证法的态度不同。自从在《黑格尔哲学批判》中批判过黑格尔的思辨哲学之后,费尔巴哈终生都对黑格尔的辩证法持完全抵制的态度。马克思在这里虽然揭露了黑格尔思辨结构的秘密,但他主要针对的是布鲁诺·鲍威尔及其伙伴们的不精学艺,反而在一定程度上肯定了黑格尔思辨结构的积极方面。

第三节
"历史的"人道主义：马克思"现实人道主义"世界观的第三次阐发

在《神圣家族》中，第六章是最长的一章，也是最为重要的一章。在这一章中，马克思批判了"神圣家族"中最为核心的人物——布鲁诺·鲍威尔。在这里，马克思批判的主要对象是布鲁诺·鲍威尔的历史唯心主义，马克思使用的批判武器是"现实人道主义"。我们认为，在《神圣家族》时期，马克思把"现实人道主义"推进到了"历史的"人道主义。在这一显性逻辑的背后，隐藏着另一条"历史的"唯物主义的隐性逻辑。另外，与"历史的"人道主义和"历史的"唯物主义这两条思想逻辑相一致的，是"群众的共产主义"思想。

一、"历史的"人道主义的最初亮相

布鲁诺·鲍威尔在《文学总汇报》中的主要论述，是关于"精神"和"群众"的关系。在这里，布鲁诺·鲍威尔作为"精神"的代理人，对"群众"进行了三次征讨，征讨发生在历史领域，于是，就出现了"批判的历史"和"群众的历史"之间的对立。

在布鲁诺·鲍威尔看来，人应该追随真理，现实发展的结果，不外是被证明了的即被意识到了的真理，历史的任务，就是证明不言而喻的最简单的真理。针对布鲁诺·鲍威尔的形而上学的历史观和真理观，马克思指出："从非批判的观点来看，历史达到的结果

是,最复杂的真理最终是不言而喻的,一切真理的总和,即人,最终是不言而喻的。"[1] 在这里,马克思把"人"看作一切真理的总和,不难看出,这是典型的费尔巴哈哲学结论。

与马克思保持一致的是,恩格斯在这里高度评价了费尔巴哈。在第六章第二节第一目回击鲍威尔的伙伴欣里克斯对费尔巴哈的攻击时,恩格斯用可以媲美马克思的热情奔放的排比句写道:

> 然而,到底是谁揭露了"体系"的秘密呢?是**费尔巴哈**。是谁摧毁了概念的辩证法即仅仅为哲学家们所熟悉的诸神的战争呢?是**费尔巴哈**。是谁不是用"**人的意义**"(好像人除了是人之外还有什么其他的意义似的!)而是用"人"本身来代替包括"无限的自我意识"在内的破烂货呢?是**费尔巴哈**,而且仅仅是**费尔巴哈**。[2]

在高度肯定了费尔巴哈之后,恩格斯接着指出:

> 他所做的事情比这还要多。……**历史什么事情**也没有做,……其实,正是人,现实的、活生生的人在创造这一切,……并不是"历史"把人当做手段来达到自己——仿佛历史是一个独具魅力的人——的目的。历史不过是追求着自己目的的人的活动而已。[3]

我们认为,正是由于"批判的批判"把论题转移到了历史领域,

---

1 《马克思恩格斯文集》(第1卷),北京:人民出版社,2009年版,第284页。
2 《马克思恩格斯文集》(第1卷),北京:人民出版社,2009年版,第295页。
3 《马克思恩格斯文集》(第1卷),北京:人民出版社,2009年版,第295页。

马克思和恩格斯也随之运用费尔巴哈人本学阐发属于自己的历史观，这种历史观最为精彩的表述就是——历史不过是追求着自己目的的人的活动而已。我们认为，从总体上来看，这应该是一种"现实人道主义"的历史观。当然，如果要更为精确地对其定位，这实际上是一种"历史的"人道主义。当然，值得注意的是，这种"历史的"人道主义，却是费尔巴哈一生都不曾达到的理论高度。

在马克思看来，和"绝对批判"按照自己的意愿编纂的历史（即"批判的历史""思想的历史"）不同，非批判的历史（即"群众的历史""现实利益的历史"）体现的是群众的现实利益。马克思一针见血地指出：

"**思想**"一旦离开"**利益**"，就一定会使自己出丑。[1]

马克思还指出："任何在历史上能够实现的群众性的'**利益**'，在最初出现于世界舞台时，在'**思想**'或'**观念**'中都会远远超出自己的现实界限，而同一般的**人**的利益混淆起来。这种**错觉**构成**傅立叶**所谓的每个历史时代的**色调**。"[2] 马克思认为，对于法国资产阶级来说，1789年革命绝不是不合时宜的，这场革命只有对于人数众多的与资产阶级不同的那部分群众来说才是不合时宜的，因为"在革命的原则中并没有体现他们的**现实**利益，并没有体现**他们自己的革命原则**，而**仅仅**包含一种'**思想**'，也就是仅仅包含一个激起暂时**热情**和掀起表面**风潮**的对象罢了"[3]。

针对布鲁诺·鲍威尔对法国革命的"考察"，马克思指出：

---

1 《马克思恩格斯文集》（第1卷），北京：人民出版社，2009年版，第286页。
2 《马克思恩格斯文集》（第1卷），北京：人民出版社，2009年版，第286—287页。
3 《马克思恩格斯文集》（第1卷），北京：人民出版社，2009年版，第287页。

> **思想**永远不能超出旧世界秩序的范围,在任何情况下,思想所能超出的只是旧世界的思想范围。思想本身根本**不能实现什么东西**。思想要得到实现,就要有使用实践力量的人。[1]

在"批判的历史"看来,在历史活动中,重要的不是行动着的群众,不是经验的活动,也不是这一活动的经验的利益,而仅仅是一种思想。马克思认为:"历史活动是群众的活动,随着历史活动的深入,必将是群众队伍的扩大。"[2]

针对布鲁诺·鲍威尔所发现的"精神"与"群众"的关系,马克思一针见血地指出,"事实上不过是**黑格尔历史观的批判的漫画式的完成**,而黑格尔的历史观又不过是关于**精神**和**物质**、**上帝**和**世界**相对立的**基督教日耳曼**教条的**思辨表现**"[3]。

我们认为,正是通过批判黑格尔和布鲁诺·鲍威尔的"精神史观""英雄史观""思想史观""批判史观",马克思阐发了自己的"群众史观""物质史观""利益史观"。我们还认为,马克思的这种历史观虽然已经远远超出了费尔巴哈的学术视野,但是,它也只是费尔巴哈"唯物主义人本学"这种哲学思想和方法论在历史领域内加以运用以后所得出的一个初步结论,它既没有指出历史的发源地,也没有指出历史发展的动力,更没有指出历史运行的规律,因此,从总体上来说,如果仅仅止步于此,这种历史观只能是一种人道主义的历史观,我们不妨称之为"历史的"人道主义。当然,这种人道主义历史观的最大特点,就是具有鲜明的群众立场,也正是这种鲜明政治立场而形成的方法论导向,"历史的"唯物主义呼之欲出。

---

1 《马克思恩格斯文集》(第1卷),北京:人民出版社,2009年版,第320页。
2 《马克思恩格斯文集》(第1卷),北京:人民出版社,2009年版,第287页。
3 《马克思恩格斯文集》(第1卷),北京:人民出版社,2009年版,第291页。

二、"历史的"唯物主义：马克思唯物主义历史观的第一次阐发

正像"政治的"人道主义的另一面是"政治的"唯物主义、"社会的"人道主义的另一面是"社会的"唯物主义一样，"历史的"人道主义的另一面就是"历史的"唯物主义。和"现实人道主义"世界观的前两次阐发同样遗憾的是，马克思并没有直接使用相关的概念。即便如此，马克思还是用再明确不过的语言，直接亮明了自己的观点。

在《神圣家族》中，马克思指出：

> 难道批判的批判以为，只要它把人对自然界的理论关系和实践关系，把自然科学和工业排除**在历史运动之外**，它就能达到，哪怕只是**初步**达到对历史现实的认识吗？难道批判的批判以为，它不把比如说某一历史时期的工业，即生活本身的直接的生产方式认识清楚，它就能真正地认清这个历史时期吗？确实，唯灵论的、**神学的**批判的批判仅仅知道（至少它在自己的想象中知道）历史上的政治、文学和神学方面的重大事件。正像批判的批判把思维和感觉、灵魂和肉体、自身和世界分开一样，它也把历史同自然科学和工业分开，认为历史的诞生地不是地上的粗糙的**物质**生产，而是天上的迷蒙的云兴雾聚之处。[1]

我们认为，马克思指明了"历史的诞生地不是地上的粗糙的物

---

[1] 《马克思恩格斯文集》（第1卷），北京：人民出版社，2009年版，第350—351页。

质生产",这已经和人道主义的历史观有了本质的不同。从理论的逻辑来说,这已经表明马克思在历史观上达到了"历史的"唯物主义的理解水平。特别需要说明的是,我们在这里所说的"历史的"唯物主义,并不是《关于费尔巴哈的提纲》中的"实践活动的"唯物主义,更不是《德意志意识形态》中的"唯物史观"。我们认为,"历史的"唯物主义仅仅只是马克思唯物主义历史观的第一次阐发,这一概念只是表明了历史的发源地,至于历史发展的动力和历史运行的规律,这一概念还没有也不能做出解答。在这里,尤其值得强调的是,国内外学术界早已人尽皆知的"历史唯物主义",其实从来没有出现在马克思的文本中,这到底又是怎么一回事呢?

"历史唯物主义"一词的第一次出场,是在恩格斯1890年8月5日写给康拉德·施米特的信中。在这封信里,恩格斯批评唯物史观的许多朋友把唯物史观当作不研究历史的借口,他指出:

> 对德国的许多青年著作家来说,"唯物主义"这个词大体上只是一个套语,他们把这个套语当做标签贴到各种事物上去,再不作进一步的研究,就是说,他们一把这个标签贴上去,就以为问题已经解决了。但是我们的历史观首先是进行研究工作的指南,并不是按照黑格尔学派的方式构造体系的杠杆。必须重新研究全部历史,必须详细研究各种社会形态的存在条件,然后设法从这些条件中找出相应的政治、私法、美学、哲学、宗教等等的观点。在这方面,到现在为止只做了很少的一点工作,因为只有很少的人认真地这样做过。在这方面,我们需要人们出大力,这个领域无限广阔,谁肯认真地工作,谁就能做出许多成绩,就能超群出众。但是,许许多多的德国人却不是这样,他们只是用历史唯物主义的套语(**一切**都可能被变

成套语)来把自己相当贫乏的历史知识(经济史还处于襁褓之中呢!)尽速构成体系,于是就自以为非常了不起了。那时候就可能有一个巴尔特冒出来,并攻击在他那一圈人中间确实已经退化为套语的东西本身。[1]

在恩格斯看来,无论是"唯物主义",还是"历史唯物主义",都被许多德国青年著作家当成"套语""标签"来用,这是一种黑格尔学派惯用的构造体系的方式。事实上,马克思和恩格斯在《神圣家族》和《德意志意识形态》中,早就对这种德国式构造体系的做法做出过鞭辟入里的批判。在这封信里,虽然恩格斯对许多德国青年著作家的这种错误做法进行了批评,但是,我们也可以看出,对于将他和马克思创立的历史观称之为"历史唯物主义",恩格斯并没有什么异议。很显然,恩格斯只是反对"套语"式的"历史唯物主义",并没有对"历史唯物主义"是否能够表达"唯物史观"的准确内涵做出任何评论。相反,在恩格斯看来,"历史唯物主义"和"唯物史观"实际上完全是同一回事。

"历史唯物主义"的第二次出场,是在恩格斯 1890 年 9 月 21—22 日写给约瑟夫·布洛赫的信中。在这封信里,恩格斯建议布洛赫根据原著来研究唯物史观,而不要根据第二手的材料来进行研究,虽然那样的确要容易得多。在向布洛赫推荐了马克思的《路易·波拿巴的雾月十八日》和《资本论》之后,恩格斯接着说道:"再者,我也可以向您指出我的《欧根·杜林先生在科学中实行的变革》和《路德维希·费尔巴哈和德国古典哲学的终结》,我在这两

---

[1] 《马克思恩格斯文集》(第 10 卷),北京:人民出版社,2009 年版,第 587 页。

部书里对历史唯物主义作了就我所知是目前最为详尽的阐述。"¹显而易见,在恩格斯看来,"历史唯物主义"就是"唯物史观"。

"历史唯物主义"的第三次出场,是在恩格斯为《社会主义从空想到科学的发展》一书所写的《1892 年英文版导言》中。在这篇《导言》中,恩格斯指出:

> 我很清楚,本书的内容将遭到颇大一部分英国公众的反对。但是,如果我们大陆上的人稍微顾及英国"体面人物"的偏见,那么我们的处境也许更加糟糕。本书所捍卫的是我们称之为"历史唯物主义"的东西,而唯物主义这个名词是使大多数英国读者感到刺耳的。"不可知论"也许还可以容忍,但是唯物主义就完全不能容许了。²

接着,恩格斯回顾了 17 世纪以来英国唯物主义的历史。值得注意的是,在这里,恩格斯把马克思在《神圣家族》中关于现代唯物主义起源于英国的相当大篇幅的内容照搬过来。此外,恩格斯还指出:

> 无论如何,这一点是清楚的:即使我是一个不可知论者,显然我也不能把这本小书所概述的历史观称为"历史不可知论"。信教的人将会嘲笑我,不可知论者也将厉声质问我是否在嘲弄他们。因此,我在英语中如果也像在其他语言中那样用"历史唯物主义"这个名词来表达一种关于历史过程的观

---

1 《马克思恩格斯文集》(第 10 卷),北京:人民出版社,2009 年版,第 593 页。
2 《马克思恩格斯文集》(第 3 卷),北京:人民出版社,2009 年版,第 502 页。

点,我希望英国的体面人物不至于过分感到吃惊。这种观点认为,一切重要历史事件的终极原因和伟大动力是社会的经济发展,是生产方式和交换方式的改变,是由此产生的社会之划分为不同的阶级,是这些阶级彼此之间的斗争。如果我证明历史唯物主义甚至对英国的体面人物也是有益的,人们对我或许还会更宽容一些。[1]

从恩格斯的上述说法不难看出,恩格斯所说的"历史唯物主义",其实就是他和马克思创立的历史观,即"唯物史观"。不过,值得注意的是,由于英国读者的缘故,恩格斯还是特意做出了一些说明。我们知道,《社会主义从空想到科学的发展》一书曾被翻译成多国语言出版,但"历史唯物主义"这一称呼,只是出现在《1892年英文版导言》中。事实上,虽然英国是17世纪以来全部现代唯物主义的发祥地,但是后来英国的体面人物(即"有教养的人"或"中等阶级"或"资产阶级")在科学上是唯物主义者,但在自己从事的科学研究之外却都表现出宗教执迷和头脑愚蠢的现象。因此,恩格斯特意大篇幅引用马克思在《神圣家族》中的相关内容做了一番论述。

从恩格斯最早使用"历史唯物主义"这一术语的情况来看,恩格斯只是用"历史唯物主义"这一术语来表达他和马克思所创立的"唯物史观",仅此而已。当然,我们也可以看出,在恩格斯第一次使用"历史唯物主义"这一名词时,马克思已经去世7年了,因此,仅仅从文本学和文献学的角度而言,马克思似乎与"历史唯物主义"这一术语并没有什么直接的关系。但是,实际情况并非如此。

---

[1] 《马克思恩格斯文集》(第3卷),北京:人民出版社,2009年版,第508—509页。

我们认为,马克思的世界观,确实曾经经历过一次"历史的"唯物主义的阐发,不过,这一阐发是以隐性形式表现出来的,其显性形式是"历史的"人道主义。也就是说,"历史的"人道主义和"历史的"唯物主义是"现实人道主义"世界观在历史领域阐发出来的两条思想逻辑。

我们认为,从"黑格尔法哲学批判"时期到《神圣家族》时期,马克思持有一种"现实人道主义"的世界观。这种"现实人道主义",先后经历了"政治的"人道主义、"社会的"人道主义和"历史的"人道主义三次阐发,这三次阐发实际上是费尔巴哈的人本学在政治、社会、历史领域内的具体运用。可是,由于费尔巴哈人本学有一个自然学作为基础,所以这种人本学其实是一种"唯物主义人本学",本身就包含两条思想逻辑:人道主义和唯物主义,因此,在"政治的"人道主义、"社会的"人道主义和"历史的"人道主义的背后,隐藏的是"政治的"唯物主义、"社会的"唯物主义和"历史的"唯物主义的理论逻辑。虽然马克思并没有指明这一点,但是这个理论进路的确是非常清晰的。因此,我们把马克思的这次阐发形成的结论称为"历史的"唯物主义,主要目的是还原马克思思想发展的真实过程。当然,之所以没有将之称为"历史唯物主义",也是为了和恩格斯后来所说的"历史唯物主义"实际上就是"唯物史观"有所区别。

事实上,"历史的"唯物主义,作为马克思唯物主义历史观的第一次阐发,其根基是"历史的"人道主义,人本主义的色彩依然比较浓厚。虽然它强调了历史的唯物主义理解方式,但是,这种唯物主义的理解方式,只是唯物主义地解释了历史的诞生地问题,而没有、也还不能说明历史发展的动力问题和历史得以运行的规律问题。因此,我们认为,"历史的"唯物主义只是马克思唯物主义历史观发展过程中的一个起点,而并非马克思唯物主义历史观的最后结论,这个最后结论是"唯物史观"。当然,在马克思唯物主义历史观的发展过程中,还有一次阐发横亘在"历史的"唯物主义和"唯物史观"之间,那就是"实践活动的"唯物主义。相比于"历史的"唯物主义,"实践活动的"唯物主义与"唯物史观"的基本内涵更为接近。

三、"群众的共产主义":马克思共产主义思想的发展

在《神圣家族》中,马克思的共产主义思想又向前推进了一步,而之后的费尔巴哈,在共产主义思想上永远定格在了"哲学共产主义"上。因此,从这个意义上讲,此时的马克思已经完全超越了费尔巴哈。

事实上,早在《〈黑格尔法哲学批判〉导言》中,马克思已经开始了政治立场上从革命民主主义者向共产主义者的转变,当然,这种"共产主义者",是"哲学共产主义者"。在《1844年经济学哲学手稿》中,马克思开始阐发属于自己的共产主义思想,我们认为,也就是在写作《1844年经济学哲学手稿》的过程中,马克思开始了从"哲学共产主义"向"群众的共产主义"的转变。

转变的起因是1844年6月4—6日发生的德国西里西亚织工起义。1844年7月27日,卢格在《前进报》上发表了署名为"一个普鲁士人"的文章《普鲁士国王和社会改革》。他在文章中批评了路·勃朗领导的《改革报》,该报主张从资本主义社会中寻找织工起义的原因,从而得出必须对社会进行改革的结论。而卢格认为织工起义只是地方性事件,不具有普遍意义,强调资产阶级是推动反封建斗争的力量,工人阶级的行动离不开资产阶级的领导,等等。为此,马克思专门写了《评一个普鲁士人的〈普鲁士国王和社会改革〉一文》这篇评论,维护《改革报》的观点,批驳卢格的攻击。

在这篇评论中,马克思高度评价了魏特林的《和谐与自由的保证》一书,他指出:

>只要把德国的政治论著中那种褊狭卑俗的平庸气同德国工人的这部**史无前例**的光辉灿烂的处女作比较一下,只要把无产阶级巨大的**童鞋**同德国资产阶级极小的政治烂鞋比较一下,我们就能够预言**德国的灰姑娘**将来必然长成一个**大力士的体型**。[1]

马克思进而指出:"一个哲学的民族只有在社会主义中才能找到与它相适应的实践,因而也只有在**无产阶级**身上才能找到它的解放的积极因素。"[2] 由此可见,马克思已经完全摆脱了"哲学共产主义"的桎梏,逐步转变为"无产阶级"的"社会主义"。

在《神圣家族》中,针对"批判"对"群众"批判,马克思指出:

>一切共产主义和社会主义的著作家都从这样的观察出发:一方面,甚至最顺利的辉煌行动看来都没有取得辉煌的结果,并且还蜕化为平庸的行动;另一方面,**精神的一切进步**到现在为止都是**损害人类群众的进步**,群众陷入了日益严重的**非人**境遇。因此,那些著作家宣称(见**傅立叶**的著作)"**进步**"是不能令人满意的抽象的**空洞字句**;他们已经推测出(见**欧文**及其他人的著作)文明世界的基本缺陷;因此,他们对现代社会的**现实**基础进行了深刻的**批判**。在实践中,一开始就和这

---

1 《马克思恩格斯全集》(第3卷),北京:人民出版社,2002年版,第390页。
2 《马克思恩格斯全集》(第3卷),北京:人民出版社,2002年版,第391页。

种共产主义批判相适应的,是**广大群众**的运动,而过去的历史发展是与这个运动相对立的。人们只有了解英法两国工人的钻研精神、求知欲望、道德毅力和对自己发展的孜孜不倦的追求,才能想象这个运动的**合乎人道**的崇高境界。[1]

由此可见,在马克思看来,和共产主义的著作家比较而言,"绝对批判"仅仅停留在抽象的空洞字句上。

马克思认为,按照布鲁诺·鲍威尔的理论逻辑,就会产生和"群众的世俗的共产主义和社会主义"(或"世俗社会主义")相对立的"绝对的社会主义"(或"纯粹精神的社会主义")[2]。而这种

> 世俗社会主义的首要原理把**单纯理论领域内的**解放作为一种幻想加以摒弃,为了**现实的**自由,它除了要求有理想主义的"**意志**"以外,还要求有很具体的、很物质的条件。"群众"认为,甚至为了争得一些仅仅为从事"**理论**"研究所需要的时间和资金,也必须进行物质的、实际的变革;这样的"**群众**"在神圣的批判面前显得多么低下啊![3]

事实上,在共产主义和社会主义思想方面,费尔巴哈和布鲁诺·布鲁诺其实存在着某种共性,都是抽象的。费尔巴哈的共产主义,是"人"的共产主义。布鲁诺·鲍威尔的社会主义,是"精神"的社会主义。而这一时期,马克思和恩格斯已经转变为"群众的世俗的共产主义和社会主义"(或"世俗社会主义")。

---

1 《马克思恩格斯文集》(第1卷),北京:人民出版社,2009年版,第290页。
2 参见《马克思恩格斯文集》(第1卷),北京:人民出版社,2009年版,第297页。
3 《马克思恩格斯文集》(第1卷),北京:人民出版社,2009年版,第297页。

第五章　马克思在《关于费尔巴哈的提纲》中对费尔巴哈哲学的整体扬弃

> 哲学家们只是用不同的方式解释世界，问题在于改变世界。[1]
>
> ——马克思

在写作《神圣家族》的过程中，马克思逐渐放弃了《政治和政治经济学批判》一书的写作计划，也放弃了《1844年经济学哲学手稿》"序言"中的写作计划，还放弃了继续《黑格尔法哲学批判》的写作计划，而是准备批判黑格尔以后的现代德国哲学，其中最值得批判的，是一个时期以来马克思一直赖以为阶梯的费尔巴哈哲学。

按照马克思的思路，就是在抽掉费尔巴哈哲学这个阶梯的同时，新建一架属于自己的梯子。于是，正如费尔巴哈仿照康德的《未来形而上学导论》写下《未来哲学原理》一样，马克思也仿照费尔巴哈的《未来哲学原理》写下了《关于费尔巴哈的提纲》。

---

[1]《马克思恩格斯文集》(第1卷)，北京：人民出版社，2009年版，第502页。

马克思用《关于费尔巴哈的提纲》的形式,从整体上扬弃了费尔巴哈哲学,第二次阐发了唯物主义的历史观,形成了一种全新的世界观——"实践活动的"唯物主义[1]。"实践活动的"唯物主义的提出,标志着马克思对费尔巴哈哲学的整体扬弃,"唯物史观"萌芽初露。

第一节
《关于费尔巴哈的提纲》的理论支援背景

在为《路德维希·费尔巴哈和德国古典哲学的终结》这一著作所写的《1888年单行本序言》中,恩格斯指明了《关于费尔巴哈的提纲》的来源,并阐明了这一提纲的意义:"我在马克思的一本旧笔记本中找到了十一条关于费尔巴哈的提纲,现在作为本书附录刊印出来。这是匆匆写成的供以后研究用的笔记,根本没有打算付印。但是它作为包含着新世界观的天才萌芽的第一个文件,是非常宝贵的。"[2] 我们认为,恩格斯对《关于费尔巴哈的提纲》来源和意义的说明,从整体上来说是非常准确的。但是,我们也认为,《关于费尔巴哈的提纲》并非"匆匆写成",而是经过多次准备,对费尔巴哈哲学进行了系统思考、深入研究并全面把握之后所得出的慎

---

[1] "实践唯物主义"一词首次出现在《德意志意识形态》中,但是,在《关于费尔巴哈的提纲》中已经出现了"实践活动的"唯物主义的说法。我们认为,这两个术语的含义完全相同,完全没有必要区分,但是,由于我们并不认为实践唯物主义世界观是在《德意志意识形态》中诞生的,其实《关于费尔巴哈的提纲》体现的正是这样一种世界观,因此,出于尊重文本的缘故,这里使用了"实践活动的"唯物主义而没有使用"实践唯物主义"。

[2] 《马克思恩格斯文集》(第4卷),北京:人民出版社,2009年版,第266页。

重结论。

一、《黑格尔现象学的结构》：一次承前启后的思索

《神圣家族》时期的马克思，与其说是批判布鲁诺·鲍威尔及其伙伴的思辨唯心主义，不如说是在批判黑格尔的思辨哲学。马克思使用的批判工具是"现实人道主义"，而此时的"现实人道主义"已经延展到"历史的"人道主义，不仅完全超越了费尔巴哈哲学的视域，而且在许多方面也形成了自己的观点。即便如此，从整体上来说，马克思还是采用了费尔巴哈人本学的思维范式。当然，由于在批判"神圣家族"和黑格尔的思辨结构的过程中，马克思使用了费尔巴哈的"发生学观点的批判哲学"这种更为根本的哲学思想和方法论，马克思开始把注意力更多地集中到唯物主义的思想方法上来。

在《神圣家族》中，马克思对费尔巴哈做了高度评价的同时，也对自己持有的"现实人道主义"世界观产生了一定的质疑。其实，早在写作《神圣家族》的"序言"时，马克思已经透露出要对"现实人道主义"进行评论的想法，但由于批判对象的原因，这一想法被暂时搁置。事实上，和马克思的其他著作的"序言"多为著作完成之后才去写这种写作习惯有所不同的是，《神圣家族》的"序言"是先于大部分的正文而完成的，因此，"序言"并没有完全反映出《神圣家族》在整体上的思想推进程度。事实上，《神圣家族》在许多方面的许多观点已经超出了"序言"本身所体现出来的思想水平。

我们认为，没有《神圣家族》，马克思就不足以全面、系统、深入地把握费尔巴哈的思想史地位，也就不可能对费尔巴哈哲学进行整体上的扬弃。从这个意义上来说，《神圣家族》在马克思主义哲学形

成史中具有十分重要的地位。

1844年11月,也就在《神圣家族》即将定稿之际,马克思写下了一个仅由短短四个条目组成的笔记,即《黑格尔现象学的结构》。我们认为,对于马克思主义哲学形成史而言,这份笔记具有承前启后的作用,"承"的是"现实人道主义"的"前","启"的是"实践活动的"唯物主义的"后"。为了让大家对这份笔记有一个直观的感受,我们将之抄录如下:

(1) 自我意识代替人。主体——客体。

(2) 事物的**差别**并不重要,因为实体被看作是自我区别,或者说,因为自我区别、区别、悟性的活动被看作是本质的东西。因此,黑格尔在思辨范围内提供了真正的把握事物实质的区别。

(3) 扬弃**异化**等于扬弃**对象性**(费尔巴哈特别予以发挥的一个方面)。

(4) 你**扬弃**想象中的对象、作为意识对象的对象,就等于**真正的对象**的扬弃,等于和思维有差别的感性的**行动**、**实践**以及**现实的活动**。(还需要发挥。)[1]

事实上,马克思在写作《神圣家族》过程中,已经意识到黑格尔的合理之处和费尔巴哈的不合理之处,这一点我们已经在上一章进行过充分的说明。这份笔记的前两条,实际上是对《神圣家族》所批判的布鲁诺·鲍威尔及其伙伴的思辨唯心主义进而对黑格尔思辨结构的本质的再清晰不过的一个说明。值得注意的是,在这

---

[1] 《马克思恩格斯全集》(第42卷),北京:人民出版社,1979年版,第237页。

个说明中,对于黑格尔,马克思并非否定,而是有所肯定的。这份笔记的后两条,实际上是按照费尔巴哈的哲学逻辑进行理论上的推演,但是得出的却是不同于费尔巴哈的哲学结论。我们认为,这里的"你"应该是一种理论前提假设,经过理论推演后,便得出这种理论假设的结果。其实,在《神圣家族》中,在恩格斯所写的第七章第二节第二目中也表达了同样的意思。当时,恩格斯是在批判"批判的批判"的"理论归宿"中得出"实实在在的实践"并进而指出法国人和英国人的批判的"实践性"。[1] 因此,马克思在这里应该是用费尔巴哈的"扬弃"逻辑来解释自己在《神圣家族》中得出的结论。可见,他认识到了费尔巴哈逻辑的结果。思想上的扬弃必然是行动上的扬弃,扬弃对象性就是对象的扬弃,也就是要改变现实世界的意思。由此可见,费尔巴哈没有把理论走到底,他并没有深入研究唯物主义,更没有把唯物主义与现实相结合,因此,其哲学一直是抽象的理论,但最终要落实到行动。当然,费尔巴哈的追随者后来把行动落实到思维的行动、人道的行动、爱的行动。马克思则另辟蹊径,实现了从人本学到唯物主义的转换,以致把行动落实为物质的行动、群众的行动、革命的行动、社会的行动。至此,马克思的"实践"的概念逐渐形成,"实践活动的"唯物主义的世界观呼之欲出。

二、《唯一者及其所有物》:一次足以致命的攻击

就在《神圣家族》即将定稿之际,施蒂纳的《唯一者及其所有物》横空出世。虽然马克思对施蒂纳的《唯一者及其所有物》持完

---

[1] 参见《马克思恩格斯文集》(第1卷),北京:人民出版社,2009年版,第354—355页。

全批判的态度,但是,与此同时,施蒂纳的《唯一者及其所有物》也促使马克思对费尔巴哈哲学进行了彻底的反思,进而导致了马克思与费尔巴哈在理论逻辑进路上的分道扬镳。

恩格斯先于马克思关注到施蒂纳的《唯一者及其所有物》。事实上,恩格斯也先于马克思注意到了施蒂纳这个人。早在1842年6—7月和埃德加·鲍威尔合作撰写的一首讽刺叙事诗《横遭威逼但又奇迹般地得救的圣经,或信仰的胜利》中,恩格斯就对施蒂纳做了这样的描述:"他是各种清规戒律的处心积虑的死敌,今天他痛饮啤酒,明天就要饮血做戏。谁向他高喊:打倒国王!**他**都会补上一句:让法律也去它个娘!"[1] 从这首讽刺叙事诗中的描述来看,早在施蒂纳的《唯一者及其所有物》出版之前,恩格斯就已经相当熟悉和了解施蒂纳的理论套路。

在1844年11月19日写给马克思的信中,恩格斯在提到施蒂纳时特意向马克思说明道:"你知道柏林的施米特吧,就是那个在布尔的集子里评述过《秘密》[2] 的那个人。"[3] 从恩格斯向马克思介绍施蒂纳的方式可以推断出,此时的马克思未必了解施蒂纳。在这里,恩格斯十分详细地评论了施蒂纳的《唯一者及其所有物》。在这里,恩格斯主要表达了以下两个方面的意思:

第一,施蒂纳的原则就是边沁的利己主义,但是,施蒂纳一方面比较彻底,而另一方面又欠彻底。对此,恩格斯专门做了如下解释:说他比较彻底,是因为施蒂纳作为一个无神论者,也把个人置于上帝之上,或者更确切地说,宣称个人是至高无上的,而边沁却让上帝在朦胧的远处凌驾于个人之上;总之,是因为施蒂纳是以德

---

1 《马克思恩格斯全集》(第2卷),北京:人民出版社,2005年版,第504页。
2 指《巴黎的秘密》。
3 《马克思恩格斯全集》(第47卷),北京:人民出版社,2004年版,第328页。

国唯心主义为基础的,是转向唯物主义和经验主义的唯心主义者,而边沁是一个单纯的经验主义者。说施蒂纳又欠彻底,是因为他想避免边沁所实行的对分解为原子的社会的重建,但这是办不到的。恩格斯进而指出,施蒂纳的"这种利己主义只不过是现代社会和现代人的被意识到的本质,是现代社会所能用来反对我们的最后论据,是现存的愚蠢事物范围内一切理论的顶峰"[1]。

第二,施蒂纳的利己主义原则既是重要的、正确的,同时又是荒谬的、片面的。恩格斯认为,施蒂纳摒弃费尔巴哈的"人",摒弃起码是《基督教的本质》里的"人",这一点是正确的。因为费尔巴哈的"人"是从上帝引申出来的,费尔巴哈也是从上帝进入"人"的,这样,他的"人"无疑还带着抽象的神学光环。事实上,进入"人"的真正途径是与费尔巴哈的理论进路完全相反的,我们必须从我,从经验的、肉体的个人出发,最后上升到"人"。只要"人"不是以经验的人为基础的,那么"人"始终是一个虚幻的形象。也就是说,如果要使我们的思想,尤其是要使我们的"人"成为某种真实的东西,我们就必须从经验主义和唯物主义出发;我们必须从个别物中引出普遍物,而不要从本身中或者像黑格尔那样从虚无中去引申。恩格斯认为,这些观点,费尔巴哈已经谈到,但是,赫斯出于对唯心主义的忠心,痛骂经验主义,以前痛骂费尔巴哈,现在痛骂施蒂纳。恩格斯指出,赫斯对费尔巴哈的评论有许多地方都是对的,但是他还有一些唯心主义的荒唐思想,他谈到理论问题时,总是把一切归结为范畴,所以他也就因过于抽象而无法通俗地写作,所以他也憎恨各式各样的利己主义,宣扬博爱,等等,这就又回到了基督教的自我牺牲上面。恩格斯认为,如果说有血有肉的个人是我们的

---

[1] 《马克思恩格斯全集》(第47卷),北京:人民出版社,2004年版,第329页。

"人"的真正的基础、真正的出发点,那么,不言而喻,利己主义,不仅是施蒂纳的理智的利己主义,还是心灵的利己主义,也就是我们的博爱的出发点,否则这种爱就飘浮在空中了。与此同时,恩格斯指出,所有这些理论上的废话一天比一天更使他感到厌倦;在谈到"人"的问题时不得不说的每一句话,为反对神学和抽象概念,以及反对粗陋的唯物主义而不得不写的或读的每一行字,都使他感到恼火。最后,恩格斯指出:

> 如果我们不研究所有这一切幻影——要知道,尚未现实化的人在现实化以前也仍然是一个幻影——而去研究真实的、活生生的事物,研究历史的发展和结局,那么情况就完全不同。只要我们还依靠使用笔杆子,而不能直接用手,或者必要的话,用拳头去实现我们的思想,那么,这样做至少是上策。[1]

由此可见,在对"人"的认识问题上,此时的恩格斯处于一种比较困惑的认识状态,他既认为费尔巴哈已经谈过各种关于"人"的观点,也认为赫斯和施蒂纳对费尔巴哈的批判有许多地方都是对的,还不完全同意赫斯和施蒂纳的观点。我们认为,此时的马克思,至少与恩格斯有两点不同之处:

第一,对施蒂纳利己主义的看法不同。在这里,恩格斯将施蒂纳的原则理解为边沁的利己主义,表明了一种既肯定又否定的模棱两可的态度。马克思则不然。在《神圣家族》中,马克思已经长篇大论评述过《巴黎的秘密》,而且也摘录了边沁的著作,在这一点

---

[1]《马克思恩格斯全集》(第47卷),北京:人民出版社,2004年版,第330—331页。

上,当时的马克思和施蒂纳在理论关注点上倒是有共同之处。从《神圣家族》中对边沁著作的摘录来看,马克思似乎无意贬低边沁,倒是有赞成边沁的意思,在这一点上似乎和施蒂纳的结论相同。另外,马克思在《神圣家族》中还提到曼德维尔。从马克思每次涉及利己主义的论述来看,他总是以私人利益和公众利益关系的形式提出,可见,马克思并不反对利益,而是辩证看待不同利益。

第二,对费尔巴哈人本学的理解不同。这一时期的马克思和恩格斯,对于费尔巴哈人本学都是相当熟悉的。不同的是,恩格斯是从经验主义和唯物主义出发理解费尔巴哈人本学的,更多的是直接接受了费尔巴哈的结论,但也提出了从经验的、肉体的个人上升到普遍的人这样一种"从个别物中引出普遍物"的不同于费尔巴哈人本学又忠实于费尔巴哈人本学的研究思路,因此,此时的恩格斯,其实依然是一个费尔巴哈主义者。而马克思从来都不曾是一个完全的费尔巴哈主义者,早在"黑格尔法哲学批判"时期,马克思在把"人"理解为费尔巴哈式的作为"类"的人的同时,也把"人"理解为"现实的人"。在《1844年经济学哲学手稿》中,马克思还提出了"社会的"人的看法,在《神圣家族》中,马克思甚至提到了"历史的"人和"实践的"人的观点。两相对比,不难看出,此时的恩格斯的思想总体上还停留在费尔巴哈人本学的桎梏下,而马克思早已走出很远很远了。

从这封信可以看出,虽然合作写下了《神圣家族》,但是,这一时期的恩格斯,并没有达到《神圣家族》中所体现出来的马克思的思想进展水平。从总体上看,此时的恩格斯依然操持"现实人道主义"的世界观。他理解的"人"是"经验的、肉体的个人""有血有肉的人""现实化的人"。事实上,在写作《神圣家族》之初,马克思也持有这样的世界观。但是,此时的马克思已经基本上完成了《神圣家族》的写作,该著作已经体现出"历史的"人道主义的世界观,而这种"历史的"人道主义也可以被理解为"现实人道主义"在历史领域中的一种体现。另外,在这本论战性极强的著作的阐发过程中,已经在多处甚至出现了"历史的"唯物主义观点。也就是说,同一时期的马克思和恩格斯,实际上已经站在不同的理论地平线上。当然,我们也相信,恩格斯在这封书信中提供的材料和观点也在很大程度上促使马克思反思先前持有的费尔巴哈哲学,虽然马克思并不同意施蒂纳、赫斯和恩格斯的观点。从后来马克思在《德意志意识形态》中几乎是逐章逐节地批判施蒂纳的《唯一者及其所有物》这一点可以看出,正是施蒂纳的《唯一者及其所有物》,成了压垮马克思和恩格斯此时所持有的"现实人道主义"世界观的最后一根稻草。马克思最终决定与费尔巴哈哲学分道扬镳。

三、"布鲁塞尔笔记":一次研究经济学的强烈印象

在巴黎期间,马克思第一次研究经济学,写下共有 10 个笔记本的"巴黎笔记",《1844 年经济学哲学手稿》就是其中的三个笔记本上的内容。[1] 1945 年 2 月 3 日,马克思被巴黎当局驱逐,迁往比利时的布鲁塞尔。到了布鲁塞尔之后,马克思继续研究经济学,先后写下一批经济学笔记,一般称之为"布鲁塞尔笔记",《评弗里德里希·李斯特的著作〈政治经济学的国民体系〉》就是其中阐发内容较多的笔记之一。

其实,马克思继续研究经济学,目的是完成早先计划中的《政

---

1 参见张一兵:《回到马克思——经济学语境中的哲学话语》,南京:江苏人民出版社,2009 年版,第 146—150 页。

治和国民经济学批判》一书。事实上,自写作《黑格尔法哲学批判》以来的很长时间,马克思一直以黑格尔的《法哲学原理》为批判对象,力图揭露其中所蕴含的秘密。1844年11月,在已经基本完成《神圣家族》时,马克思在拟定的《关于现代国家的著作的计划草稿》中,还是难舍政治批判的情结,提出了"**选举权,为消灭[Aufhebung]国家和市民社会而斗争**"[1]的说法。直到1845年4月,就在写下《关于费尔巴哈的提纲》之前,马克思还写下了一个只有四个条目的札记[2],其中也包含和《关于现代国家的著作的计划草稿》类似的内容。因此,我们认为,这一切实际上都是马克思计划中的《政治和国民经济学批判》一书的相关思考。

我们认为,马克思所写的《黑格尔法哲学批判》《〈黑格尔法哲学批判〉导言》《1844年经济学哲学手稿》和《评弗里德里希·李斯特的著作〈政治经济学的国民体系〉》等四个相对成形的作品,实际上就是《政治和国民经济学批判》一书的"准备稿"。说得清楚一些,那就是,马克思后来计划中的《政治和国民经济学批判》一书,实际上是由早期计划中的《黑格尔法哲学批判》一书的思路发展演变而来的。说得更直白一些,那就是,马克思在批判黑格尔法哲学的过程中发现黑格尔的法哲学其实不仅是政治方面的内容,还包括国民经济学方面的内容,而且这两方面的内容是完全有机融合在一起的,于是就决定在批判内容上进行扩展,把原计划没有完成的《黑格尔法哲学批判》改变为《政治和国民经济学批判》。也正是在研究经济学的过程中,马克思发现费尔巴哈的人本学存在着致命的缺陷,于是决定暂时放下手头的经济学研究计划,先来清理黑

---

[1] 《马克思恩格斯全集》(第42卷),北京:人民出版社,1979年版,第238页。
[2] 参见《马克思恩格斯全集》(第42卷),北京:人民出版社,1979年版,第273页。

格尔以来的现代德国哲学。在黑格尔以来的德国现代哲学中,最值得批判的人就是费尔巴哈。

第二节
马克思"实践"概念的形成

"实践"一词,可以说几乎贯穿了马克思的一生,但是,在不同的时期,马克思使用的"实践"这一术语的内涵是大为不同的,我们认为,马克思"实践"概念的形成,经历了一个极其漫长的理论探索过程,也正是"实践"概念的形成,使马克思与费尔巴哈哲学渐行渐远,"实践活动的"唯物主义得以诞生。

一、《关于费尔巴哈的提纲》之前马克思"实践"概念的演变

在马克思之前,很多哲学家都探讨过"实践"的概念。黑格尔把"实践"解释为精神本身的活动形式,费尔巴哈哲学中的"实践"来自康德的《实践理性批判》,实际上是指道德实践,这在费尔巴哈后期所写的《幸福论》中表现得非常明显。在青年黑格尔派运动中,切什考夫斯基倡导"实践哲学",这种实践是指个人主观意志的活动,赫斯提出"行动哲学",但是主要限于思辨的论证。

早在博士论文中,马克思就谈到"实践"一词,这里的"实践"是指哲学的实践,也就是理论批判。在《莱茵报》和《德法年鉴》时期,马克思所说的"实践"主要是指政治批判,当然,他同时也认为要进行政治批判,不仅需要理论上的批判,还需要有物质力量,必须把实践与群众和无产阶级联系起来。

在《1844年经济学哲学手稿》中,多次出现"实践"一词,仅仅从字面上来看,这里的"实践"可以从多个方面来理解,比如说劳动实践、生产实践、工业实践或共产主义运动的实践,但从深层次的内涵来讲,这里的"实践"一词,全部与国民经济学有关。

在《神圣家族》中,马克思通过对批判的批判所做的批判,已经将"实践"开始理解为"历史运动""物质生产"[1]。值得一提的是,此时的恩格斯也已经开始逐渐把思想的重心放在了和"抽象的理论"相对应的"实实在在的实践"上,这一点在署名为恩格斯的第七章第二节第二目中表现得尤为突出。在这里,恩格斯指出,"这一运动(指共产主义运动)将不会像批判的批判所希望的那样以纯粹的,即抽象的**理论**为归宿,而将以**实实在在的实践**为归宿……"[2]。对于法国人和英国人的共产主义批判,恩格斯指出:

> 法国人和英国人的批判并不是什么在人类之外的、抽象的、此岸的人格化的东西,这种批判是那些作为社会积极成员的个人所进行的**现实的人的活动**,这些个人作为人也有痛苦,有感情,有思想,有行动。因此,他们的批判同时也是实践的,他们的共产主义是这样一种社会主义,在这里他们提出了实践的、明确的实际措施,在这里面他们不仅思考,而且更多的是行动。[3]

从这里可以看出,恩格斯所说的"实践"概念,其实是与共产主义运动密切联系在一起的。

1　参见《马克思恩格斯文集》(第1卷),北京:人民出版社,2009年版,第350—351页。
2　《马克思恩格斯文集》(第1卷),北京:人民出版社,2009年版,第354页。
3　《马克思恩格斯文集》(第1卷),北京:人民出版社,2009年版,第355页。

到了 1844 年 11 月，就在《神圣家族》即将完稿之际，马克思写下了一份题为《黑格尔现象学的结构》的笔记。这一笔记中包括的四点思想，其中最后一点是这样的："你**扬弃**想象中的对象、作为意识对象的对象，就等于**真正的对象的扬弃**，等于和思维有差别的感性的**行动**、**实践**以及**现实的活动**。（还需要发挥。）"[1] 我们认为，马克思在这里特别注明"还需要发挥"，这个发挥就是后来的《关于费尔巴哈的提纲》，这里的"感性的行动、实践以及现实的活动"正是《关于费尔巴哈的提纲》的"实践活动的"唯物主义的直接来源。

二、《关于费尔巴哈的提纲》中的"实践"概念

综观《关于费尔巴哈的提纲》全部 11 个条目，其结论都直接落在"实践"一词上，"实践"是当之无愧的第一关键词。

首先，这份提纲的第 1、2、3、4、5、9、11 条等七个条目，结论直接落到了"实践"上。从第 1 条的内容我们可以看出，马克思这里所说"实践"，指的是"感性的人的活动"。

其次，这份提纲的第 6、7、8 条是一个整体，谈的是人的本质属性。按照马克思的理论逻辑，人的社会本质都能在人的实践中以及对这种实践的理解中得到合理的解决，很显然，这三条作为一个整体，最终也归结到"实践"上。（第三节设专目讨论这三条，这里暂不阐释。）

最后，这份提纲的第 10 条，针对旧唯物主义的立脚点是市民社会，指出新唯物主义的立脚点则是人类社会或社会的人类，最后

---

[1] 《马克思恩格斯全集》（第 42 卷），北京：人民出版社，1979 年版，第 237 页。

也落脚到"人类社会或社会的人类"上。很显然,这个"人类社会或社会的人类"也只能通过"实践"即"感性的人的活动"来解释。

综上几点,我们认为,《关于费尔巴哈的提纲》形似零散,但是神却不散,这个"神"就是"实践"。在《关于费尔巴哈的提纲》第9条中,马克思指出:"直观的唯物主义,即不是把感性理解为实践活动的唯物主义,至多也只能达到对单个人和市民社会的直观。"[1]很显然,马克思在这里提出了一种不同于费尔巴哈的"直观的唯物主义"的"实践活动的"唯物主义。接着,马克思在《关于费尔巴哈的提纲》第10条中指出:"旧唯物主义的立足点是市民社会,新唯物主义的立足点则是人类社会或社会的人类。"[2]很显然,这里的"新唯物主义",指的就是"实践活动的"唯物主义。

我们认为,马克思此时提出"实践活动的唯物主义"即"新唯物主义",其实并不突然,事实上,这完全是《神圣家族》写作思路的自然延续。我们知道,在《神圣家族》中,马克思用了很大的篇幅系统地回顾了唯物主义的历史,这一点,和马克思以前著作中浓厚的人道主义色彩有着明显的差异。究其根源,是因为马克思把研究方向转移到历史领域之后,很快发现人道主义的思想方法的缺陷,而马克思所采用的批判武器——费尔巴哈哲学,除了人本主义这一显性的思想方法之外,还包含了另一个隐性的思想方法,那就是唯物主义的思想方法,于是,马克思自然而然地开始关注这种唯物主义思想方法。

可是,在批判布鲁诺·鲍威尔及其伙伴唯心主义的历史观的过程中,马克思很快就发现使用费尔巴哈的唯物主义的思想方法,

---

[1] 《马克思恩格斯文集》(第1卷),北京:人民出版社,2009年版,第502页。
[2] 《马克思恩格斯文集》(第1卷),北京:人民出版社,2009年版,第502页。

根本不能撼动布鲁诺·鲍威尔及其伙伴的一根毫毛，因为双方在研究领域上发生了错位。在没有现成的理论武器情况下，马克思不得不继续使用"现实人道主义"的理论武器，由于使用在历史领域，就形成了"历史的"人道主义的显性逻辑，隐藏背后的"历史的"唯物主义的思想逻辑。

方法论上的窘迫，迫使马克思开始自谋出路。施蒂纳的《唯一者及其所有物》的出现，严重刺激了马克思的神经，他的人道主义的思想方法彻底瓦解了。马克思只能在唯物主义上寻找出路。这时，另一个重要的思想线索影响了马克思，这就是共产主义思想。一般认为，马克思的共产主义思想是伴随着唯物史观的形成与发展而逐渐科学化的。这一点完全正确。在这里，我们想要表达的是，在马克思唯物主义历史观的形成过程中，共产主义思想也起到了非常重要的推动作用。

我们知道，这一时期，法国和英国的共产主义和社会主义思想在德国的传播出现了一个高潮，马克思本人也在这一传播过程中扮演了重要角色。事实上，"实践活动的"唯物主义世界观恰恰是在这一背景下提出来的。如果说从《关于费尔巴哈的提纲》第9条中还不能说明这一点的话，那么，后来的《德意志意识形态》中的说法则完全可以印证这一点。

> 实际上，而且对于**实践的**唯物主义者即**共产主义者**来说，全部问题都在于使现存世界革命化，实际地反对并改变现存的事物。如果在费尔巴哈那里有时也遇见类似的观点，那么它们始终不过是一些零星的猜测，而且对费尔巴哈的总的观点的影响微乎其微，以致只能把它们看做是具有发展能力的

萌芽。[1]

在这里,马克思把"实践的唯物主义者"等同于"共产主义者",实际上是把唯物主义的实践等同于共产主义的革命运动。在这个意义上,费尔巴哈恰恰是"理论的唯物主义者",或者是"理论的共产主义者"。事实上,这一时期的费尔巴哈也承认了自己在理论上的"共产主义者"身份。

因此,我们认为,马克思"实践活动的"唯物主义世界观,从本质上说,其实就是一种历史观。这种历史观,主要是在研究唯物主义理论史的过程中,受到了当时共产主义思想广泛传播和共产主义运动蓬勃兴起的影响而产生的。这种历史观的一个基本特点,就是把"历史"理解为一个"实践",即"感性的人的活动"过程,这个过程的中心任务是"社会革命"。很显然,它并不等同于之前的"历史的"唯物主义,也不同于之后的"唯物史观"。当然,如此定位"实践活动的"唯物主义的历史地位,仅仅是从《关于费尔巴哈的提纲》这一文本出发来考虑的。事实上,对于马克思来说,这种说法其实是有失公允的,因为从这一时期马克思的其他文本可以看出,马克思的"实践"概念其实还有着更为丰富的内涵。

三、从《评弗里德里希·李斯特的著作〈政治经济学的国民体系〉》看马克思的"实践"概念

我们知道,1845 年 3 月,就在马克思写下《关于费尔巴哈的提纲》的同一时期,马克思也写下了一篇很重要的经济学方面的手

---

[1] 《马克思恩格斯文集》(第 1 卷),北京:人民出版社,2009 年版,第 527 页。

稿,即《评弗里德里希·李斯特的著作〈政治经济学的国民体系〉》。这篇手稿应该是马克思对以前写作的经济学手稿的一个补充,准备作为计划中的《政治和政治经济学批判》一书中的一个组成部分。

我们现在所能看到的马克思的这篇手稿并不完整,缺少第1张、第10—21张和第23张。即便如此,我们还是能够搞清楚此时的马克思在思考什么问题。

在这篇缺失第1张的手稿的开头,马克思就提出了这样一个问题:"既然资产阶级灭亡的预感甚至已经渗透到德国资产者的意识之中,所以德国资产者就十分直率地承认这个'使人发愁的事实'。"[1] 不难看出,我们把《关于费尔巴哈的提纲》中的"实践"定位为"社会革命"的实践,应该是没有什么问题的。

对于当时的德国来说,"时代错位"和"精神干扰"是两大社会问题。所谓"时代错位",是指在工业的统治造成的对大多数人的奴役已经成为众所周知的事实这样一个不合适的时机,德国却企图建立工业的统治。所谓"精神干扰",是指德国这个"精神"民族所信守的唯心主义,成为德国资产者追求工业财富的一个巨大障碍,以至于他既追求财富而又否认财富。他把无精神的唯物主义装扮成完全唯心主义的东西,然后才敢去猎取它。在马克思看来,"李斯特体系的整个[……]理论部分,不过是以理想的词句掩盖坦率的经济学上的工业唯物主义。他到处使事物维持原状,而对事物的表达却理想化了"[2]。换句话说,德国资产者甚至在他是工业家的时候,也是信仰宗教的。他害怕谈他所渴求的恶的交换价值,而谈生产力;他害怕谈竞争,而谈国家生产力的国家联合;他害怕

---

[1] 《马克思恩格斯全集》(第42卷),北京:人民出版社,1979年版,第239页。
[2] 《马克思恩格斯全集》(第42卷),北京:人民出版社,1979年版,第240页。

谈他的私利,而谈国家利益。因此,李斯特为自己创造了一种与世俗的法国和英国的经济学完全不同的具有德国民族特色的理想化了的经济学。

马克思精辟地指出:

> 德国资产者是事后登上舞台的,他不可能把英国人和法国人详尽阐发的国民经济学再向前推进,正象后者大概也不可能对德国哲学运动作出什么新的贡献一样。德国资产者只能给法国和英国的现实添上自己的幻想和空话。但是,既然他不能使国民经济学得到新的发展,那就更不能在实践方面把迄今为止几乎已经在以往的社会基础上充分发展了的工业再向前推进。[1]

显而易见,马克思这里的"实践",与"工业"是密切相关的。

在对李斯特体系的理论部分进行一般评述后,马克思把批判的矛头对准了李斯特的生产力理论和交换价值理论。针对李斯特把"物质财富"和"交换价值"完全等同起来的做法,马克思指出:

> 把物质财富变为交换价值是现存社会制度的结果,是发达的私有制社会的结果。废除交换价值就是废除私有制和私有财产。[2]

在这里,马克思谈到了"工资"的本质。马克思认为借助工资

---

1 《马克思恩格斯全集》(第42卷),北京:人民出版社,1979年版,第249页。
2 《马克思恩格斯全集》(第42卷),北京:人民出版社,1979年版,第254页。

可以确定下列三个事实:第一,个人的生活。第二,个人是资本的奴隶,是一种"商品",一种交换价值;这种交换价值的高低,其提高或降低,取决于竞争,取决于需求和供给。第三,个人的活动不是他的生命的自由表现,而毋宁说是把他的力量售卖给资本,把他的片面发展的能力让渡(售卖)给资本,一句话,他的活动就是"劳动"。

接着,马克思谈到了"劳动"的本质。在马克思看来,"劳动"是私有财产的活生生的基础,是创造私有财产的源泉的私有财产。私有财产无非是物化的劳动。如果要给私有财产以致命的打击,那就不仅必须把它当作物质状态,而且也必须把它当作活动、当作劳动来攻击。谈论自由的、人的、社会的劳动,谈论没有私有财产的劳动,是一种最大的误解。"劳动",按其本质来说,是非自由的、非人的、非社会的、被私有财产所决定的并且创造私有财产的活动。因此,废除私有财产只有被理解为废除"劳动"(当然,这种废除只有通过劳动本身才有可能,就是说,只有通过社会的物质活动才有可能,而决不能把它理解为用一种范畴代替另一种范畴)的时候,才能成为现实。因此,一种"劳动组织"就是一种矛盾。这种能够获得劳动的最好的组织,就是现在的组织,就是自由竞争,就是所有它先前的似乎是"社会的"组织的解体。不难看出,马克思这里所说的"劳动"概念,显然还是带有《1844年经济学哲学手稿》中异化劳动的内涵,但马克思也同时指出废除这种"劳动"的唯一方式是"通过劳动",即通过"社会的物质活动"。我们认为,马克思这里所说的"社会的物质活动"就是"实践"的意思,也就是"社会革命"的意思。很显然,"实践"是马克思《1844年经济学哲学手稿》中所说的"劳动"概念的另一种发展了的表达方式。

之后,马克思再次详细谈论"工业",甚至还谈到了"工业时代"和"世界历史"。马克思认为,我们也可以从与肮脏的买卖利益的观点完全不同的观点来看待工业。工业可以被看作大作坊,在这里,人第一次占有他自己的和自然的力量,使自己对象化,为自己创造人的生活的条件。如果这样看待工业,那就撇开了当前工业从事活动的、工业作为工业所处的环境;那就不是处身于工业时代之中,而是在它之上;那就不是按照工业目前对人来说是什么,而是按照现在的人对人类历史来说是什么,即历史地说他是怎么来看待工业的;所认识的就不是工业本身,不是它现在的存在,倒不如说是工业意识不到的并违反工业的意志而存在于工业中的力量,这种力量消灭工业并为人的生存奠定基础。马克思指出,主张每个民族自身都经历这种发展,正像主张每个民族都必须经历法国的政治发展或德国的哲学发展一样,是荒谬的观点。凡是民族作为民族所做的事情,都是他们为人类社会而做的事情,他们的全部价值仅仅在于:每个民族都为其他民族完成了人类从中经历了自己发展的一个主要的使命(主要的方面)。因此,在英国的工业、法国的政治和德国的哲学制定出来以后,它们就是为全世界制定的了,而它们的世界历史意义,也像这些民族的世界历史意义一样,便以此而宣告结束。马克思进而指出,对工业的这种估价同时也就是承认废除工业的时刻已经到了,或者说,消除人类不得不作为努力来发展自己能力的那种物质条件和生活条件的时刻已经到了。因为一旦人们不再把工业看作买卖利益而是看作人的发展,就会把人而不是把买卖利益当作原则,并向工业中只有同工业本身相矛盾才能发展的东西提供与应该发展的东西相适应的基础。由此可见,马克思的"实践"概念,与"工业"和"历史"的概念密切相关。从这个意义上来说,马克思的"实践"概念,实际上不仅与"社会革命"相关,而且本身也是一个经济学概念,同时还是一个历史学概念。

当然，在这篇手稿中，马克思还谈到不少经济学问题，考虑到与我们这里所要讨论的主题关系不大，就不再一一赘述。不过需要说明的是，在马克思写这篇手稿的同时，恩格斯也有一个批判李斯特的计划。在 1845 年 3 月 17 日写给马克思的信中，恩格斯指出：

> 我是想**从实际方面**抓住李斯特，阐明其体系的**实际**结论，……我估计，你会重点批判他的体系的**前提**，而不是批判他的体系的结论。[1]

事实证明，此时的恩格斯并不完全掌握马克思的思想进展，马克思不仅批判了李斯特体系的前提，也批判了李斯特体系的结论。由此也不难看出，就在这一时期，通过国民经济学研究的马克思，已经完全超出了恩格斯在国民经济学方面的理论深度，率先开辟了一条属于自己的基于国民经济学理论的逻辑进路。

基于以上分析，我们认为，《关于费尔巴哈的提纲》时期马克思的"实践"概念，是在马克思以往所提出的政治实践、劳动实践、生产实践、工业实践和共产主义运动实践等内涵基础之上的一种深化理解，归根结底，就是"社会的物质活动"。

---

[1] 《马克思恩格斯全集》（第 47 卷），北京：人民出版社，2004 年版，第 351 页。

第三节
"实践活动的"唯物主义：马克思唯物主义历史观的第二次阐发

在《关于费尔巴哈的提纲》中，马克思提出了马克思主义哲学形成史中一个非常重要的概念——"实践活动的"唯物主义，用以表示自己创立的新世界观。与以往马克思对费尔巴哈哲学的多次运用和高度肯定形成鲜明对照的是，在《关于费尔巴哈的提纲》中，马克思第一次批判了费尔巴哈。可是，马克思对费尔巴哈的第一次批判，就是一种根本的、全面的、彻底的系统性颠覆。我们认为，马克思对费尔巴哈哲学的颠覆，主要体现为以下三个方面。

一、"实践活动的"唯物主义对"人本学"和"自然学"的扬弃

正如费尔巴哈用"人本学"和"自然学"否定了神学一样，马克思用"实践活动的"唯物主义扬弃了费尔巴哈的"人本学"和"自然学"。

我们知道，早在1839年发表的《黑格尔哲学批判》中，费尔巴哈就提出了一种"发生学观点的批判哲学"。由于费尔巴哈是从基督教和基督教神学出发开始自己的批判之旅的，因此，按照"发生学观点的批判哲学"的理论逻辑，在1841年发表的《基督教的本质》中，费尔巴哈得出了"神学就是人本学"的结论。之后的《关于哲学改造的临时纲要》和《未来哲学原理》，实际上是《基督教的本质》一书的继续，在这里，费尔巴哈明确指出，"自然是人的根据"。

在1846年发表的《宗教的本质》中，费尔巴哈强调，"自然是异于人的本质、人的特性、人的个体的实体"。在后来的《宗教本质讲演录》中，费尔巴哈提出了"神学就是人本学和自然学"的结论，补充了原先提出的"神学就是人本学"的理论缺陷。

1845年春天，马克思写下《关于费尔巴哈的提纲》。此时的费尔巴哈只是阐发了"神学就是人本学"的结论，尚未直接阐发出"神学就是人本学和自然学"的补充性结论。但是，马克思已经从费尔巴哈著作的字里行间完全把握了费尔巴哈的理论逻辑，在《1844年经济学哲学手稿》中对费尔巴哈进行了十分精准的思想史定位。从时间上来看，马克思实际上是先于费尔巴哈一步说出了费尔巴哈理论逻辑中固有的但当时的费尔巴哈尚未详细阐发的一个结论。由此可见，马克思非常清楚费尔巴哈"发生学观点的批判哲学"的理论逻辑走向。也正因为如此，马克思才能在《关于费尔巴哈的提纲》中，用"实践活动的"唯物主义实现了对费尔巴哈"人本学"和"自然学"的双重超越。

在《未来哲学原理》的第1条中，费尔巴哈开门见山地提出了一个非常重要的问题，那就是近代哲学的任务问题。费尔巴哈指出，"近代哲学的任务，是将上帝现实化和人化，就是说：将神学转变为人本学，将神学溶解为人本学"[1]。可是，在费尔巴哈看来，近代哲学包括黑格尔的思辨哲学并没有完成这一任务。《未来哲学原理》的第2—30条，费尔巴哈一直在"破"旧哲学，到了第31条，费尔巴哈终于开始"立"新哲学。费尔巴哈所"破"的旧哲学，就是近代哲学包括黑格尔哲学。这个费尔巴哈所"立"的新哲学，就是

---

1 ［德］路德维希·费尔巴哈：《费尔巴哈哲学著作选集》（上卷），荣震华、李金山等译，北京：商务印书馆，1984年版，第122页。

费尔巴哈自己的哲学。经过极为复杂的论证过程，直到《未来哲学原理》的第 54 条中，费尔巴哈才确定了自己的新哲学的名称："人本学"和"自然学"。费尔巴哈指出："新哲学将人连同作为人的基础的自然当作哲学唯一的、普遍的，最高的对象——因而也将人本学连同自然学当作普遍的科学。"[1] 在《未来哲学原理》中，费尔巴哈对"人本学"进行了详细的阐发，但是，对于"自然学"，和《关于哲学改造的临时纲要》一样，费尔巴哈基本上没有进行阐发。

客观来说，要批判费尔巴哈哲学，其实是相当有难度的，一个非常重要的原因是：费尔巴哈的观点其实是非常复杂甚至自相矛盾的。如果像《神圣家族》那样纠缠于细枝末节，必然会陷入其中无法自拔。为此，马克思采取了一种超乎寻常的批判进路。《关于费尔巴哈的提纲》第 1 条开门见山地指出：

> 从前的一切唯物主义（包括费尔巴哈的唯物主义）的主要缺点是：对对象、现实、感性，只是从**客体**的或者**直观**的形式去理解，而不是把它们当作**感性的人的活动**，当作**实践**去理解，不是从主体方面去理解。因此，和唯物主义相反，**能动**的方面却被唯心主义抽象地发展了，当然，唯心主义是不知道现实的、感性的活动本身的。费尔巴哈想要研究跟思想客体确实不同的感性客体：但是他没有把人的活动本身理解为**对象性的**[gegenständliche]活动。因此，他在《基督教的本质》中仅仅把理论的活动看作真正人的活动，而对于实践则只是从它的卑污的犹太人的表现形式去理解和确定。因此，他不了解

---

[1] ［德］路德维希·费尔巴哈：《费尔巴哈哲学著作选集》（上卷），荣震华、李金山等译，北京：商务印书馆，1984 年版，第 184 页。

"革命的"、"实践批判的"活动的意义。[1]

很显然,马克思根本没有纠缠于费尔巴哈哲学的细枝末叶,而是把从前的一切唯物主义和唯心主义放在一起进行批判,费尔巴哈的唯物主义仅仅作为唯物主义的一种。虽然如此,却并不影响批判的效果。因为把从前的一切唯物主义(包括费尔巴哈的唯物主义)和唯心主义放在一起比较,彼此的优劣高低自然显现。值得注意的是,在这里,马克思直接将费尔巴哈哲学定位为唯物主义,这是极其不容易的,因为此时的费尔巴哈一直极力撇清自己与唯物主义的关系,否认自己的"唯物主义者"身份。马克思能从费尔巴哈的"人本学"阐发和初步的"自然学"声明中敏锐而准确地把握到费尔巴哈哲学中体现出来的"唯物主义"哲学思想和方法论,实际上是相当不容易的。在批判从前的一切唯物主义和唯心主义的同时,马克思实际上提出了一种"感性的人的活动的""实践的""革命的,实践批判的活动的"唯物主义世界观。

在《关于费尔巴哈的提纲》第 9 条中,马克思指出:"直观的唯物主义,即不是把感性理解为实践活动的唯物主义,至多也只能达到对单个人和市民社会的直观。"[2] 在这里,马克思批判费尔巴哈的"直观唯物主义"不是把感性理解为实践活动的唯物主义,我们反其意而用之,将此时马克思的"新唯物主义"定位为"实践活动的"唯物主义,从而与"旧唯物主义"区别,应该也算妥当。

---

1 《马克思恩格斯文集》(第 1 卷),北京:人民出版社,2009 年版,第 499 页。
2 《马克思恩格斯文集》(第 1 卷),北京:人民出版社,2009 年版,第 502 页。

二、"实践的"认识方法对"感性直观"的认识方法的超越

基于"发生学观点的批判哲学"的理论逻辑,费尔巴哈用经验主义否定了黑格尔的理性主义,提出了"感性直观"的经验主义认识方法。

在《基督教的本质》中,费尔巴哈谈到了自己对于"真理"的理解。费尔巴哈认为:"存在、实存之概念,是真理之首先的、发端的概念。或者说,在开始时,人使真理依赖于实存;只是到了后来,才是实存依赖于真理。"[1]在《未来哲学原理》第58条中,费尔巴哈指出:"真理并不存在于思维之内,并不存在于自为的认识之内。真理只是人的生活和本质的总体。"[2]在费尔巴哈看来,先有实存,才有真理,让实存依赖于真理,只是到了后来,真理不是一个认识问题,真理只是人的生活和本质的总体,很显然,在真理观的问题上,费尔巴哈依然贯彻了"发生学观点的批判哲学"的思想方法。在《未来哲学原理》的第48条中,费尔巴哈详细谈论了抽象的思维和感性直观之间的关系。

> 实际事物并不能全部反映在思维中,而只能片段地部分地反映在思维中。……思维并不是直线地,与自身相同一地向前进行,而是被感性直观所打断。只有那通过感性直观而确定自身,而修正自身的思维,才是真实的,反映客观的思

---

1 [德]路德维希·费尔巴哈:《费尔巴哈哲学著作选集》(下卷),荣震华、王太庆、刘磊译,北京:商务印书馆,1984年版,第45页。
2 [德]路德维希·费尔巴哈:《费尔巴哈哲学著作选集》(上卷),荣震华、李金山等译,北京:商务印书馆,1984年版,第185页。

维——具有客观真理性的思维。……思维也就没有别的真理标准,只有一个与理念,与思维并不矛盾的东西——亦即一个仅仅是形式的,主观的标准,这个标准是不能决定思维中的真理也就是实际上的真理的。能决定这一点的唯一标准,乃是直观。……但是感性直观正是思维的对方。直观是在最广泛的意义下了解事物,思维则是在最狭隘的意义下了解事物,直观给事物以无限制的自由,思维则给事物以规律,但是这些规律常常只是强制的,直观使头脑清明,但是不做任何规定和决定;思维则规定头脑,但是常常也限制头脑;直观并无任何原理,思维自身是没有生命的,法则是思维的事情,法则的例外则是直观的事情。由此可见,既然只有为思维所规定的直观,才是真正的直观;反过来说,也只有为直观所启发的思维,才是真实的现实界的思维。[1]

马克思在《关于费尔巴哈的提纲》第 5 条中直接针对费尔巴哈《未来哲学原理》中的第 48 条提出了批评,马克思指出:"费尔巴哈**不满意抽象的思维而喜欢直观**;但是他把感性不是看作**实践的、人的感性的活动**。"[2] 在这里,马克思提出了"实践的、人的感性活动的"认识方法,直接否定了费尔巴哈的"感性直观"的经验主义认识方法。

在《关于费尔巴哈的提纲》第 2 条中,马克思更是把批判的矛头对准了所有传统认识论意义上的真理观,当然,费尔巴哈的思想方法也在批判之列。马克思一针见血地指出:

---

[1] [德]路德维希·费尔巴哈:《费尔巴哈哲学著作选集》(上卷),荣震华、李金山等译,北京:商务印书馆,1984 年版,第 178—179 页。
[2] 《马克思恩格斯文集》(第 1 卷),北京:人民出版社,2009 年版,第 501 页。

人的思维是否具有客观的[gegenständliche]真理性,这不是一个理论的问题,而是一个**实践的**问题。人应该在实践中证明自己思维的真理性,即自己思维的现实性和力量,自己思维的此岸性。关于思维——离开实践的思维——的现实性或非现实性的争论,是一个纯粹**经院哲学**的问题。[1]

至此,马克思用自己的"实践的"认识方法,彻底超越了费尔巴哈的"感性直观"的认识方法,也超越了以往一切仅仅从理论上证明思维的真理性的认识方法。

三、人的"社会的""实践"本质对人的"自然的""类"本质的颠覆

我们知道,在"人的本质"问题上,早在《1844年经济学哲学手稿》《詹姆斯·穆勒〈政治经济学原理〉一书摘要》和《评一个普鲁士人的〈普鲁士国王和社会改革〉一文》中,马克思就对"人的本质"进行了第一次阐发。《关于费尔巴哈的提纲》中关于"人的本质"的观点,实际上是第一次阐发之后的第二次比较系统的阐发。

在"人的本质"问题上,费尔巴哈是相当复杂的,其前期和后期的观点不仅多有不同,甚至自相矛盾。在本书的"导言"中,笔者也曾对这一问题进行过粗略的梳理。在这里,我们不妨详细说明一下马克思在撰写《关于费尔巴哈的提纲》时所面对的费尔巴哈的"人的本质"观。

早在1839年发表的《黑格尔哲学批判》中,费尔巴哈就指出:

---

1 《马克思恩格斯文集》(第1卷),北京:人民出版社,2009年版,第500页。

哲学上最高的东西是人的本质。人的形象不是一个局限的、有限的形象,……它是多种多样的动物的类,但是这个类在人中间不再是作为"属",而是作为"类"而存在的。人不再是一个特殊的、主观的实体,而是一个普遍的实体。[1]

在这里,我们可以看出,在费尔巴哈眼里,人是作为"自然"中的一个"类"而存在的一种"普遍的实体",那么,人的本质必然就是人的类本质。对于这一立场,费尔巴哈坚持了一生。

1841年,费尔巴哈发表了《基督教的本质》。在该书"导论"的第一章"概论人的本质"中,费尔巴哈详细阐述了自己的"人的本质"观。由于《基督教的本质》一书的主旨是批判宗教,因此,在概论"人的本质"问题时,费尔巴哈是从宗教开始的,"宗教根源于人跟动物的本质区别:动物没有宗教"[2]。可是,究竟什么是人跟动物的本质区别呢?费尔巴哈首先指出,对这个问题的最简单、最一般、最通俗的回答是"意识",但是,费尔巴哈立刻补充说,这里所说的意识是"在严格意义上的"。按照费尔巴哈的说法,就自我感或感性的识别力这一意义而言,就根据一定的显著标志而做出的对外界事物的知觉甚或判断这一意义而言,那么,这样的意识,很难说动物不具备。但是,"只有将自己的类、自己的本质性当作对象的那种生物,才具有最严格意义上的意识"[3]。费尔巴哈进而分析道:

---

1 [德]路德维希·费尔巴哈:《费尔巴哈哲学著作选集》(上卷),荣震华、李金山等译,北京:商务印书馆,1984年版,第83页。
2 [德]路德维希·费尔巴哈:《费尔巴哈哲学著作选集》(下卷),荣震华、王太庆、刘磊译,北京:商务印书馆,1984年版,第26页。
3 [德]路德维希·费尔巴哈:《费尔巴哈哲学著作选集》(下卷),荣震华、王太庆、刘磊译,北京:商务印书馆,1984年版,第26页。

动物固然将个体当作对象,因此它有自我感,但是,它不能将类当作对象,因此它没有那种由知识得名的意识。什么地方有意识,什么地方就有从事科学的才能。科学是对类的意识。在生活中,我们跟个体打交道,而在科学中,我们是跟类打交道。但是,只有将类、自己的本质性当作对象来对待的生物,才能够把别的事物或实体各按其本质特性作为对象。[1]

由此可见,费尔巴哈在这里继续了自己在《黑格尔哲学批判》一文中的观点,那就是,人的本质就是人的类本质。费尔巴哈还指出,人异于动物的本质,不仅是宗教的基础,而且是宗教的对象。可是,宗教是对无限的东西的意识;就是说,宗教是,而且只能是人对自己的本质——不是有限的、有止境的,而是无限的本质——的意识。按照费尔巴哈的逻辑,我们不妨做这样的推论:宗教的本质就是人的本质,宗教是对无限的东西的意识,人的本质自然也应该是对人的无限的本质的意识,而人的这个"无限的本质",应该超乎"个别的人"之上,存在于作为"类"的人中。那么,人自己意识到的人的本质究竟是什么呢?或者说,在里面形成类,即形成本来的人性的东西究竟是什么呢?费尔巴哈认为,"就是理性、意志、心"。[2] 费尔巴哈指出:

> 一个完善的人,必定具有思维力、意志力和心力。思维力是认识之光,意志力是品性之能量,心力是爱。理性、爱、意志

---

[1] [德]路德维希·费尔巴哈:《费尔巴哈哲学著作选集》(下卷),荣震华、王太庆、刘磊译,北京:商务印书馆,1984年版,第26页。

[2] [德]路德维希·费尔巴哈:《费尔巴哈哲学著作选集》(下卷),荣震华、王太庆、刘磊译,北京:商务印书馆,1984年版,第27—28页。

力,这就是完善性,这就是最高的力,这就是作为人的绝对本质,就是人生存的目的。人之所以生存,就是为了认识,为了爱,为了愿望。但是,理性的目的是什么呢?就是理性。爱的目的是什么呢?就是爱。意志的目的是什么呢?就是意志自由。我们为认识而认识,我们为爱而爱,为愿望而愿望——愿望得到自由。真正的存在者,是思维着的、爱着的、愿望着的存在者。只有为自己本身而存在着的东西,才是真正的、完善的、属神的。而爱、理性、意志,就正是这样,在人里面而又超乎个别的人之上的属神的三位一体,就是理性、爱和意志的统一。理性(想象、幻想、表象、见解)、意志、爱或心,并不是人所具有的力量;因为,没有了它们,人就等于乌有,只是凭借它们,他才成其为人,它们是给既非他所具有,也非他所创造的他的本质奠定基础的要素,它们是鼓舞他、规定他、统治他的权力——是属神的、绝对的权力,这种权力是人所不能违抗的。[1]

至此,我们可以看出,在费尔巴哈眼里,人的本质就是人的类本质,就是理性、意志、心。在该著作的"结束语"中,费尔巴哈明确指出,神学之秘密是人本学,属神的本质之秘密,就是属人的本质。但是,宗教并没有意识到自己的内容是属人的;倒不如说它使自己跟属人的东西相对立,或者,至少是不承认自己的内容是属人的内容。因此,历史上必然会出现这样一个转折点,到那时,人们就公开地供认和承认,对上帝的意识不外乎就是对类的意识;人所能够

---

[1] [德]路德维希·费尔巴哈:《费尔巴哈哲学著作选集》(下卷),荣震华、王太庆、刘磊译,北京:商务印书馆,1984年版,第28页。

和应当超越的,只不过是自己的个体性或人格性之界限,而并不是自己所属的类之规律、本质规定;除了属人的本质以外,人不能够把任何别的本质当作绝对的、属神的本质来思维、拟想、表象、感觉、信仰、期望、爱和尊崇。至此,费尔巴哈的"人的本质"观得以全面系统地被阐述。

1843年,《关于哲学改造的临时纲要》和《未来哲学原理》得以发表。在这两本著作里,费尔巴哈非常全面系统地阐述了自己的新哲学,其中,"人的本质"问题也得到了更为清晰的说明。在《关于哲学改造的临时纲要》中,费尔巴哈指出,"自然是人的根据"[1],新哲学、新真理"是一种新的、自主的人类的行动"[2]。在随后发表的《未来哲学原理》中,费尔巴哈指出,"新哲学将人连同作为人的基础的自然当作哲学唯一的、普遍的、最高的对象——因而也将人本学连同自然学当作普遍的科学"[3]。在费尔巴哈看来,艺术、宗教、哲学或科学,只是真正的人的本质的现象或显示。在这里,费尔巴哈还特别把"我是一点也不排斥人性的东西的人"作为自己新哲学的口号。[4]

值得强调的是,费尔巴哈新哲学中的"人",是"一般的人""与人共存的人",而不是"孤立的人""个别的人",因为,在费尔巴哈看来,

---

[1] [德]路德维希·费尔巴哈:《费尔巴哈哲学著作选集》(上卷),荣震华、李金山等译,北京:商务印书馆,1984年版,第116页。

[2] [德]路德维希·费尔巴哈:《费尔巴哈哲学著作选集》(上卷),荣震华、李金山等译,北京:商务印书馆,1984年版,第119页。

[3] [德]路德维希·费尔巴哈:《费尔巴哈哲学著作选集》(上卷),荣震华、李金山等译,北京:商务印书馆,1984年版,第184页。

[4] 参见[德]路德维希·费尔巴哈:《费尔巴哈哲学著作选集》(上卷),荣震华、李金山等译,北京:商务印书馆,1984年版,第184页。

> 孤立的、个别的人，不管是作为道德实体或作为思维实体，都未具备人的本质。人的本质只是包含在团体之中，包含在人与人的统一之中，但是这个统一只是建立在"自我"和"你"的区别的实在性上面的。[1]

最终，费尔巴哈认为，他的作为人的哲学的新哲学主要也是为人的哲学，"本质上具有一种实践倾向，而且是最高意义下的实践倾向。新哲学替代了宗教，它本身包含着宗教的本质，事实上它本身就是宗教"[2]。费尔巴哈从宗教出发，最终又回到宗教，当然，这个宗教不是基督教或者其他宗教，而是费尔巴哈自己所创立的"爱的宗教"。

综上所述，我们认为，在马克思写下《关于费尔巴哈的提纲》之前，费尔巴哈对"人的本质"的理解，还是一种"自然的""类"本质理解模式。事实上，后来费尔巴哈把"人的本质"理解为"欲望"，[3]其实也是一种"自然的""类"本质理解模式，只不过是在"自然的"内涵上有所不同而已，前面强调"理性、意志、心"，后面强调"欲望"。

在《关于费尔巴哈的提纲》的11个条目中，第6、7、8条形成一个逻辑整体，马克思在"人的本质"这一问题上阐发了自己的新观点。为了更为准确地理解马克思的说法，我们在这里把《关于费尔巴哈的提纲》的第6、7、8条作为一个整体引用如下：

---

[1] ［德］路德维希·费尔巴哈：《费尔巴哈哲学著作选集》（上卷），荣震华、李金山等译，北京：商务印书馆，1984年版，第185页。

[2] ［德］路德维希·费尔巴哈：《费尔巴哈哲学著作选集》（上卷），荣震华、李金山等译，北京：商务印书馆，1984年版，第186页。

[3] "人的本质是欲望"这一费尔巴哈关于"人的本质"问题的最终观点，我们在"前言"中已经详细阐释，考虑到这是费尔巴哈后来得出的结论，并非马克思所直接面对的费尔巴哈，这里不再赘述。

费尔巴哈把宗教的本质归结于**人的**本质。但是，人的本质不是单个人所固有的抽象物，在其现实性上，它是一切社会关系的总和。

费尔巴哈没有对这种现实的本质进行批判，所以他不得不：

（1）撇开历史的进程，把宗教感情固定为独立的东西，并假定有一种抽象的——**孤立的**——人的个体。

（2）因此，本质只能被理解为"类"，理解为一种内在的、无声的，把许多个人**自然地**联系起来的普遍性。

因此，费尔巴哈没有看到，"宗教感情"本身是社会的产物，而他所分析的抽象的个人，是属于一定的社会形式的。

全部社会生活在本质上是**实践的**。凡是把理论引向神秘主义的什么东西，都能在人的实践中以及对这种实践的理解中得到合理的解决。[1]

不难看出，在"人的本质"问题上，马克思在批判费尔巴哈的"自然的""类"本质观点的同时，提出了自己的"社会的""实践"本质观。显而易见的是，在此时的马克思看来，人的本质恰恰不是人的"类"本质、"普遍性"本质，而是"现实性的本质"，"是一切社会关系的总和"，而且不能撇开"历史的进程"，也只能在人的社会实践过程中去理解。由此，马克思完全颠覆了费尔巴哈的"人的本质"观，确立了自己的历史的、社会的、现实的、实践的"人的本质"观。很显然，在《关于费尔巴哈的提纲》中，"人的本质"问题已经不是马克思思考问题的出发点，相反，这一问题是被放在"实践"这一更为

---

1 《马克思恩格斯文集》（第1卷），北京：人民出版社，2009年版，第501页。

根本的概念的范围之内进行阐释的。

我们认为,究竟是从"人"出发来理解历史,还是把人放在"历史"中去理解,这才是"实践活动的"唯物主义和"历史的"唯物主义在"人的本质"上的根本区别。相较于"历史的"唯物主义,"实践活动的"唯物主义的人道主义的色彩已经大为淡化,但是,它只是强调了历史发展的动力——人的社会实践活动,至于历史是如何发生的、人是如何生成的,"实践活动的"唯物主义并没有提供清晰的答案。

四、"实践活动的"唯物主义在马克思主义哲学史上的再定位

正如费尔巴哈通过批判黑格尔建立自己的哲学一样,马克思通过批判费尔巴哈也建立了自己的哲学。通过批判费尔巴哈,马克思发现,一种建立在"人"的基础上的哲学不可能是唯物主义的,一种建立于"自然"基础上的唯物主义不可能是彻底的唯物主义的,费尔巴哈只是通过改变语言的方式而重新建构了形而上学,但是,在马克思看来,"人"并不是哲学的基础,因为"人"并不是现成的自然实体与存在物。也正是因为如此,马克思把自己的结论没有落脚到费尔巴哈的"人"和"自然"上,而是落脚到"实践"和"社会"上,他试图通过"社会的""实践活动"来重新定位哲学,这就是"实践活动的"唯物主义哲学。

在《路德维希·费尔巴哈和德国古典哲学的终结》的"1888年单行本序言"中,恩格斯指出:

> 这是匆匆写成的供以后研究用的笔记,根本没有打算付印。但是它作为包含着新世界观的天才萌芽的第一个文献,

是非常宝贵的。[1]

恩格斯对于《关于费尔巴哈的提纲》的这个叙述,发生在43年之后。我们认为,除了"匆匆写成"这一点之外,其他的评价是客观准确的。尤其值得注意的是,恩格斯并没有把《关于费尔巴哈的提纲》所表达出来的新世界观,即"实践活动的"唯物主义等同于"唯物史观",而只是认为《关于费尔巴哈的提纲》中包含着新世界观的"天才萌芽"。事实上,我们认为,"实践活动的"唯物主义只是马克思继在《神圣家族》中阐发出"历史的"唯物主义之后对唯物主义历史观的第二次阐述,这次阐述的最大贡献,就是发现了历史发展的动力问题。但是,历史运行的规律问题,这里还根本没有涉及。

我们知道,费尔巴哈哲学的出发点是宗教,因此,在费尔巴哈的理论体系中,人类的历史仅仅限于宗教的历史,可是,我们知道的是,宗教的历史远不能代表人类历史的全貌,于是,对于人类历史的解释就成为费尔巴哈哲学的一个极其薄弱的领域。因此,与费尔巴哈"人本学"和"自然学"相对应而提出的"实践活动的"唯物主义,虽然较"现实人道主义"有了一定突破,但是,说到底还是从"人的社会实践活动"出发来理解历史,只是指明了历史发展的动力问题,并不能回答历史的运行规律问题。

事实上,在费尔巴哈那里,"人本学"和"自然学"之所以能够并存不悖,根本原因在于费尔巴哈哲学中还包含更为基础的另一重哲学思想和方法论,那就是"发生学观点的批判哲学"。按照这种哲学思想和方法论,费尔巴哈的"人本学"就是一种具有自然史特性的"唯物主义人本学"。很显然,这种"唯物主义人本学"本身也

---

[1] 《马克思恩格斯文集》(第4卷),北京:人民出版社,2009年版,第266页。

具有"历史"的维度,不过,这种"历史"不是人类史,而是自然史。也就是说,这种"历史"不是把人当作历史的主体,而是把人当作自然的产物。

可是,马克思从来都不曾把思考的重心放在自然上面,相反,马克思一直把研究重点放在社会方面。早在1843年3月13日写给卢格的信中,马克思就曾经指出费尔巴哈强调自然过多而强调政治太少。在1844年8月11日写给费尔巴哈的信中,马克思明确指出:

> 建立在人们的现实差别基础上的人与人的统一,从抽象的天上降到现实的地上的人类这一概念。如果不是**社会**这一概念,那是什么呢?[1]

在这里,马克思把"人类"和"社会"等同理解。在《关于费尔巴哈的提纲》第10条中,马克思指出:"旧唯物主义的立脚点是市民社会,新唯物主义的立脚点则是人类社会或社会的人类。"[2] 很显然,马克思认为包括费尔巴哈唯物主义在内的"旧唯物主义"的立脚点是"市民社会",而自己的"新唯物主义"的立脚点是"人类社会或社会的人类"。不难看出,在此时的马克思看来,人类是"社会的"人类,社会是"人类的"社会,两者本来就是一回事。由此可见,马克思的"新唯物主义"实际上是一种关于"人类社会"的理论,更多体现为一种历史观。

我们认为,要实现对费尔巴哈哲学的全面超越,马克思还有一

---

1 《马克思恩格斯全集》(第47卷),北京:人民出版社,2004年版,第73—74页。
2 《马克思恩格斯文集》(第1卷),北京:人民出版社,2009年版,第502页。

个非常重要的任务,那就是彻底扬弃费尔巴哈的具有"自然"意义的"发生学观点的批判哲学",建立一种具有"社会"意义的"发生学观点的批判哲学",来说明人类社会历史运行的客观规律。因此,马克思的唯物主义历史观还面临着一次最为重要的转变,即从"实践活动的"唯物主义向"唯物史观"的转变。

第六章 《德意志意识形态》时期马克思对费尔巴哈哲学的全面超越

> 我们仅仅知道一门唯一的科学，即历史科学。历史可以从两方面来考察，可以把它划分为自然史和人类史。但这两方面是不可分割的；只要有人存在，自然史和人类史就彼此相互制约。自然史，即所谓自然科学，我们在这里不谈；我们需要深入研究的是人类史，因为几乎整个意识形态不是曲解人类史，就是完全撇开人类史。意识形态本身只不过是这一历史的一个方面。[1]
>
> ——马克思

被马克思誉为"英国唯物主义和整个现代实验科学的真正始祖"[2]的培根曾经说过这样一句话，"在黑暗之中所有的颜色都是一样的"[3]，用以说明以盲目的愚昧为基础的虚假的宗教统一。作

---

1 《马克思恩格斯文集》(第1卷)，北京：人民出版社，2009版，第516、519页脚注。
2 《马克思恩格斯文集》(第1卷)，北京：人民出版社，2009版，第331页。
3 [英]弗兰西斯·培根：《培根论说文集》，水天同译，北京：商务印书馆，1983年版，第14页。

为各种意识形态之一的宗教如此,各种意识形态亦如此。由于从施特劳斯到施蒂纳的整个德国哲学批判都局限于对宗教观念的批判,因此,所有的批判得出的结论仍旧不过是另一种形式的"德意志意识形态"。马克思看清楚了这一点,他更为关注的是德国哲学和德国现实之间的联系问题,于是,"德意志意识形态"本身成了他批判的对象。

考虑到《德意志意识形态》的写作时间跨度较大,而且其中体现出来的具有初步雏形的马克思主义的各个不同组成部分在理论推进上并不同步,尤其是马克思的共产主义思想的形成在《德意志意识形态》之后还持续了一段时期,而且马克思的共产主义思想的形成在很大程度上是与批判"真正的社会主义"这一社会思潮联系在一起的,并且这种"真正的社会主义"思潮实际上是费尔巴哈哲学理论逻辑的一种社会学延伸。因此,我们把本章所要讨论文本的时间区间延后到了马克思、恩格斯合作完成的《共产党宣言》时期。当然,无须置疑的是,我们的讨论焦点依然是《德意志意识形态》本身,只有在涉及其他文本的地方,才会将其纳入讨论。

在《神圣家族》中,马克思的"现实人道主义"世界观开始运用于历史领域,产生了"历史的"人道主义和"历史的"唯物主义的双重理论逻辑。之后,在《关于费尔巴哈的提纲》中,马克思创立了"实践活动的"唯物主义,全面扬弃了费尔巴哈的"唯物主义人本学"。再后来,在《德意志意识形态》中,马克思形成了"唯物史观",彻底超越了费尔巴哈的"发生学观点的批判哲学"。显而易见的是,这一过程主要是通过对费尔巴哈的批判实现的。与对黑格尔的批判贯穿了马克思的整个学术生涯这一特点有所不同的是,马克思对费尔巴哈的批判是在一个比较短的时期内通过连续批判的方式完成的。《德意志意识形态》是马克思在这一时期完成的最重要的一部著作,虽然一些哲学思想和方法论尚在完善之中,但就其内容的丰富性而言,这部著作堪称"马克思主义的百科全书"。

第一节
《德意志意识形态》的形成过程和文本结构

对于理论斗争而言,对手的对手也是对手。19世纪30—40年代,在德国思想领域,就发生了这样一场"人人都是对手"的理论混战。这场理论混战的第一个发言人是施特劳斯,发言的题目是《耶稣传》,之后,布鲁诺·鲍威尔、费尔巴哈、赫斯、马克思、恩格斯、施蒂纳等人纷纷出场,轮番上阵厮杀。最后,马克思做了总结发言,发言的题目是《德意志意识形态》,为这场理论混战盖棺定论。

一、《德意志意识形态》的形成过程

早在马克思不断扩充他和恩格斯合著的批判布鲁诺·鲍威尔及其伙伴的《神圣家族》时,恩格斯于1844年11月19日致信马克思,十分详细地谈论了施蒂纳将要出版的《唯一者及其所有物》一书。[1] 从这封信的内容来看,此时恩格斯的世界观和此时马克思的世界观一样,是"现实人道主义"。在这里,恩格斯批判了施蒂纳

---

1 参见《马克思恩格斯全集》(第47卷),北京:人民出版社,2004年版,第328—331页。

的利己主义,可是,恩格斯同时也认为施蒂纳的利己主义原则是重要的、正确的,"我们也必须吸收"[1]。马克思的回信我们没有看到,但是,大约1845年1月20日,恩格斯又给马克思写了一封信,其中再次谈到施蒂纳的《唯一者及其所有物》。恩格斯是这样说的:

> 说到施蒂纳的书,我完全同意你的看法。我以前给你写信的时候,还太多拘泥于该书给我的直接印象,而在我把它放在一边,能更深入地思考之后,我也发现了你所发现的问题。赫斯(他还在这里,两星期前我在波恩同他交谈过)动摇一阵之后,也同你的看法一致了。他给我念了一篇他即将发表的评论该书的文章,[2]他在这篇文章中表明了同样的意见,而那时他还没有看到你的信。[3]

由此可见,马克思在得知施蒂纳的《唯一者及其所有物》后,立刻阅读了这本书,并给恩格斯写了回信。马克思在回信中表达了自己不同于恩格斯的看法,对施蒂纳进行了批判。至于此时的马克思是如何批判施蒂纳的,由于马克思的这封信没有保存下来,所以我们不得而知。按照恩格斯的说法,赫斯在《晚近的哲学家》一文中表明了和马克思同样的意见,那么,马克思的看法就可以参照赫斯《晚近的哲学家》一文中的观点。浏览《晚近的哲学家》一文,我们可以看出,此时的赫斯,与此时的马克思和恩格斯一样,也持有"现实人道主义"的世界观。但是,与此时的马克思有所不同的

---

1 《马克思恩格斯全集》(第47卷),北京:人民出版社,2004年版,第329页。
2 指赫斯的《晚近的哲学家》一文。
3 《马克思恩格斯全集》(第47卷),北京:人民出版社,2004年版,第334页。

是,赫斯的"现实人道主义"更接近费尔巴哈的"人本学"。在这一点上,赫斯和恩格斯的观点较为接近。当然,两人还是有所不同:恩格斯比较强调"经验的、肉体的个人",赫斯则比较强调"现实的类的存在"。因此,我们认为,此时的恩格斯,由于并没有领会马克思对施蒂纳的批判方法,导致了这里对马克思对施蒂纳的看法的理解不准确。在这里,恩格斯在理论推进方面表现出来的明显晚于马克思的实际状况,也直接证明了我们认为《神圣家族》中的基本方法和核心观点都源于马克思的看法。

事实上,刚刚完成《神圣家族》的马克思,已经着手写作批判施蒂纳的文章,这一点可以从马克思1844年底或1845年初写给亨利希·伯恩施太因[1]的信中看出来:"我不可能在下个星期以前把批判施蒂纳的文章交给您了……我的文章您下个星期可以收到。"[2] 由此可见,此时的马克思应该正在写一篇批判施蒂纳的文章。当然,后来并没有发现这篇文章。我们认为,此时的马克思,应该是出现了和写作《神圣家族》时同样的问题:由于批判对象非常复杂冗长,导致批判文章越写越长,一时难以定稿,最终的定稿就是《德意志意识形态》的"圣麦克斯"部分。如果我们把《德意志意识形态》的这个"圣麦克斯"部分和《神圣家族》放在一起进行对比,就会发现,两者在写作风格上惊人的相似,完全是出自同一作者之手。与此同时,我们知道的是,马克思被法国政府驱逐出境,导致写作一度中断。后来,马克思把这一内容纳入《德意志意识形态》的"莱比锡宗教会议"部分,因此,独立的批判施蒂纳的文章就

---

1 亨利希·伯恩施太因(1805—1892)——德国政治家,小资产阶级民主主义者;1842年起住在巴黎,1844年是《前进报》的创办人和编辑,德国军团领导人之一(1848);1849年流亡美国;站在北部方面参加美国内战;19世纪50年代为美国报纸《西方公报》的出版者;阿尔诺德·伯恩哈德·卡尔·伯恩施太因的哥哥。
2 《马克思恩格斯全集》(第47卷),北京:人民出版社,2004年版,第332页。

不复存在了。

我们认为,在《神圣家族》中,马克思对"现实人道主义"世界观进行了"历史的"人道主义阐发,其背后隐藏的,是一种"历史的"唯物主义的思维范式,但是,值得注意的是,马克思一生都没有指明这一点。《神圣家族》尚未出版,施蒂纳的《唯一者及其所有物》横空出世,马克思趁热打铁,扔下刚刚准备重新拾起的《政治和国民经济学批判》,立刻动手批判施蒂纳,而对施蒂纳的批判,彻底改变了马克思原有的"现实人道主义"世界观。我们认为,正是在批判施蒂纳的过程中,马克思觉得有必要对费尔巴哈哲学进行彻底的批判。1845年春,马克思在再一次系统研究了费尔巴哈的核心著作后,写下了《关于费尔巴哈的提纲》。

1845年5月,赫斯发表《晚近的哲学家》一文,批判了布鲁诺·鲍威尔和施蒂纳。1845年6月,费尔巴哈发表《因〈唯一者及其所有物〉而论〈基督教的本质〉》一文,作为对施蒂纳的回击。1845年10月出版的《维干德季刊》第3卷上,鲍威尔和施蒂纳再次发文批判费尔巴哈,捎带攻击了马克思、恩格斯和赫斯。在这样的背景下,马克思决定和恩格斯、赫斯一起回击鲍威尔和施蒂纳。由于《维干德季刊》出版于莱比锡,所以将书定名为《莱比锡宗教会议》,由于马克思已经在《神圣家族》中全面批判过鲍威尔及其伙伴,所以《莱比锡宗教会议》的核心内容就成了马克思已经写作完成的"圣麦克斯"部分。从这个意义上讲,"圣麦克斯"部分实际上就是《神圣家族》一书的继续,只不过是在这个"神圣家族"中多了一个重量级的选手——施蒂纳。

此时,马克思最主要的批判点逐渐转移到费尔巴哈身上。正是在批判施蒂纳的过程中,马克思找到了批判费尔巴哈的理论武器——唯物史观。可是,虽然费尔巴哈与布鲁诺·鲍威尔和施蒂纳有共同之处,但毕竟不同,尤其不能贯以"圣"字相称,不便划入同一理论阵营,而且费尔巴哈的重要性要远大于鲍威尔和施蒂纳,批判费尔巴哈也意味着马克思要批判自己、恩格斯和赫斯。于是,马克思决定撰写"费尔巴哈"部分,整体批判费尔巴哈、布鲁诺·鲍威尔和施蒂纳,重点批判费尔巴哈,并将这一部分置于"莱比锡宗教会议"之前。这样,《德意志意识形态》第一卷的三章的结构得以完整确立。

当然,值得注意的是,《德意志意识形态》第一卷的"圣麦克斯"章和"费尔巴哈"章,在写作的时间上应该是有所重叠的。最有可能的情况是:马克思先写批判施蒂纳的文章,写作过程中发现有必要批判费尔巴哈,于是写下《关于费尔巴哈的提纲》,之后又写作"费尔巴哈"章。

二、《德意志意识形态》的文本结构

按照《马克思恩格斯全集(历史考证版)》(简称 MEGA2)的出版原则,我们现在看到的《1844 年经济学哲学手稿》和《德意志意识形态》这两个文本并不存在,它们都是由许多篇文稿所组成的,其实并不是一个完整的整体。我们认为,MEGA2 的这种出版原则或许可以还原文本的客观存在状况,但是,这种出版原则对于真正还原文本的真实意义来说并不是一种科学的思路,而是一种近乎迂腐的做法。只要我们回到马克思的文本中,就不难看出,这两个文本的存在不仅是客观的实际,更反映了马克思本人主观的意图。当然,"1844 年经济学哲学手稿"这一题目并没有准确体现马克思本人的打算,这一点我们已经在前文中阐明,但是,"德意志意识形态"这一题目则完全是马克思本人的想法。

我们知道,《德意志意识形态》这一文本一开始并没有题目,但是,在完成这一文本的一年之后,在《驳卡尔·格律恩》一文中,马克思明确了提到了这部著作的题目。"这篇评论[1]是对**弗·恩格斯和我合写的'德意志思想体系'**(对以费尔巴哈、布·鲍威尔和施蒂纳为代表的现代德国哲学和以各式各样的预言家为代表的**德国社会主义**的批判)一书的补充。"[2]显而易见的是,对于马克思而言,这部著作不仅是完整的,而且题目是非常明确的,即主标题为"德意志思想体系",副标题为"对以费尔巴哈、布·鲍威尔和施蒂纳为代表的现代德国哲学和以各式各样的预言家为代表的德国社会主义的批判"。当然,这里的"德意志思想体系"和"德意志意识形态"并没有什么实质的区别,只不过是中文的译法不同,早期国内译介时使用了前者,后来习惯于用后者。

我们知道,费尔巴哈的《基督教的本质》一书的两个部分分别是"宗教之真正的,即人本学的本质"和"宗教之不真的(神学的)本质",一真一假,矛盾关系清晰。施蒂纳的《唯一者及其所有物》一书的两个部分分别是"人"和"我",一破一立,对立关系明确。这两部著作中的两个部分,存在着理论逻辑上的对应关系。事实上,《德意志意识形态》第一卷的"圣麦克斯"章也是由两部分构成的,即"唯一者及其所有物"和"辩护性的评注"。其中第一部分"唯一者及其所有物"也是由"旧约:人"和"新约'我'"两部分构成。很显然,在这里,马克思是"以其人之道还治其人之身":施蒂纳的《唯一者及其所有物》分两部分,一破一立,马克思的批判也相应分为两部分,一破一立。从根源上来说,这种著作结构实际上沿袭的是

---

[1] 指《德意志意识形态》第二卷第四章"卡尔·格律恩。'法兰西和比利时的社会运动'(1845年达姆斯塔德版)或'真正的社会主义'的历史编纂学"。
[2] 《马克思恩格斯全集》(第4卷),北京:人民出版社,1958年版,第43页。

《圣经》的结构,即分为"旧约"和"新约"。

从《德意志意识形态》的全名可以看出,该书的文本结构是两卷本,第一卷为"对以费尔巴哈、布·鲍威尔和施蒂纳为代表的现代德国哲学的批判",第二卷为"对以各式各样的预言家为代表的德国社会主义的批判"。显而易见的是,《德意志意识形态》承袭了费尔巴哈的《基督教的本质》和施蒂纳的《唯一者及其所有物》两本著作的文本结构,这两个组成部分之间也存在着理论逻辑上的对应关系。

那么,《德意志意识形态》的这两个部分之间,究竟是一种什么样的对应关系呢?我们认为,前者是后者的哲学基础,后者是前者的社会学表现。马克思也曾指出,"真正的社会主义"(即"以各式各样的预言家为代表的德国社会主义")是"德国的社会哲学"。[1]因此,仅仅批判前者而不批判后者的批判方式是片面的,反之,仅仅批判后者而不批判前者的批判方式是肤浅的。于是,马克思和恩格斯决定一锅烩,在同一部著作中同时批判两者。值得注意的是,《德意志意识形态》的两个部分似乎并不完全对等。学术界一般认为,在费尔巴哈的"人本学"与"真正的社会主义"之间存在着理论逻辑上的因果关系,但是,从理论关联上来说,布鲁诺·鲍威尔和施蒂纳似乎完全和"真正的社会主义"扯不上关系,因此,这种对应关系似乎有不对等之嫌。我们认为,在《德意志意识形态》第一卷中,与其说马克思是在批判费尔巴哈、布鲁诺·鲍威尔和施蒂纳三个人,不如说是在批判整个德国的现代哲学,费尔巴哈、布鲁诺·鲍威尔和施蒂纳三人只不过是最近的三个代表性人物而已。从思想史的角度来看,似乎黑格尔比这些人物更值得马克思去批

---

[1] 参见《马克思恩格斯全集》(第3卷),北京:人民出版社,1960年版,第572页。

判。从意识形态的角度来说,"真正的社会主义"实际上德国现代哲学思维范式在社会学领域表现出来的一种社会思潮而已,因此,这种理论逻辑上的对应关系还是比较合理的。

由于《德意志意识形态》的第一卷最终并没有定稿,我们无法确定马克思心目中那个最终文本的框架结构。我们能够看到的是,这个第一卷有三个组成部分,分别是"序言""费尔巴哈"和"莱比锡宗教会议"。从内容上看,这个"序言"显然是整个第一卷的"序言",交代清楚了所要批判的对象,即现代青年黑格尔派,核心人物是费尔巴哈、布鲁诺·鲍威尔和施蒂纳。至于"费尔巴哈"和"莱比锡宗教会议"两个部分,情况就要复杂得多。从时间先后上来说,这部分内容应该是先介绍费尔巴哈,之后介绍赫斯、马克思和恩格斯,再之后是布鲁诺·鲍威尔和施蒂纳"莱比锡宗教会议",最后是马克思对布鲁诺·鲍威尔、施蒂纳和费尔巴哈的批判。但是,由于马克思本人一开始就卷入其中,而最为要命的是,马克思也要批判以前的自己,于是,就出现了理论逻辑上的困境:究竟如何来叙述这个论战过程。相对来说,"莱比锡宗教会议"部分的逻辑框架是比较清晰的,在这里,我们不妨把理论纷争分成两派,一派是费尔巴哈、赫斯、马克思和恩格斯;另一派是布鲁诺·鲍威尔和施蒂纳,后派对前派展开批判,前派中的马克思对后派进行了反批判。但是,"费尔巴哈"部分的逻辑框架就要复杂得多。最有可能的情况是,马克思通过"莱比锡宗教会议"回击了布鲁诺·鲍威尔和施蒂纳之后,唯物史观也变得愈发清晰起来,于是,马克思写下"费尔巴哈"章,对布鲁诺·鲍威尔、施蒂纳和费尔巴哈一并进行了批判,并从正面阐述了自己的唯物史观。

事实上,恩格斯最终补充完成了《德意志意识形态》第二卷,尽管是在相当长的一段时期以后。对于这一时期的恩格斯来说,他对社会主义和共产主义尤其感兴趣并做了大量工作。早在1845年1月20日,恩格斯就致信马克思,说明了自己的研究计划。"我那本关于英国工人的书(指《英国工人阶级状况》)过两三个星期就能脱稿,然后我要用4个星期的时间写些小文章,再往后就着手搞英国和英国社会主义的发展史。"[1] 在1845年2月22日—3月7日写给马克思的信中,恩格斯顺便说到一件事:

> 我们在这里打算翻译傅立叶的著作,如有可能,干脆出版一套《外国杰出的社会主义者文丛》。最好是从傅立叶的著作开始。翻译的人也找到了。赫斯刚才告诉我,法国出版了一本傅立叶词典,是傅立叶的某个门徒编的。这本词典你大概是知道的。请你马上告诉我关于词典的情况,如有可能,请给我寄一本来。同时,你认为对这一套丛书来说,哪些法国人的著作值得翻译,也请你推荐一些;不过要快,这件事很急,因为我们已经在同一个出版商进行谈判。[2]

很快,马克思就拟定了一份《外国杰出的社会主义者文丛》计划[3],通过赫斯转交恩格斯。1845年3月17日,恩格斯再次致信马克思,详细谈论了这个《文丛》计划,言语之中表现出对于是否能够完成这项工作的担心,但还是表示了无论如何必须使之得以实现的决心。[4] 1845年下半年,恩格斯对沙·傅立叶的《论商业》手稿进行了摘译,并写了"前言"和"结束语",首次批判"真正的社会

---

[1] 《马克思恩格斯全集》(第47卷),北京:人民出版社,2004年版,第336页。
[2] 《马克思恩格斯全集》(第47卷),北京:人民出版社,2004年版,第347页。
[3] 参见《马克思恩格斯全集》(第42卷),北京:人民出版社,1979年版,第272页。
[4] 参见《马克思恩格斯全集》(第47卷),北京:人民出版社,2004年版,第349—350页。

主义"。《德意志意识形态》之后,恩格斯又写下了大量直接和间接、专门和捎带批判"真正的社会主义"的文章,如1846年底—1847年初写的《诗歌和散文中的德国社会主义》、1847年初写的《真正的社会主义》、1847年3—4月写的《德国的制宪问题》、1847年9月26日和10月3日写的《共产主义者和卡尔·海因岑》。此外,恩格斯还和马克思合作,在1846年5月11日写了《反克利盖的通告》,批判真正的社会主义者克利盖。再后来,恩格斯依然和马克思合作,于1847年12月—1848年底起草了《共产党宣言》,最后清算了"真正的社会主义"。如果我们把《德意志意识形态》的稿本如此进行历史性的补充式界定,那么《德意志意识形态》就是一个十分完整的著作,其第二卷主要是由恩格斯完成的。从这个意义上来说,恩格斯当然是《德意志意识形态》当之无愧的第二作者,他确实有权享有这份荣誉。

第二节
"圣麦克斯"章:马克思对施蒂纳的彻底批判

在《神圣家族》中,马克思把法国作家欧仁·苏写的小说中《巴黎的秘密》中的主人公鲁道夫称为"堂吉诃德"[1]。在《德意志意识形态》的"圣麦克斯"章中,马克思把施蒂纳称为"桑乔"。我们知道,在西班牙最伟大的文学巨匠塞万提斯的小说《堂吉诃德》中,"堂吉诃德"和"桑乔"是主人和仆人的关系。当然,对于马克思来说,用"堂吉诃德"和"桑乔"这两个小说中的虚构人物来比喻布

---

[1] 参见《马克思恩格斯全集》(第2卷),北京:人民出版社,1957年版,第265页。

鲁诺·鲍威尔及其伙伴再恰当不过了，当然，这些伙伴中应当包括施蒂纳。因此，我们认为，《德意志意识形态》的"圣麦克斯"章显然是《神圣家族》的直接继续。按照马克思的想法，施蒂纳当然应该是"神圣家族"的一员，而且是极为重要的一员。在我们看来，马克思写作"圣麦克斯"章的情况非常类似于后来恩格斯写作《反杜林论》的情况。对于恩格斯来说，杜林是十分难缠的。同样，对于马克思来说，施蒂纳是不好对付的。恩格斯通过批判杜林，形成了恩格斯理解的马克思主义。马克思通过彻底批判施蒂纳，形成了一系列完全属于马克思自己的观点和方法。

一、马克思何以要不厌其烦地抨击施蒂纳的《唯一者及其所有物》？

相比于费尔巴哈，施蒂纳其实是一个更难对付的对手，因为他的研究结论虽然荒谬，但是，他的研究方法和叙述方法却深得黑格尔的真传，而这恰恰是费尔巴哈所不及的，也是马克思以前没有给予充分重视的。

如果我们把施蒂纳《唯一者及其所有物》与黑格尔的《历史哲学》《哲学史讲演录》放在一起进行对比，就会发现两者有着惊人的相似之处，虽然前者和后者相比要粗糙很多。客观来说，要批判施蒂纳《唯一者及其所有物》，难度是相当大的，因为它几乎把人类的历史用自己的原则重新梳理了一遍，其中涉及人类历史的各个领域，尤其是哲学史方面。我们知道的是，马克思的哲学史知识非常丰富，但是，他在哲学史研究上却是不大经心的，往往是在理论推进过程中，需要研究哪个部分的哲学史，就临时进行哪个部分的哲学史梳理，因此，哲学史研究是以往马克思理论研究的薄弱环节，他必须补上这个缺陷,施蒂纳给了马克思一个充分展示自己深厚哲学史理论功底的机会。

其实,施蒂纳的《唯一者及其所有物》之所以值得被批判,除了它本身就是一部历史哲学或哲学史著作这一原因之外,另外一个非常重要的原因在于:施蒂纳批判了以往的一切哲学。于是,对施蒂纳的批判就变成了对以往一切哲学的批判,这就为新哲学的诞生创造了机会。

马克思当然不会放过这个千载难逢的好机会,甚至放下手头因《神圣家族》而搁置、当时已经捡起的异常重要的《政治与国民经济学批判》一书,全身心投入对施蒂纳的批判之中。在1846年8月1日马克思写给出版商卡尔·弗里德里希·尤利乌斯·列斯凯的信中,马克思说明了他决定先出版《德意志意识形态》,而后出版《政治和国民经济学批判》的原因:

> 因为我认为,在发表我的**正面**阐述之前,**先发表**一部反对德国哲学和迄今的**德国社会主义**的论战性著作,是很重要的。为了使读者对于我的同迄今为止的德国科学根本对立的经济学观点有所准备,这是必要的。[1]

我们知道的是,马克思的《政治和国民经济学批判》早在三年前就开始写了,如今留存下来的有《黑格尔法哲学批判》和《1844年经济学哲学手稿》。按照马克思的想法,先行写成的《政治和国民经济学批判》相比于以后写成的《德意志意识形态》,后者应该先于前者而发表。

---

[1] 《马克思恩格斯全集》(第47卷),北京:人民出版社,2004年版,第383页。

在《德意志意识形态》第一卷第三章"圣麦克斯"中,马克思几乎是逐章逐节、不厌其烦地抨击施蒂纳的《唯一者及其所有物》,由于所要批判对象的内容很多,所以"圣麦克斯"章的内容也非常长,不免给人啰里啰唆的强烈印象。但是,如果仔细看过之后,我们就会发现,也正是在这个啰里啰唆的过程中,马克思原有的"现实人道主义"世界观逐渐消解了,"实践活动的"唯物主义继续向前推进,"唯物史观"的"雏形"得以诞生。

二、马克思唯物主义历史观的第三次阐发

由于"圣麦克斯"章是典型的论战性文本,因此马克思的观点和方法都是在批判中得出的。在众多的观点和方法中,"唯物史观"无疑是最为重要的。当然,"唯物史观"的提法在这里并没有出现,但是,这一文本中,到处可见"唯物史观"的影子。

在马克思看来,施蒂纳犯了和德国的哲学的历史观同样的错误,也就是说:

> 思辨的观念、抽象的观点变成了历史的动力,因此历史也就变成了单纯的哲学史。……历史便成为单纯的先入之见的历史,成为关于精神和怪影的神话,而构成这些神话的基础的真实的经验的历史,却仅仅被利用来赋予这些怪影以形体,从中借用一些必要的名称来把这些怪影装点得仿佛真有实在性似的。[1]

---

[1] 《马克思恩格斯全集》(第3卷),北京:人民出版社,1960年版,第131—132页。

马克思一针见血地指出:"我们认为圣麦克斯的这种编造历史的方法是最幼稚的,最简单的。……德国思辨哲学家之间的激烈的竞争,使得每一个新的竞争者都必须以诱人的历史广告来兜售自己的商品。"[1]事实上,黑格尔如此,费尔巴哈、鲍威尔、施蒂纳也是如此。也就是说,他们每个人都有自己的历史观,但是,他们每个人的历史观中的"历史",无一例外都是宗教的历史、哲学的历史、观念的历史、思想的历史和精神的历史,对真实的"历史"的认识有很大的偏差。

针对施蒂纳对于基督教的错误理解,马克思指出,那种使人们满足于这类诸精神史的观点,本身就是宗教的观点,因为人们抱着这种观点,就会安于宗教,就会认为宗教是自身的原因,而不去从经验条件解释宗教,当然也就不会去说明:"一定的工业关系和交往关系如何必然地和一定的社会形式,从而和一定的国家形式以及一定的宗教意识形式相联系。"[2]我们认为,这正是马克思唯物主义历史观的再一次阐发。虽然和"费尔巴哈"章对"唯物史观"的正面阐发相比这里的阐发要单薄很多,但是,马克思把"一定的工业关系和交往关系""一定的社会形式""一定的国家形式"和"一定的宗教意识形式"历史地联系起来分析问题的思路,已经比"实践活动的"唯物主义的思想方法有了很大的发展。

针对施蒂纳对于宗教的颠倒理解,马克思指出,在宗教中,人们把自己的经验世界变成一种只是在思想中的、想象中的本质,这个本质作为某种异物与人们对立着。可是,

---

[1] 《马克思恩格斯全集》(第3卷),北京:人民出版社,1960年版,第132页。
[2] 《马克思恩格斯全集》(第3卷),北京:人民出版社,1960年版,第162页。

这决不是又可以用其他概念,用"**自我意识**"以及诸如此类的胡言乱语来解释的,而是应该用一向存在的生产和交往的方式来解释的。这种生产和交往的方式也是不以纯粹概念为转移的,就像自动纺机的发明和铁路的使用不以黑格尔哲学为转移一样。如果他真的想谈宗教的"本质"即谈这一虚构的本质的物质基础,那末,他就应该既不在"**人的**本质"中,也不在上帝的宾词中去寻找这个本质,而只有到宗教的每个发展阶段的现成物质世界中去寻找这个本质(参看上文"费尔巴哈")。[1]

在这里,马克思不仅提出了"生产和交往的方式"的说法,而且也指出了宗教的本质只能在宗教的每个发展阶段的现成物质世界中得到解释。很显然,这是一种典型的唯物主义历史观的宗教观。从最后的"参看上文'费尔巴哈'",似乎可以认为"圣麦克斯"章是在"费尔巴哈"章之后写的,但是,从"圣麦克斯"章中的"唯物史观"的稚嫩性和"费尔巴哈"章中"唯物史观"的成熟性的对比来看,"圣麦克斯"章无疑是先于"费尔巴哈"章完成的。当然,我们也认为,这两章在写作时间上应该确实也是有所重合的。

实际上,在"圣麦克斯"章中,马克思还十分精辟地分析了现实的历史是如何被思想家们偷换成了观念和思想的历史。马克思认为,人们的观念和思想是关于人们的各种关系的观念和思想,是人们关于自身的意识,关于一般人们的意识,关于人们生活于其中的整个社会的意识。人们在其中生产自己的生活,并且不以他们为转移的条件,与这些条件相联系的必然的交往形式以及由这一切

---

[1] 《马克思恩格斯全集》(第3卷),北京:人民出版社,1960年版,第170页。

所决定的个人的关系和社会的关系,当它们以思想表现出来的时候,就不能不采取观念条件和必然关系的形式,即在意识中表现为从一般人的概念中、从人的本质中、从人的本性中、从人自身中产生的规定。人们是什么,人们的关系是什么,这种情况反映在意识中就是关于人自身、关于人的生存方式或关于人的最切近的逻辑规定的观念。马克思进而指出：

> 于是,在思想家们假定观念和思想支配着迄今的历史,假定这些观念和思想的历史就是迄今存在的唯一的历史之后,在他们设想现实的关系要顺应人**自身**及其观念的关系,亦即顺应逻辑规定之后,在他们根本把人们关于自身的意识的历史变为人们的现实历史的基础之后,——在所有这一切之后,把意识、观念、**圣物**、固定观念的历史称为"**人**"的历史并用这种历史来偷换现实的历史,这是最容易不过了。1

综上可见,在"圣麦克斯"章中,通过批判德国唯心主义历史观,马克思逐渐深化了《关于费尔巴哈的提纲》提出的"实践活动的"唯物主义世界观,"唯物史观"呼之欲出。

三、"圣麦克斯"章："唯物史观"在多个领域的初步运用

在"圣麦克斯"章中,正是在批判施蒂纳的过程中,"唯物史观"的"雏形"逐渐显现。不仅如此,在这里,由于施蒂纳涉及论域的广泛性,马克思也几乎把人类社会的宗教、哲学、政治、经济、社会等

---

1 《马克思恩格斯全集》(第3卷),北京:人民出版社,1960年版,第200页。

方方面面的历史和学说——进行了评论,而且许多评论都运用了初步形成中的"唯物史观"。

事实上,此时的马克思在批判施蒂纳的过程中,已经开始把批判的矛头对准了费尔巴哈及其德国哲学。马克思指出,"德国哲学是从意识开始,因此,就不得不以道德哲学告终,于是各路英雄好汉都在道德哲学中为了真正的道德而各显神通。费尔巴哈为了人而爱人,圣布鲁诺爱人,因为人'值得'爱,而圣桑乔爱'每一个人',他是用利己主义的意识去爱的,因为他高兴这样做"[1]。我们认为,这是一个极其重要的理论质点,在马克思看来,从意识出发的德国哲学不得不以道德哲学告终,费尔巴哈如此,布鲁诺·鲍威尔如此,施蒂纳也如此。事实上,整个德国古典哲学何尝不是如此。从这里,我们可以看出,马克思的人道主义思维范式已经在事实上完全消解。

在"圣麦克斯"章中,马克思反复多次使用了"生产和交往关系"甚至"生产关系"的概念,其内涵已经和后来使用这一词语的含义大致相同,既有广义的含义,也有狭义的含义。比如,在谈到封建制度和中世纪的教阶制时,马克思指出:"封建制度本身以纯粹经验的关系作为自己的基础。……教阶制是封建制度的观念形式;封建制度是中世纪的生产和交往关系的政治形式。"[2] 当然,马克思在这里并没有对其进行阐发。再比如,在批判德国哲学家满足于基督教的幻想时,马克思指出:"的确,对于那些像'施蒂纳'那样充满气体的德国才子和教书匠来说,满足于关于所有物的基督教幻想(其实只不过是基督教幻想的所有物),比起叙述古代世界

---

[1] 《马克思恩格斯全集》(第3卷),北京:人民出版社,1960年版,第424页。
[2] 《马克思恩格斯全集》(第3卷),北京:人民出版社,1960年版,第191页。

的现实的所有关系和生产关系的改造过程来要容易得多。"[1] 在这里,马克思直接使用了"生产关系"这一用语。再比如,后来在谈到货币时,马克思指出,"至于货币是一定的生产和交往关系的必然产物并且只要这些关系存在时货币总是'真理',这一点当然跟圣麦克斯这样的圣者毫无关系,因为他两眼朝天,把他的世俗的臀部对着世俗的世界"[2]。

另外,在"圣麦克斯"章中,马克思用了大量篇幅讨论政治经济学和资产阶级社会。[3] 其中,关于生产力、生产关系、上层建筑及其相互关系的论述虽然并不系统,但基本内容已经和后来的理解一致。

在马克思看来,(政治经济学)

> 作为一门独立的专门的科学,它还得包括其他一些关系,如政治关系、法律关系等等,因为它常把这些关系归结为经济关系。但是它认为这一切关系对它的从属只是这些关系的一个方面,因而在其他方面仍旧让它们保留经济学以外的独立的意义。[4]

在这里,马克思实际上说明了经济与政治、法律等之间的关系,即后者经常被政治经济学归结为前者。

对于私有财产,马克思指出,"私有财产是生产力发展到一定阶段上必然的交往方式,这种交往方式在私有财产成为新出现的

---

1 《马克思恩格斯全集》(第3卷),北京:人民出版社,1960年版,第205页。
2 《马克思恩格斯全集》(第3卷),北京:人民出版社,1960年版,第221页。
3 参见《马克思恩格斯全集》(第3卷),北京:人民出版社,1960年版,第403—488页。
4 《马克思恩格斯全集》(第3卷),北京:人民出版社,1960年版,第483页。

生产力的桎梏以前是不会消灭的,并且是直接的物质生活的生产所必不可少的条件"[1]。马克思认为,"在资产阶级统治下和在其他一切时代一样,财产是和一定的条件,首先是同以生产力和交往的发展程度为转移的经济条件有联系的,而这种经济条件必然会在政治上和法律上表现出来"[2]。马克思认为,"资产阶级的发财致富丝毫也不决定于政治,而是政治完全决定于资产阶级的发财致富"[3]。"银行家的财富只有在现存的生产关系和交往关系的范围以内才是财富,这种财富只有在这些关系的条件下并用适于这些条件的手段才可能被'占有'。"[4]"在现代资产阶级社会中,一切关系实际上仅仅服从于一种抽象的金钱盘剥关系。"[5]

马克思还谈到分工对生产关系的影响。马克思指出:

> 直到现在存在着的个人的生产关系也必须表现为法律的和政治的关系。在分工的范围里,这些关系必然取得对个人来说是独立的存在。一切关系表现在语言里只能是概念。相信这些一般性和概念是神秘力量,这是这些一般性和概念所表现的实际关系获得独立存在以后的必然结果。除了通俗头脑对这些一般性和概念是这样看法以外,政治家和法学家还对它们有特殊的看法和想法,分工的结果使政治家和法学家注定要崇拜概念并认为一切实际的财产关系的真实基础不是生产关系,而是这些概念。[6]

---

1 《马克思恩格斯全集》(第3卷),北京:人民出版社,1960年版,第410—411页。
2 《马克思恩格斯全集》(第3卷),北京:人民出版社,1960年版,第412页。
3 《马克思恩格斯全集》(第3卷),北京:人民出版社,1960年版,第416页。
4 《马克思恩格斯全集》(第3卷),北京:人民出版社,1960年版,第446页。
5 《马克思恩格斯全集》(第3卷),北京:人民出版社,1960年版,第479页。
6 《马克思恩格斯全集》(第3卷),北京:人民出版社,1960年版,第421页。

马克思还认为,德国哲学家习惯于颠倒地叙述历史。事实上,

> 竞争所引起的伟大的社会变革把资产者之间的相互关系以及他们对无产者的关系变为纯粹的金钱关系,而把上述一切"神圣化的财富"变成了买卖对象,并把无产者的一切自然形成的和传统的关系,例如家庭关系和政治关系,都和它们的整个思想上层建筑一起摧毁了,这种剧烈的革命当然不是起源于德国。[1]

从上述马克思的种种说法不难看出,虽然马克思还没有把"交往方式""交往""生产关系"和"交往关系"这些术语用一个固定的概念来表示,但是,这些术语和生产力之间的关系,这些术语和上层建筑之间的关系,马克思已经初步进行了说明。

另外,在"圣麦克斯"章中,马克思也谈论了自己的法律观、环境论、语言观、自由观、共产主义思想等,在运用了刚刚生成的"唯物史观"的同时,也深化了"唯物史观"的内涵。

"圣麦克斯"章的第二部分"辩护性的评注",是马克思对施蒂纳的反批判。施蒂纳用自己的《唯一者及其所有物》打倒了一切,其中包括费尔巴哈、赫斯、马克思和恩格斯的理论。之后,赫斯、费尔巴哈进行了回击。再之后,施蒂纳进行了反击。在这里,马克思对"批判的批判的批判"进行了批判。在这个"对批判的批判的批判进行的批判"中,马克思一针见血地指出:

> 这位在哲学家中头脑最空虚和最荒唐的哲学家一定会把

---

[1] 《马克思恩格斯全集》(第3卷),北京:人民出版社,1960年版,第432页。

哲学"结束掉",因为他宣布他本身之无思想就意味着哲学的终结,因而,也意味着顺利地进入"肉体"生活。他在哲学上的无思想本来就已经是哲学的终结,正如他不能说出来的言语意味着任何言语的终结一样。桑乔所以获得胜利还因为他是所有哲学家中对现实关系知道得最少的一个,因而哲学范畴在他那里失去了和现实界联系的最后一点残余,因而也就是说失去了最后一点**意义**。[1]

我们认为,马克思主义的基本立场、观点和方法,在《德意志意识形态》"圣麦克斯"章已经初步得到全景式的展现,从这个意义上来说,我们把马克思的《德意志意识形态》"圣麦克斯"章的地位,等同于黑格尔的《精神现象学》,称之为马克思主义的"真正诞生地和秘密"。

第三节
"费尔巴哈"章:马克思对"唯物史观"的多重正面阐述

批判过施蒂纳后,马克思对于"神圣家族"的批判就告一段落。至此,马克思面对的问题是:如何对待费尔巴哈?很显然,在"莱比锡宗教会议"中,马克思还是站在费尔巴哈一边的。从费尔巴哈哲学的理论特性来说,自然不能作为"神圣家族"的一员来批判。于是,马克思把批判的视野进行了扩展,将之作为"德意志意识形态"的一种进行批判。

---

[1] 《马克思恩格斯全集》(第3卷),北京:人民出版社,1960年版,第529页。

与"圣麦克斯"章通过批判施蒂纳的《唯一者及其所有物》得出结论的方式完全不同的是,在"费尔巴哈"章中,马克思主要采取了正面阐述的方式。也正是因为如此,我们认为,从总体上看,"费尔巴哈"章是在"圣麦克斯"章之后完成的。当然,从两章中的许多细节也能看出,"费尔巴哈"章中的一些部分,是在"圣麦克斯"章写作之前或者写作过程中完成的。客观而言,由于《德意志意识形态》的修改过程比较复杂,因此,"费尔巴哈"章和"圣麦克斯"章的内容应该进行过多次调整。

马克思对费尔巴哈的第二次批判,是在《德意志意识形态》的"费尔巴哈"章中。从逻辑上看,马克思对费尔巴哈的这次批判,是把费尔巴哈和鲍威尔、施蒂纳放在同为"德意志意识形态家"的地位上来进行的。但在事实上,费尔巴哈的地位还是要重要一些,其原因有两个:

其一,马克思已经系统批判过鲍威尔和施蒂纳。

其二,比较而言,费尔巴哈更值得批判。正如马克思所言:

> 我们在对这个运动的个别代表人物进行专门批判之前,先提出一些有关德国哲学和整个意识形态的一般意见,这些意见要进一步揭示所有代表人物共同的意识形态前提。这些意见将充分表明我们在进行批判时所持的观点,而表明我们的观点对于了解和说明以后各种批评意见是必要的。我们的这些意见正是针对**费尔巴哈**的,因为只有他才至少向前迈进了一步,只有他的著作才可以认真地加以研究。[1]

---

[1] 《马克思恩格斯文集》(第1卷),北京:人民出版社,2009年版,第513、514页"脚注"。

我们现在能看到的《德意志意识形态》的"费尔巴哈"章[1]，其开始的两个片段："唯物主义观点和唯心主义观点的对立"和"A.一般意识形态，特别是德意志意识形态"，其实是对一个内容的两重阐述，这个内容就是"德意志意识形态"。事实上，如果把这两个片段和《德意志意识形态》第一卷的"序言"放在一起进行比较，我们就会看出，这三个片段实际上讲的是同样的内容。因此，我们认为，马克思实际上是把同一个内容写了三次，由于最终没有出版，于是，三个"稿本"都留存了下来。事实上，我们把这三个片段中的任何一个拿出来作为《德意志意识形态》第一卷的"序言"，都是完全能够胜任的。

我们知道，《德意志意识形态》的"费尔巴哈"章是一个未完成的手稿，无论是内容还是形式，都极为散乱。当然，作为"费尔巴哈"章中心思想的"唯物史观"却是非常明确的。我们认为，除了少数散乱的片段外，"费尔巴哈"章总体上是由三个形式上完全并列、内容上不断完善的"稿本"组成的，类似我们论文写作中的"一稿""二稿"和"三稿"。不论是哪一个"稿本"，主题都是"唯物史观"，有所不同的只是这三稿对"唯物史观"的阐述过程。也就是说，马克思的"唯物史观"实际上是在"圣麦克斯"章批判施蒂纳的过程中得出的结论的基础上，又在"费尔巴哈"章中通过连续三重的正面阐述而最终完成的。

---

[1] 本书所使用的"费尔巴哈"章，是《马克思恩格斯文集》(第1卷)中的版本。

一、马克思对"唯物史观"的第一重阐述[1]

我们仅仅知道一门唯一的科学,即历史科学。历史可以从两方面来考察,可以把它划分为自然史和人类史。但这两方面是不可分割的;只要有人存在,自然史和人类史就彼此相互制约。自然史,即所谓自然科学,我们在这里不谈;我们需要深入研究的是人类史,因为几乎整个意识形态不是曲解人类史,就是完全撇开人类史。意识形态本身只不过是这一历史的一个方面。[2]

马克思对"唯物史观"的第一重阐述,是从上面这一段极其精彩的叙述开始的。需要说明的是,马克思这里所说的"历史科学",并不是指我们现在所理解的学科门类中的"历史学"。按照恩格斯后来在《卡尔·马克思〈政治经济学批判·第一分册〉》一文中的说法:

凡不是自然科学的科学都是历史科学[3]。

我们认为,恩格斯的这个说法应该是符合马克思的意思的。事实上,费尔巴哈不久前用自然科学终结了哲学,马克思现在用历

---

1 这里使用"第一重阐述"的说法,主要用来说明这是马克思阐述"唯物史观"采用的第一个角度,后面的"第二重阐述""第三重阐述"分别用来说明马克思阐述"唯物史观"采用第二个角度和第三个角度。之所以采用这种三重阐述而没有一次性平面阐述的方式,旨在比较准确地说明马克思反复论证"唯物史观"的思想活动过程,其中的每一重阐述在内容上不一定很完整,但由于三重阐述之间的互相补充而使得刚刚诞生的"唯物史观"得到了比较全面系统的展现。

2 《马克思恩格斯文集》(第1卷),北京:人民出版社,2009年版,第516、519页"脚注"。

3 《马克思恩格斯文集》(第2卷),北京:人民出版社,2009年版,第597页。

史科学终结了哲学。

马克思一开始就把历史划分为自然史和人类史两个方面,而且声明在这里不谈自然史,只谈人类史,原因在于几乎整个意识形态要么曲解了人类史,要么完全撇开了人类史,而事实上,意识形态本身只不过是人类史的一个方面。很显然,马克思一开始就点明了要批判的对象——意识形态。

尤其值得注意的是,马克思写下了这段话,随后又删去了这段话。为什么要这么做呢?我们认为,如果仅从理论的自恰性的角度来说,此时的马克思根本没有必要删去这段话,因为在他第一重阐述"唯物史观"的过程中,这确实是一个论证前提,与后面的论证过程和论证结论并不冲突。但是,如果把这段话和马克思阐发"唯物史观"的"第二稿"进行比对的话,我们就会发现马克思后来并不认同这个观点,因为客观上存在着"历史的自然和自然的历史"[1],"自然和历史的对立"并不正确。因此,我们认为,马克思极有可能是在后来而不是在当时删去了这段话,否定了这个说法。

接着,马克思指出:"我们开始要谈的前提并不是任意提出的,不是教条,而是一些只有在臆想中才能撇开的现实前提。这是一些现实的个人,是他们的活动和他们的物质生活条件,包括他们得到的现成的和由他们创造出来的物质生活条件。因此,这些前提可以用纯粹经验的方法来确认。"[2]在这里,马克思这样界定"现实的个人":有着自己的活动和自己的物质生活条件的"现实的个人",这里的物质生活条件包括两个部分:一部分是"现实的个人"得到的现成的物质生活条件;一部分是"现实的个人"创造出来的

---

[1] 《马克思恩格斯文集》(第1卷),北京:人民出版社,2009年版,第529页。
[2] 《马克思恩格斯文集》(第1卷),北京:人民出版社,2009年版,第516、519页。

物质生活条件。

由此可见,在开始论证之前,马克思其实是设定了两个前提:一是人类史,二是现实的个人。值得一提的是,这两个前提是并列关系,一个也不能少。

在设定好论证前提后,马克思指出:"全部人类历史的第一个前提无疑是有生命的个人的存在。因此,第一个需要确认的事实就是这些个人的肉体组织以及由此产生的个人对其他自然的关系。"[1]但是,在这里,马克思并没有谈论"这些个人的肉体组织以及个人对其他自然的关系"。原因非常简单,马克思要谈论的是人类史而非自然史,更何况,费尔巴哈实际上已经说明了"自然是人的基础",而且还把人的自然史和人类史当成了一个历史,马克思既无意走费尔巴哈的老路,也无意于把费尔巴哈已经说清楚的前提再次拿来说一遍。

在确定了这一前提之后,马克思在接下来的一段中写道:

> 可以根据意识、宗教或者随便别的什么来区别人和动物。一当人开始**生产**他们的生活资料,即迈出由他们的肉体组织所决定的这一步的时候,人本身就开始把自己和动物区别开来。人们生产自己的生活资料,同时间接地生产着自己的物质生活本身。[2]

在这里,马克思指出人和动物的区别在于:人能够生产自己的生活资料。因此,"生产"成为人的一种独特性存在方式。我们认

---

[1] 《马克思恩格斯文集》(第1卷),北京:人民出版社,2009年版,第519页。
[2] 《马克思恩格斯文集》(第1卷),北京:人民出版社,2009年版,第519页。

为，在这里，马克思实际上提出了一个极为重要的观点，那就是："人生产自己为人。"这样一来，马克思不仅大大推进了自己原有的"人的本质"观，而且彻底终结了人本主义的思维范式。

在此基础上，马克思指出，人们用以生产自己的生活资料的方式，首先取决于他们已有的和需要再生产的生活资料本身的特性。这种生产方式不应当只从它是个人肉体存在的再生产这方面来加以考察。更确切地说，它是这些个人的一定的活动方式，是他们表现自己生命的一定方式，是他们的一定的生活方式。个人怎样表现自己的生命，他们自己就是怎样。因此，他们是什么样的，这同他们的生产是一致的——既和他们生产什么一致，又和他们怎样生产一致。因此，个人是什么样的，这取决于他们进行生产的物质条件。在这里，马克思又给"生产"设定了一个前提，那就是进行生产所需要的物质条件。很显然，这个"物质条件"就是刚才第一个需要确认的事实：这些个人的肉体组织以及由此产生个人对其他自然的关系。换言之，就是人们的肉体组织和人们所处的自然条件，这里的自然条件包括地质条件、山岳水文地理条件、气候条件以及其他条件。事实上，马克思在这里谈到"自然条件"时，删去了一句非常重要的话："但是，这些条件不仅决定着人们最初的、自然形成的肉体组织，特别是他们之间的种族差别，而且直到如今还决定着肉体组织的整个进一步发展和不发展。"[1] 由此可见，马克思事实上完全认同费尔巴哈"自然是人的基础"的观点。也正因为如此，马克思才会得出这样的结论：任何历史记载都应当从这些自然基础以及它们在历史进程中由于人们的活动而发生的变更出发。

至此，马克思实际上说出了研究人类历史的三个出发点：现实

---

[1] 《马克思恩格斯文集》（第1卷），北京：人民出版社，2009年版，第519页脚注②。

的个人、生活资料的生产、自然条件。

之后,马克思以"分工"为主线,叙述了三种所有制形式:部落所有制、古典古代的公社所有制和国家所有制、封建的或等级的所有制。

最后,马克思做了这样一个总结:

> 以一定的方式进行生产活动的一定的个人,发生一定的社会关系和政治关系。经验的观察在任何情况之下都应当根据经验来揭示社会结构和政治结构同生产的联系,而不应当带有任何神秘和思辨的色彩。社会结构和国家总是从一定的个人的生活过程中产生的。……思想、观念、意识的生产最初是直接与人们的物质活动,与人们的物质交往,与现实生活的语言交织在一起的。人们的想象、思维、精神交往在这里还是人们物质行动的直接产物。表现在某一民族的政治、法律、道德、宗教、形而上学等的语言中的精神生产也是这样。[1]

我们认为,马克思的这一次理论探索基本上说出了"唯物史观"的基本观点,但是,这次理论论证还是存在诸多缺陷。第一,它一开始提出了研究人类历史的三个出发点,但在三个出发点的关系问题上,多多少少陷入循环论证的概念怪圈之中。第二,在设定了论证前提之后,立刻以"分工"为主线叙述所有制的历史形式,在理论逻辑的转换上显得有点突兀。第三,最为重要的是,马克思的这次理论探索,其中并没有涉及资产阶级的社会。这是一个致命的缺陷。既然从"现实的个人"出发,最为"现实的个人"应该是资

---

[1] 《马克思恩格斯文集》(第1卷),北京:人民出版社,2009年版,第523—524页。

产者和无产者，但是，这里并没有提到这一点。因此，我们认为，马克思的这次理论探索，只是指明了一种不同于从意识出发而是从现实的、有生命的个人本身出发的关于历史科学的考察方法，和"圣麦克斯"章直接得出的"唯物史观"的结论相比，似乎并没有向前推进多少，相反，似乎多多少少显得有所倒退。当然，如果这一次理论探索是发生在"圣麦克斯"一章之前，倒是完全可以理解的。

二、马克思对"唯物史观"的第二重阐述

或许是因为马克思意识到第一重阐述"唯物史观"的不足之处，他很快就对"唯物史观"进行了第二重阐述。这一次，马克思改变了阐发思路，一开始，首先从"人的解放"着手。马克思认为，如果按照"聪明的哲学家"的思路，把哲学、神学、实体和一切废物消融在"自我意识"中，把"人"从词句的统治下解放出来，那么，"人"的"解放"并没有前进一步。

马克思指出，只有在现实的世界中并使用现实的手段才能实现真正的解放；没有蒸汽机和珍妮走锭精纺机就不能消灭奴隶制；没有改良的农业就不能消灭农奴制；当人们还不能使自己的衣食住行在质和量方面得到充分保证的时候，人们就根本不能获得解放。"解放"是一种历史活动，不是思想活动，"解放"是由历史的关系，是由工业状况、商业状况、农业状况、交往状况促成的。很显然，马克思直接亮明了自己的唯物主义思路的"人的解放"观。由于这里缺失了五页手稿，我们并不清楚马克思究竟还说了些什么。但是，从下文的内容来看，缺失的部分中，马克思应该是在谈论与共产主义运动有关的话题。这一点与上文谈论"人的解放"是同一个话题。

之后，马克思开始批判费尔巴哈。

首先，马克思批判了费尔巴哈对感性世界的理解，马克思认为，费尔巴哈没有看到他周围的感性世界绝不是原本就存在的东西，而是工业和社会状况的产物，是历史的产物，是世世代代活动的结果，其中每一代都立足于前一代所奠定的基础上，继续发展前一代的工作和交往，并随着需要的改变而改变他们的社会制度。

其次，马克思认为，只要按照事物的真实面目及其产生情况来理解事物，任何深奥的哲学问题都可以被归结为某种经验的事实。人与自然的关系这一重要问题就是一个例子。在马克思看来，布鲁诺所谓的"自然和历史的对立"是不对的，事实上，也会有历史的自然和自然的历史，甚至在工业中也可以实现"人和自然的统一"。在马克思看来，工业和商业、生活必需品的生产和交换，一方面制约着分配、不同社会阶级的划分，同时它们在自己的运动形式上又受到后者的制约。针对费尔巴哈特别谈到的自然科学的直观问题，马克思反问道："如果没有工业和商业，哪里会有自然科学呢？"[1]马克思进而指出：

> 甚至这个"纯粹的"自然科学也只是由于商业和工业，由于人们的感性活动才达到自己的目的和获得自己的材料的。……先于人类历史而存在的那个自然界，不是费尔巴哈生活于其中的自然界；这是除去在澳洲新出现的一些珊瑚岛以外今天在任何地方都不再存在的、因而对于费尔巴哈来说也是不存在的自然界。[2]

---

[1] 《马克思恩格斯文集》(第1卷)，北京：人民出版社，2009年版，第529页。
[2] 《马克思恩格斯文集》(第1卷)，北京：人民出版社，2009年版，第529—530页。

再次，在马克思看来，费尔巴哈只是停留在理论领域，他只是把人看作"感性对象"而不是"感性活动"，他没有从人们现有的社会联系，从那些使人们成为现在这种样子的周围生活条件来观察人们，因此，在共产主义的唯物主义者看到改造工业和社会结构的必要性和条件的地方，费尔巴哈却重新陷入唯心主义。

最后，马克思对费尔巴哈做了一个总结：

当费尔巴哈是一个唯物主义者的时候，历史在他的视野之外；当他去探讨历史的时候，他不是一个唯物主义者。在他那里，唯物主义和历史是彼此完全脱离的。[1]

在批判过费尔巴哈之后，马克思回到第一重阐述"唯物史观"的起点，再一次按照自己的历史观重新梳理人类历史。马克思首先确定人类生存的第一个前提，这个前提就是生产物质生活本身。其次，马克思指明了第二个事实，那就是"已经得到满足的第一个需要"满足过程产生的"新的需要的产生"。再次，马克思又指出人本身的生产问题。之后，马克思提出人们社会活动的第四个"因素"（或"方面"）："人们之间的物质的联系。"很显然，在人们社会活动的这四个"方面"（或"因素"）中，前三个"因素"（或"方面"）构成"生产力"，第四个"因素"（或"方面"）构成"社会状况"。最后，马克思又指出："只有现在，在我们已经考察了原初的历史的关系的四个因素、四个方面之后，我们才发现：人还具有'意识'。……意识一开始就是社会的产物，而且只要人们存在着，它就仍然是这种产

---

[1] 《马克思恩格斯文集》（第1卷），北京：人民出版社，2009年版，第530页。

物。"¹至此,马克思完成了"唯物史观"第二重阐述前的前提梳理,相比于第一次梳理,他更为清晰地阐述了生产力、社会状况和意识之间的关系。我们认为,在这里,马克思明确地谈到了四种生产,即物质生产、人的生产、社会生产和精神生产的辩证关系,这一点是值得我们深入研究的。

之后,马克思依然以"分工"为线索,一直讲到共产主义社会。马克思认为,共产主义对我们来说不是应当确立的状况,不是现实应当与之相适应的理想。我们所称为共产主义的是那种消灭现存状况的现实的运动。这个运动的条件是由现有的前提产生的。

在这里,马克思提出了一个非常重要的概念:市民社会。马克思认为,"受到迄今为止一切历史阶段的生产力制约同时又反过来制约生产力的交往形式,就是**市民社会**。……从这里已经可以看出,这个市民社会是全部历史的真正发源地和舞台,可以看出过去那种轻视现实关系而局限于言过其实的重大政治历史事件的历史观是何等荒谬"²。

之后,马克思十分自然而又十分清晰地得出了自己的历史观:

> 由此可见,这种历史观就在于:从直接生活的物质生产出发阐述现实的生产过程,把同这种生产方式相联系的、它所产生的交往形式即各个不同阶段上的市民社会理解为整个历史的基础,从市民社会作为国家的活动描述市民社会,同时从市民社会出发阐明意识的所有各种不同的理论产物和形式,如宗教、哲学、道德等等,而且追溯它们产生的过程。

---

1 《马克思恩格斯文集》(第1卷),北京:人民出版社,2009年版,第533页。
2 《马克思恩格斯文集》(第1卷),北京:人民出版社,2009年版,第540页。

这样做当然就能够完整地描述事物了（因而也能够描述事物的这些不同方面的相互作用）。[1]

至此，马克思的"唯物史观"正式问世。

在此基础上，马克思批判了迄今为止的一切历史观，认为它们不是完全忽视了历史的现实基础，就是把这一现实基础仅仅看成与历史进程没有任何联系的附带因素。因此，在这些历史观看来，历史总是遵照在它之外的某种尺度来编写的；现实的生活生产被看成某种非历史的东西，而历史的东西则被看成某种脱离日常生活的东西，某种处在世界之外和超乎世界之上的东西。这样，就把人对自然界的关系从历史中排除出去了，因而造成了自然界和历史之间的对立。因此，这种历史观只能在历史上看到重大政治历史事件，看到宗教和一般理论的斗争，而且在每次描述某一历史时代的时候，它都不得不赞同这一时代的幻想。在这里，马克思特别批判了黑格尔的历史哲学，继而批判了布鲁诺和施蒂纳两人的历史观，最后把费尔巴哈和布鲁诺、施蒂纳放在一起进行了批判，因为"既承认现存的东西同时又不了解现存的东西"[2]是他们的共同之点。

至此，马克思从费尔巴哈开始，以费尔巴哈结束，完成了对"唯物史观"的第二重阐述。很显然，第二重阐述不仅比第一重阐述更有逻辑，而且观点更为清晰。

---

[1] 《马克思恩格斯文集》（第1卷），北京：人民出版社，2009年版，第544页。
[2] 《马克思恩格斯文集》（第1卷），北京：人民出版社，2009年版，第549页。

三、马克思对"唯物史观"的第三重阐述

纵观马克思对"唯物史观"的两重阐述,我们不难看出,其重点都放在人类历史一般性规律的认识和总结上,其缺陷也是显而易见的,那就是对现实的资产阶级的社会的形成和发展过程缺乏叙述。我们认为,马克思通过对"唯物史观"的第三重阐述弥补了这一缺陷。

由于手稿的缺失,我们不好确定马克思对"唯物史观"的第三重阐述是从哪里开始的。我们能确定的是,现在我们能看到的手稿的第Ⅲ部分应该是对"唯物史观"的第二重阐述内容的补充。除此之外,"费尔巴哈"章第Ⅲ部分之后的内容,可以理解为马克思对"唯物史观"的第三重阐述。

马克思对"唯物史观"的第三重阐述,主要贡献有以下几点:

第一,马克思是以分工为线索,详细叙述了资产阶级的社会形成和发展的历史过程,得出了这样一个结论,即"一切历史冲突都根源于生产力和交往形式之间的矛盾"[1]。我们认为,这是对"唯物史观"两重阐述的重要补充。因为如果没有这一部分,《德意志意识形态》所叙述的历史阶段就是不全面的,其最后得出的"唯物史观"的结论就是建立在不完整的历史事实基础上的。更重要的是,如果没有这个补充,《共产党宣言》就不可能诞生。

第二,马克思深化了对共产主义的论证。马克思指出,共产主义和所有过去的运动不同的地方在于:它推翻一切旧的生产关系和交往关系的基础,并且第一次自觉地把一切自发形成的前提看

---

[1] 《马克思恩格斯文集》(第1卷),北京:人民出版社,2009年版,第567—568页。

作前人的创造，消除这些前提的自发性，使这些前提接受联合起来的个人的支配。因此，建立共产主义实质上具有经济的性质，这就是为这种联合创造各种物质条件，把现存的条件变成联合的条件。共产主义所造成的存在状况，正是这样一种现实基础，它使一切不依赖于个人而存在的状况不可能发生，因为这种存在状况只不过是各个人之间迄今为止的交往的产物。这样，共产主义者实际上把迄今为止的生产和交往所产生的条件看作无机的条件。然而他们并不以为过去世世代代的意向和使命就是给他们提供资料，也不认为这些条件对于创造它们的个人来说是无机的。

第三，马克思对历史运行规律进行了深入细致的探索。在马克思看来，其实存在着三种历史：其一是生产力的历史；其二是交往形式的历史；其三是个人本身力量发展的历史，三者之间是辩证互动的关系。马克思进而指出，由于历史发展的自发性，导致了各个不同的地域、部落、民族和劳动部门等发展的不平衡性，以至出现意识有时似乎可以超过同时代的经验关系，以致人们在以后某个时代的斗争中可以依靠先前时代理论家的威望。在这里，马克思还谈到殖民地和征服的情况下的特殊历史发展规律。我们认为，在马克思看来，历史运行规律是非常复杂的，毕竟不同国家、不同民族甚至同一国家、同一民族的不同地域、不同劳动部门的生产力、交往方式、个人本身力量发展阶段并不相同，各种发展阶段的并列存在，导致历史发展规律事实上要复杂很多。

第四，马克思深化了对"市民社会"的理解。马克思认为：

> 市民社会包括各个人在生产力发展阶段上的一切物质交往。它包括该阶段的整个商业生活和工业生活，因此它超出了国家和民族的范围，尽管另一方面它对外仍必须作为民族

起作用,对内仍必须组成国家。"市民社会"这一用语是在18世纪产生的,当时财产关系已经摆脱了古典古代的和中世纪的共同体。真正的市民社会只是随同资产阶级发展起来的;但是市民社会这一名称始终标志着直接从生产和交往中发展起来的社会组织,这种社会组织在一切时代都构成国家的基础以及任何其他的观念的上层建筑的基础。[1]

由此可见,在这里,"生产力""市民社会"和"上层建筑"之间的关系已经非常清晰。

综上可见,马克思通过对"唯物史观"的三重阐述,除个别概念还相对模糊之外,"唯物史观"基本上趋于成熟。

当然,除了对"唯物史观"进行了三重阐述外,"费尔巴哈"一章还对诸多问题进行了"唯物史观"式的阐发。考虑到这些内容其实只是"圣麦克斯"章诸多内容的进一步发挥,这里只选择其中的一个主题,即"人的本质"进行阐发外,其他内容不再赘述。

四、马克思对"人的本质"问题的第三次阐发

我们认为,从《黑格尔法哲学批判》到《神圣家族》期间,马克思处于"现实人道主义"世界观阶段,"现实的人"的提法在这一时期的著作中十分常见。总体而言,这一阶段马克思对于"现实的人"的认识,不管是政治人、社会人、历史人,还是德国人、法国人、英国人,抑或是资产阶级、无产阶级等诸如此类的说法,马克思更多是从"社会"意义上的"类"的"现实的人"去理解"人的本质"的。

---

[1] 《马克思恩格斯文集》(第1卷),北京:人民出版社,2009年版,第582—583页。

我们知道,在《1844年经济学哲学手稿》和《关于费尔巴哈的提纲》中,马克思曾经对"人的本质"问题进行过两次专门的阐发。在第一次阐发中,马克思指出人的本质就是"自由的有意识的活动"。在第二次阐发中,马克思指出人的本质是"一切社会关系的总和",并最终将人的本质归结到"实践"上。在《德意志意识形态》"费尔巴哈"章中,马克思对"人的本质"问题进行了最后一次阐发。

在对"唯物史观"的阐发中,马克思以"现实的个人"为出发点。那么,这个"现实的个人"又是什么意思呢?

马克思指出,这些现实中的个人,"是从事活动的,进行物质生产的,因而也是在一定的物质的、不受他们任意支配的界限、前提和条件下活动着的"[1]个人,他们"受自己的生产力和与之相适应的交往的一定发展——直到交往的最遥远的形态——所制约"[2]。由此可见,马克思所说的"现实的个人",是有血有肉的人,是从事实际活动的人,是现实的、有生命的个人。

在这里,马克思还批判了费尔巴哈的观点:"费尔巴哈设定的是'人',而不是'现实的历史的人'。"[3]由此可见,此时的马克思已经抛弃了费尔巴哈抽象的人的观点,开始把"人"放入历史过程中去理解了。

值得注意的是,通过历史的叙述方式,马克思在这里还提出了一个非常重要的观点,那就是随着社会的发展,"地域性的个人为**世界历史性**的、经验上普遍的个人所代替"[4],这是共产主义运动的必然过程。由于"每一个单个人的解放程度是与历史完全转变

---

[1] 《马克思恩格斯文集》(第1卷),北京:人民出版社,2009年版,第524页。
[2] 《马克思恩格斯文集》(第1卷),北京:人民出版社,2009年版,第524—525页。
[3] 《马克思恩格斯文集》(第1卷),北京:人民出版社,2009年版,第528页。
[4] 《马克思恩格斯文集》(第1卷),北京:人民出版社,2009年版,第538页。

为世界历史的程度是一致的"[1],因此,随着现存社会制度被共产主义革命所推翻以及与这一革命具有同等意义的私有制的消灭,"单个人才能摆脱种种民族局限和地域局限而同整个世界的生产(也同精神的生产)发生实际联系,才能获得利用全球的这种全面的生产(人们的创造)的能力"[2]。由此可见,在马克思看来,"人的本质"实际上是随着社会的发展而不断变化的,这个变化就是地域性、民族性不断弱化,世界历史性不断强化。

另外,马克思还提出了"阶级的个人""有个性的个人"和"偶然的个人"的说法,同样也是强调人的历史生成性。

至此,马克思彻底摆脱了费尔巴哈的人本学,"人"不再被理解为结论和原则,其本身就是一个历史生成的过程。

第四节
马克思共产主义思想的逐渐形成

一般说来,这一节的内容似乎与我们讨论的主题关系不是很大,完全可以忽略,没有必要作为一节专门阐述。我们想要说明的是,虽然费尔巴哈本人并没有共产主义思想,但是,其继承者正是从其人本学出发阐发出"哲学共产主义",进而发展出"真正的社会主义"这一社会思潮的,而马克思的共产主义思想恰恰是在同这一理论阐发的斗争过程中逐渐形成的,于是,从某种意义上来说,对"真正的社会主义"的批判其实也就是对费尔巴哈哲学根基进行批

---

[1] 《马克思恩格斯文集》(第1卷),北京:人民出版社,2009年版,第541页。
[2] 《马克思恩格斯文集》(第1卷),北京:人民出版社,2009年版,第541—542页。

判的一种延伸性的补充批判。因此,我们认为,这是马克思对费尔巴哈的第三次批判。考虑到《德意志意识形态》第二卷和《德意志意识形态》之后,恩格斯和马克思又写下了不少关于批判"真正的社会主义"的文本,这里特意把要讨论的文本范围进行了适当的延伸,最后截止到《共产党宣言》。

在《德意志意识形态》中,"共产主义"这个概念在使用上是比较混乱的。在"费尔巴哈"一章中马克思对"唯物史观"的后两重阐述中,最后的结论都落脚到共产主义革命和运动上,由此可见,马克思的"唯物史观"与马克思的共产主义思想之间是密切相关的。与此同时,在马克思对"唯物史观"的第二重阐述中,马克思也曾经把"实践的唯物主义者"和"共产主义者"等同[1],同时也把"现实人道主义"和"共产主义"等同[2]。因此,如果从逻辑推理上来说,"现实人道主义""'实践活动的'唯物主义""唯物史观"三者都和"共产主义"存在理论上的对应关系。显而易见的是,我们不能认为"现实人道主义""'实践活动的'唯物主义"和"唯物史观"三者是同一种世界观,那么,就只能得出一个结论:马克思的共产主义思想是随着其世界观的变化而不断变化的。唯一遗憾的是,此时的马克思还没有给自己的共产主义思想找到一个合适的名称,以致无法将自己的共产主义思想与早已流传的共产主义思想进行概念上的区分,从而导致了理论逻辑上的混乱。

正如马克思唯物史观的形成一样,马克思共产主义思想的形成也经历了一个复杂的转变过程,从开始接触有所质疑共产主义思想到成为"哲学共产主义者",然后经过批判布鲁诺·鲍威尔及

1　参见《马克思恩格斯文集》(第1卷),北京:人民出版社,2009年版,第527页。
2　参见《马克思恩格斯文集》(第1卷),北京:人民出版社,2009年版,第543页。

其伙伴转变为"群众的共产主义",最终在唯物史观的基础上,经过反复批判"真正的社会主义",逐渐形成了属于自己的共产主义思想。前面我们已经对从"哲学共产主义"到"群众的共产主义"的转变过程做了阐发,这里重点谈谈马克思对"真正的社会主义"的批判过程。

一、马克思和恩格斯对"真正的社会主义"的初步批判

事实上,"真正的社会主义"作为一种社会思潮,正是由赫斯的"哲学共产主义"理论思潮发展演变而来的,而费尔巴哈人本学正是赫斯的"哲学共产主义"理论思潮的哲学基础,而现代德国哲学孕育出的思想巅峰就是费尔巴哈人本学。正是基于这样的理论逻辑,马克思才把德国社会主义(即"真正的社会主义")与现代德国哲学相提并论,形成《德意志意识形态》的两卷结构框架。因此,对"真正的社会主义"的批判就成了与对现代德国哲学批判相得益彰的社会批判,从而实现了纯粹哲学批判的具体化。值得一提的是,对"真正的社会主义"的批判,恩格斯是先行者。

1. 恩格斯在《傅立叶论商业的片段》中对"真正的社会主义"的最初批判

早在 1845 年初,恩格斯和马克思拟定在德国出版《外国杰出的社会主义者文丛》的计划。[1] 1845 年下半年,恩格斯对傅立叶的《论商业》手稿进行了摘译,并撰写了前言和结束语,即《傅立叶论

---

1 参见《马克思恩格斯全集》(第 47 卷),北京:人民出版社,2004 年版,第 347 页;《马克思恩格斯全集》(第 42 卷),北京:人民出版社,1979 年版,第 272 页。

商业的片段》[1]，对当时出版的某些"真正的社会主义者"的著作进行了批评。这也标志着恩格斯开始离开"哲学共产主义"，构建属于自己的共产主义思想，当然，这种建构是通过批判的方式开始的。

在"前言"中，恩格斯开门见山地指出："德国人逐渐把共产主义运动也弄得庸俗起来了。"[2] 具体来说，就是共产主义刚刚在德国出现时，一批投机分子不去看一下傅立叶、圣西门、欧文和法国社会主义者的著作，而是把法英两国已经陈腐了的论点翻译成黑格尔逻辑的语言，并把这当作"真正的德国的理论"，去污蔑目光短浅的法国人和英国人的"拙劣的实践"和"可笑的"社会体系。恩格斯坚决反对这种庸俗化的理论表现，一针见血地指出：

> 在德国人的著作中有些夸张的词句被吹嘘为真正的、纯粹的、德国的、理论上的共产主义和社会主义的基本原则，而在所有这些夸张的词句中间，到现在为止还没有一种思想是从德国的土地上成长起来的。法国人或英国人在十年、二十年、甚至四十年前说过的话……德国人仅仅在最近一年来才偶尔知道一些，并把这些话黑格尔化了，或者至多也只是落在人家后面做了再一次的发明，并把它当作崭新的发明，用坏得多、抽象得多的形式公诸于世。我自己的作品也不例外。[3]

---

1 参见《马克思恩格斯全集》（第2卷），北京：人民出版社，1957年版，第654—661页；《马克思恩格斯全集》（第42卷），北京：人民出版社，1979年版，第318—359页。
2 《国际共产主义运动历史文献（第1卷）：共产主义者同盟文献（1)》，北京：中央编译出版社，2011年版，第259页。
3 《国际共产主义运动历史文献（第1卷）：共产主义者同盟文献（1)》，北京：中央编译出版社，2011年版，第260页。

在这里，恩格斯不仅批评了德国人著作中有些夸张的词句，同时也反思了自己的作品。恩格斯认为，这些德国理论家的问题在于，他们认为法国人（他们对英国人还一无所知）那里值得注意的东西是关于未来社会的规划，即社会制度。但是，与之不同的是，恩格斯认为法国人那里最好的东西是对现存社会的批评，而这一点却被这些德国理论家抛弃了。在恩格斯看来，在这一方面唯一真正做了些事情的是德国人魏特林，但这些聪明的理论家通常只会轻蔑地评论一番，或者干脆连提都不提一下。正是因为如此，恩格斯才摘译了傅立叶著作的片段，建议这些德国理论家读一读。

在"结束语"中，恩格斯一开始就建议德国学者学一学傅立叶这个榜样。接着，恩格斯又指出了傅立叶与德国的理论的不同之处："傅立叶是在正确地认识了过去和现在之后才有了对未来的构思，德国的理论却是首先随意地整理了一下过去的历史，然后又随意地指点未来应该走向何方。"[1]恩格斯认为，德国的"绝对的社会主义"实际上对于政治经济学和现实的社会状况茫然不知。恩格斯认为：

> 这种社会主义，由于自己在理论领域中没有党性，由于自己的"思想绝对平静"而丧失了最后一滴血、最后一点精神和力量。可是人们却想用这些空话使德国革命，去推动无产阶级并促使群众去思考和行动！[2]

之后，恩格斯指出，德国人必须首先熟悉国外的社会运动，熟

---

[1] 《马克思恩格斯全集》（第42卷），北京：人民出版社，1979年版，第356页。
[2] 《国际共产主义运动历史文献(第1卷)：共产主义者同盟文献(1)》，北京：中央编译出版社，2011年版，第261页。

悉这个运动的实践和文献（近80年来英法两国的全部历史即英国的工业和法国的革命都属于这个运动的实践），然后他们必须在实践方面和文献方面做出像他们的邻国所做的那么多的事情，只有在这以后，才可以提出像各民族的功绩大小这类无关痛痒的问题。最后，恩格斯更是一针见血地指出："他们（德国理论家）只有知道了在他们**之前**已经做过些什么，才能表明**他们自己**能够做些什么。"[1]

2. 马克思在《德意志意识形态》中对"真正的社会主义"的最初批判

《德意志意识形态》第二卷留存下来的内容并不完整，除了一个类似序言的"真正的社会主义"一节外，原本应该有的五章内容只留下第一章、第四章和第五章。第一章批判海尔曼·泽米希的《共产主义、社会主义、人道主义》和鲁道夫·马特伊的《社会主义的建筑基石》两篇文章；第四章批判卡尔·格律恩的《法兰西和比利时的社会运动》一书；第五章批判格奥尔格·库尔曼的《新世界或人间的精神王国。通告》一文。值得注意的是，由于赫斯也参与了这一部分的写作，所以没有留存下来的两章很有可能是由赫斯完成的。由于马克思、恩格斯在这一时期与赫斯在理论上走向决裂，由于知识产权方面的原因，没有了赫斯完成的部分，《德意志意识形态》的第二卷就不再完整，这或许也是《德意志意识形态》最终没有公开发表的原因之一。

我们能知道的是，《德意志意识形态》第四章是马克思所写，而且把它交给《威斯特伐里亚汽船》杂志发表，这一点可以通过马克思本人写的《驳卡尔·格律恩》一文中的表述看出来。在这篇文章

---

[1] 《马克思恩格斯全集》（第42卷），北京：人民出版社，1979年版，第359页。

中,马克思清楚地指出,自己本来无意发表这篇一年以前写的详细评论格律恩先生的大作的手稿,是因为认为格律恩的这本书不值得进行专门批判,只是在评述所有鄙陋的德国社会主义作品的过程中提到格律恩先生的时候,才不能不提到这部著作。值得注意的是,马克思在这里也指出,这篇文章是对《德意志意识形态》一书的补充。[1] 由此可见,相对于《德意志意识形态》的主体部分,这篇作为"补充"的评论的写作时间要稍晚一些。

下面我们来看看《德意志意识形态》第二卷的整体理论逻辑。首先是第二卷开头的"真正的社会主义"一节。这一节类似于该卷的序言部分,详细地阐述了"真正的社会主义"的形成过程、本质、产生原因和发展方向。该节一开始就从第一卷(参看"圣麦克斯""政治自由主义")考察过迄今存在过的德国自由主义和法英资产阶级运动之间的关系入手,提出这种关系在德国社会主义和法英无产阶级运动之间也同样存在。我们知道,第一卷"圣麦克斯"一章完全是由马克思完成的,因此,这种前后连贯的写法充分表明,这一节也应该出自马克思的手笔。

在马克思看来,德国自由主义是法英资产阶级运动的产物,德国社会主义是法英无产阶级运动的产物。德国社会主义分为两支,一支是"德国共产主义者",另一支是"真正的社会主义者"。不难看出,马克思把德国社会主义分成德国共产主义者和"真正的社会主义者"的说法,与前面我们提到的恩格斯把德国社会主义分成"工人的共产主义"和"哲学家的共产主义"(或者"民众的党派"和"哲学的党派")的说法是有区别的。很容易可以推导出的结论是,马克思显然是直接把自己划到了"德国共产主义者"的行列,而按

---

[1] 参见《马克思恩格斯全集》(第4卷),北京:人民出版社,1958年版,第43页。

照恩格斯的说法,他和马克思首先应该是"哲学家的共产主义者",之后才是和"真正的社会主义者"有所不同的共产主义者。由此也可以看出,这部分内容的确出自马克思的手笔,而非恩格斯。

马克思一针见血地指出,"真正的社会主义者"接受了法国和英国的某些共产主义思想,把这些思想和自己的德国哲学前提混合起来。他们认为外国的共产主义文献并不是现实运动的表现和产物,而是纯理论的著作。事实上,这些著作即使在宣传某些体系,也是以实际的需要为基础的,是以一定国家的、一定阶级的整个生活条件为基础的。

> 他们企图用德国的特别是黑格尔和费尔巴哈的意识形态,来阐明社会主义和共产主义文献的思想,而这些思想对他们来说却是完全无法解释的……他们把这些共产主义的体系、评论和论战性著作同现实运动割裂开来,其实这些体系、评论和著作不过是现实运动的表现;然后,他们又任意把这些体系、评论和著作同德国哲学联系起来。他们把一定的、受历史条件制约的生活领域的意识同这些生活领域割裂开来,并且用真正的、绝对的意识即德国哲学的意识来衡量这个意识。他们始终一贯地把这些一定的个人间的关系变为"人"的关系,他们把这些一定的个人关于他们自身关系的思想解释成好像这些思想是关于"人"的思想。这样一来,他们就从现实的历史基础回到意识形态的基础上去,而且,由于他们没有认识到现实的联系,因而就很容易用"绝对的"或者别的意识形态的方法来虚构幻想的联系。他们把法国人的思想翻译成德意志意识形态家的语言,任意捏造共产主义和德意志意识形

态之间的联系,这样就形成了所谓"真正的社会主义……"[1]

接着,马克思一语中的地指出:"这种'真正的社会主义'不过是无产阶级的共产主义和英国法国那些或多或少同它相近的党派在德国精神天国以及和我们将要看到的德国情感天国中的变容而已。"[2]它所关心的既然不是现实的人而是"人",所以它就丧失了一切革命热情,它就不是宣扬革命热情,而是宣扬普遍的人类之爱了。因此,它不是求助于无产者,而是求助于德国人数最多的两类人,求助于小资产者及其博爱的幻想和这些小资产者的意识形态家,即哲学家和哲学学徒;总之,它求助于德国现在流行的"平常的"和不平常的意识。

由于德国没有现实的、激烈的、实际的党派斗争,"真正的社会主义"一开始也就变成了纯粹文学的运动。但是,"从名副其实的共产主义党派在德国产生的时候起,'真正的社会主义者'必将越来越局限于把小资产者作为自己的公众,并把那些萎靡和堕落的著作家作为这些公众的代表"[3]。

不难看出,写作《德意志意识形态》第二卷的马克思已经能够十分娴熟地运用自己此前不久在第一卷中刚刚创立的唯物史观来深入分析批判"真正的社会主义"。

---

1 《马克思恩格斯文集》(第1卷),北京:人民出版社,2009年版,第589页。
2 《马克思恩格斯文集》(第1卷),北京:人民出版社,2009年版,第589—590页。
3 《马克思恩格斯文集》(第1卷),北京:人民出版社,2009年版,第591页。

二、马克思和恩格斯的共产主义思想的逐渐厘清

1. "社会主义""共产主义"和"批判的共产主义"

在谈及"马克思和恩格斯的共产主义思想"这一问题时,我们有必要首先声明,在这里,我们宁愿使用"共产主义"而不使用"社会主义"这一术语。之所以如此,完全是为了尊重他们自己的说法和当时的实际情况。在为《共产党宣言》撰写的"1888年英文版序言"和"1892年德文版序言"中,恩格斯就非常仔细地说明了他和马克思在写《共产党宣言》时"社会主义"和"共产主义"的区别。[1]

事实上,这并不是恩格斯的一家之言,而是当时的实际情况。在1947年2月《正义者同盟人民议事会告同盟书》中,就明确地指出了"共产主义"和"社会主义"的本质区别:

> 共产主义是一种制度,按照这个制度,土地是全民的公共财产;按照这个制度,每个人都根据自己的能力劳动,即"生产",根据自己的力量享受,即"消费"。可见,共产主义者的目标是消灭整个旧的社会制度,并用崭新的制度去代替它。
>
> "社会主义"一词源于拉丁文 Socialis,即"有关社会的"。因此,"社会主义",如这个名称本身所表明的那样,是研究社会组织、研究人与人之间的社会关系的。但它不提出任何新的制度,而主要是给旧楼做一些修修补补的工作,给因天长地久而出现的缝隙上抹上灰浆,以掩人耳目,或者充其量像傅立

---

[1] 参见《马克思恩格斯文集》(第2卷),北京:人民出版社,2009年版,第13—14页。同时参见《马克思恩格斯文集》(第2卷),北京:人民出版社,2009年版,第21页。

叶派那样,在老朽的、被称作资本的基础上,增盖一层新楼。"社会主义"这个概念是那么含糊不清,甚至连一切监狱改革的发明者,办公大楼、医院、廉价食堂的创办者,统统都可算作社会主义者。正因为"社会主义"一词实际上并不表明确切的概念,所以它既表明一切,又什么也不表明。所有浅薄之徒和幻想主义者以及所有想有所作为但缺乏行动勇气的好汉们,都聚集在这面旗帜之下,辱骂那些不愿修缮旧楼而要建立崭新大厦的共产主义者。但是,任何一个明智的人都不难理解,修补和装饰陈腐不堪的社会制度,简直是白费时间。因此,我们必须坚持"共产主义"这个字眼,并勇敢地把它写在我们的旗帜上,然后再来清点集合在这面旗帜周围的战士人数。当我们听到说什么"共产主义"和"社会主义"基本上是一回事的时候(特别是最近一个时期,这个说法更流行),当有人建议我们用"社会主义者"这个称号来代替"共产主义者"的时候("共产主义者"这个称号把某些神经不是很坚强的人吓住了),我们决不能沉默。相反,我们应该对这类谬论给予有力的反击。[1]

与此同时,我们把马克思和恩格斯这一时期的共产主义思想称为"批判的共产主义"而不是"科学社会主义"。原因很简单,那就是对于恩格斯和马克思而言,"科学社会主义"的提法是很晚以后的事情了。

"科学社会主义"一词,是卡尔·格律恩在1845年的《法兰西和比利时的社会运动·书信和研究》一书中首先使用的[2];恩格斯

---

1 《国际共产主义运动历史文献》(第2卷),北京:中央编译出版社,2011年版,第10—11页。
2 参见《马克思恩格斯全集》(第3卷),北京:人民出版社,1960年版,第595页。

在1873年的《论住宅问题》一文中首次使用了"德国科学社会主义"这一名称,[1]接着在1874年7月1日为《德国农民战争》写的"1870年第二版序言的补充"中再次使用"德国科学社会主义"这一用语;[2]之后的1874—1875年初,马克思在《巴枯宁〈国家制度和无政府状态〉一书摘要》中首次使用了"科学社会主义"一词。[3]

"批判的共产主义"的说法源于恩格斯于1885年发表的《关于共产主义者同盟的历史》一文:

> 1847年春天莫尔到布鲁塞尔去找马克思,接着又到巴黎来找我,代表他的同志们再三邀请我们加入同盟。他说,他们确信我们的观点都是正确的,也确信必须使同盟摆脱陈旧的密谋性的传统和形式。如果我们愿意加入同盟,我们将有可能在同盟代表大会上以宣言形式阐述我们的批判的共产主义,然后可以作为同盟的宣言发表;同时我们也将有可能帮助同盟用新的符合时代和目的的组织来代替它的过时的组织。[4]

很显然,按照恩格斯晚年的回忆,我们很容易发现,恩格斯所说的这种"批判的共产主义"是建立在马克思1845年春天在布鲁塞尔阐发的唯物主义历史理论基础之上的,这也是能够把马克思和恩格斯的共产主义与正义者同盟和魏特林的共产主义以及"真

---

1 参见《马克思恩格斯文集》(第3卷),北京:人民出版社,2009版,第311页。
2 参见《马克思恩格斯文集》(第2卷),北京:人民出版社,2009版,第217页。
3 参见《马克思恩格斯文集》(第3卷),北京:人民出版社,2009年版,第407页。
4 《马克思恩格斯文集》(第4卷),北京:人民出版社,2009年版,第235—236页。

正的社会主义"区分开来的一个术语。

"批判的共产主义"的说法在马克思后来的文章中也可以找到蛛丝马迹。在1860年出版的《福格特先生》一书中,马克思回忆了共产主义者同盟的历史。在这里,马克思谈到自己和恩格斯、威·沃尔弗等人在布鲁塞尔的活动,他们出版了一系列抨击性的小册子(其中大家熟知的是马克思和恩格斯合写的《反克利盖的通告》),对构成当时"同盟"的秘密学说的那种法英两国社会主义或共产主义同德国哲学的混合物(即"真正的社会主义")进行了无情的批判。正是"为了代替这种混合物,我们提出把对资产阶级社会结构的科学认识作为唯一牢靠的理论基础,最后并用通俗的形式说明:问题并不在于实现某种空想的体系,而在于要自觉地参加我们眼前发生的改造社会的历史过程"[1]。很显然,马克思也认为他和恩格斯的共产主义思想是建立在对资产阶级社会结构进行科学认识的唯物史观的理论基础之上的。正是由于马克思,尤其是恩格斯积极参加他们眼前发生的改造社会的活动产生了影响,"同盟"才邀请他们加入,并通知他们,在同盟代表大会上把他们坚持的"各种批判的观点"[2]作为同盟的理论在正式宣言中提出来。不难看出,马克思这里说的"各种批判的观点",当然也包括"批判的共产主义"。因此,我们把这一阶段的马克思的共产主义思想定位为"批判的共产主义",应该是不会有什么问题的。

2. 马克思和恩格斯的共产主义思想的初步呈现

在共产主义思想的了解和接受方面,相对于赫斯和恩格斯,马克思是后来者。但是,在对共产主义思想的科学化问题上,马克思

---

1 《马克思恩格斯全集》(第19卷),北京:人民出版社,2006年版,第137页。
2 参见《马克思恩格斯全集》(第19卷),北京:人民出版社,2006年版,第137页。

显然是后来居上。事实上,马克思的共产主义思想的科学化水平是与马克思世界观的不断成熟密切相关的。

如果仔细研究《德意志意识形态》,我们就会发现,马克思的唯物史观在这一文本中就已经非常成熟了。第一,唯物史观在第一卷第一章"费尔巴哈"部分已经得到了十分明确的说明,虽然在个别用语上还不完善。第二,在第一卷的其他部分,尤其是"圣麦克斯"部分,唯物史观作为批判的武器被反复多次运用。第三,容易被忽略的《德意志意识形态》的第二卷,其学术意义也非常重要,因为该卷实际上是唯物史观在社会思潮批判上的具体运用。

1846年1月18日,马克思写了一个《声明》,并于1846年1月26日载于《特利尔日报》第26号,原文如下:

> 据1月18日(第18号)"莱茵观察家"报道,《特利尔日报》编辑部曾发表声明说,在为该报撰稿的各式各样的作家中也有"马克思"。为了避免任何误会起见,特声明如下:我**从来没有为该报写过片纸只字**,因为该报那种资产阶级的慈悲的、十足非共产主义的倾向是同我毫不相容的。[1]

这个"声明"写于《德意志意识形态》写作期间,且正式发表,我们有理由认为,伴随着唯物史观的创立,马克思开始了马克思式的共产主义即"科学共产主义"的探索历程。

可是,需要注意的是,恩格斯的共产主义思想在这一时期的一开始并没有达到马克思所理解的高度,其中体现的费尔巴哈、赫

---

[1] 《马克思恩格斯全集》(第2卷),北京:人民出版社,1957年版,第677页。

斯,甚至"真正的社会主义"的人性论的色彩还相当浓厚,这种情况一直持续到 1847 年 10 月份发表的《共产主义者和卡尔·海因岑》两篇文章中。在这两篇文章中,恩格斯才最终赶上马克思的理解水平,而这一过程主要是通过反复批判"真正的社会主义",同时受到马克思《哲学的贫困》一书的影响才得以完成的。

《德意志意识形态》之后,恩格斯在 1846 年底至 1847 年初写了《诗歌和散文中的德国社会主义》,批判了卡尔·倍克的《穷人之歌》和卡尔·格律恩的《从人的观点论歌德》。1847 年初,恩格斯又写了一部著作《真正的社会主义》,批判"真正的社会主义"在总流派范围内发展出来的各个派别(威斯特伐里亚派、萨克森派、柏林派)。很显然,这些著作都是《德意志意识形态》第二卷的直接继续。通读上述这些篇幅都不算短的著作,我们发现,其中还根本看不到唯物史观的影子。与《德意志意识形态》第二卷(除第五章外)相比,这些著作在理论水平方面出现了明显的倒退,更多的不是在说理,而像是在吵架。因此,我们认为,《德意志意识形态》基本上是马克思一个人完成的著作,恩格斯最多只是做了一些无关紧要的工作。事实上,恩格斯后来也曾经反复强调,唯物史观是属于马克思一个人的伟大发现,自己只能说参与了很少一部分的工作。我们认为,这并不是恩格斯的谦虚之词,而是实际情况。也正是因为如此,虽然恩格斯也了解《德意志意识形态》,但是对其中的唯物史观并没有深刻的理解和全面的把握,以至于在《德意志意识形态》之后写的文章在世界观方面并没有达到唯物史观的认识高度。因此,与其说恩格斯的理论水平发生倒退,不如说是恩格斯本来如此,毕竟唯物史观并非他的发现,他当然不可能在理论上一下子深刻起来。

《德意志意识形态》并没有正式出版。1847 年 7 月初,《贫困的哲学》一书出版,马克思在书中第一次对唯物史观做了科学概述。正是在这本著作的影响下,恩格斯终于领悟了马克思的唯物史观。1847年10月,恩格斯发表了《共产主义者和卡尔·海因岑》,其中就奉劝民主派政论家海因岑先生"仔细钻研一下马克思的'哲学的贫困'"[1]。从《共产主义者和卡尔·海因岑》中包含的两篇文章的具体内容来看,恩格斯经过一路颠簸,终于在世界观上达到了马克思唯物史观的理论高度。恩格斯指出:

> 共产主义不是学说,而是**运动**。它不是从原则出发,而是从**事实**出发。被共产主义者作为自己前提的不是某种哲学,而是过去历史的整个过程,特别是这个过程目前在文明各国的实际结果。共产主义的产生是由于大工业以及和大工业相伴而生的一些现象;世界市场的形成和随之而来的无法控制的竞争;具有日趋严重的破坏性和普遍性的商业危机,这种危机现在已经完全成了世界市场的危机;无产阶级的形成和资本的积累以及由此产生的无产阶级和资产阶级之间的阶级斗争。在共产主义作为理论的时候,那么它就是无产阶级立场在这个斗争中的理论表现,是无产阶级解放的条件的理论概括。[2]

至此,通过艰难的理论探索,恩格斯在世界观上主动地接受了马克思的"唯物史观",在政治立场上接近了马克思的共产主义思想。

---

1 《马克思恩格斯全集》(第4卷),北京:人民出版社,1958年版,第305页。
2 《马克思恩格斯全集》(第4卷),北京:人民出版社,1958年版,第311—312页。

值得注意的是,在《德意志意识形态》中,马克思只是初步厘清了其共产主义思想和以往共产主义思想的差异,也就是建立在刚刚诞生的唯物史观的基础之上。之后,马克思和恩格斯合作起草了《共产党宣言》,其中,通过批判形形色色的社会主义和共产主义思想,推动了共产主义思想的科学化进程。再后来,随着唯物史观的不断完善和剩余价值学说的最后问世,最终形成了成熟的科学共产主义理论。

综上所述,我们认为,只有"唯物史观"一词,才能准确表达马克思创立的新的世界观,"历史的"唯物主义和"实践活动的"唯物主义,实际上只是马克思走向"唯物史观"这一理论巅峰过程中的两个重要阶梯。纵览《德意志意识形态》,我们发现,对于《德意志意识形态》来说,最遗憾的是其文本的散乱性,但是,这种"表述形式上的散乱并不能遮蔽思想上的系统性"[1],我们认为,在马克思的政治学批判、经济学批判、意识形态批判和社会学批判之间,其实是密切关联、彼此互动、相互支撑的。在《德意志意识形态》中,马克思实际上系统梳理了哲学史、政治学史、经济学史、社会主义和共产主义史等内容,通过多个学科的辩证综合,形成了独具特色的世界观——唯物史观,而"唯物史观"恰恰是马克思的"科学"概念的历史与逻辑的演变的最后归宿。也正是在这个意义上,我们认为,《德意志意识形态》可以被理解为"马克思主义的百科全书"。

---

1 姚顺良主编:《马克思主义哲学史:从创立到第二国际》,北京:北京师范大学出版社,2010年版,第94页。

第七章　《德意志意识形态》之后的马克思与费尔巴哈

> 因此,我们的 vir obscurus(蠢汉)甚至没有看出我的这种不是从**人**出发,而是从一定的社会经济时期出发的**分析**方法,同德国教授们把概念归并在一起("以言语掉弄舌锋,以言语构成一个系统")的方法毫无共同之点……[1]
>
> ——马克思

完成《德意志意识形态》之后,马克思与费尔巴哈彻底分道扬镳。费尔巴哈继续对其理论体系进行补充和完善,马克思则在其创立的唯物史观的基础上,深入推进资本主义社会批判和资产阶级政治经济学批判研究,从而把唯物史观建立在稳固的基础之上。

1　《马克思恩格斯全集》(第 19 卷),北京:人民出版社,1963 年版,第 415 页。

第一节
马克思与费尔巴哈各自的理论进路

在《说明我的哲学思想发展过程的片段》中,费尔巴哈指出:"我的第一个思想是上帝,第二是理性,第三个也是最后一个是人。"[1] 从费尔巴哈的这一自述可以看出,"人"是费尔巴哈思想的最终归宿。就这一点而言,自《基督教的本质》证明了"神学之秘密是人本学"之后,费尔巴哈的思想就达到了顶峰,其后来的著作,包括晚年所写的《神谱》,说到底都是对人本学的补充和阐发。

比较而言,马克思的思想发展要复杂得多。经由费尔巴哈"唯物主义人本学"这一阶梯,马克思从主观唯心主义阶段过渡到现实人道主义阶段。而在现实人道主义阶段,由于研究主题和研究领域的变化,马克思的思想又先后经历了"政治的"人道主义、"社会的"人道主义和"历史的"人道主义三个阶段,在这一经历的背后,是"政治的"唯物主义、"社会的"唯物主义和"历史的"唯物主义。因此,对于马克思的"历史的"唯物主义的发现,费尔巴哈起了基础性的作用。

"历史的"唯物主义的发现,使得马克思获得了真正意义上的唯物主义理论根基。在此基础上,经历了"实践活动的"唯物主义阶段,马克思最后创立了唯物史观。值得注意的是,马克思在不同研究主题和研究领域内的理论推进并不是完全同步的。从这个意

---

1 [德]路德维希·费尔巴哈:《费尔巴哈哲学著作选集》(上卷),荣震华、李金山等译,北京:商务印书馆,1984年版,第247页。

义上来讲,《德意志意识形态》中"唯物史观"的提出,仅仅只是这种世界观和方法论不断科学化的一个开始。

一、费尔巴哈的理论进路

粗略浏览费尔巴哈一生的著作,我们可以十分清楚地将它们分成两大类:一类是哲学研究,一类是宗教研究。

在哲学研究方面,费尔巴哈以《黑格尔哲学批判》开头,以《关于哲学改造的临时纲要》和《未来哲学原理》为巅峰,以《幸福论》为收尾,形成了一个完整的人本学体系。如果仔细浏览费尔巴哈的哲学研究历程,其实我们可以看出,这是一个完整的逻辑圆圈,其实在本质上和黑格尔体系没有什么不同,也是一种体系哲学。当然,费尔巴哈自己并不这样认为,但是局外人是很清楚的。比如说,早在写作《德意志意识形态》时期,马克思就已经预料到费尔巴哈的理论走向,即走向道德哲学。当然,值得注意的是,费尔巴哈的道德哲学与康德的道德哲学还是有着很大的差别的,毕竟它是建立在"发生学观点的批判哲学"思想方法之上的。

在宗教研究方面,从《基督教的本质》到《宗教的本质》,再到《宗教哲学讲演录》,最后是《神谱》,这一条理论逻辑是非常清晰的。从《基督教的本质》到《宗教的本质》和《宗教哲学讲演录》,费尔巴哈实际上是借助宗教的历史来叙述人和自然的历史的,这是费尔巴哈"发生学观点的批判哲学"的一种必然思路。关于最后的《神谱》,费尔巴哈曾经多次请求朋友们不要忽略了这部著作,但是,这部著作似乎并没有给大家留下更多的印象。即便如此,我们认为,按照费尔巴哈的思想发展逻辑,这部《神谱》确实是非常重要的,因为在这里,费尔巴哈实际上是在回答自己理论体系中一个非常重要的遗留问题,那就是:人的本质究竟是什么。费尔巴哈清楚地指出:"在这里,欲望(Wunsch)是贯穿始终的基本思想。"[1] 正如费尔巴哈在《幸福论》中所言:

> 人的最内秘的本质不表现在"我思故我在"的命题中,而表现在"我欲故我在"的命题中。[2]

至此,费尔巴哈人本学的思路得以清晰展现:神的本质是人,自然是人的根据,人的本质是欲望。

另外,值得注意的是,费尔巴哈并不是一个完全置身于政治之外的人,在其生前没有发表的《法和国家》的若干片段中,费尔巴哈指出:"在思维领域中把神学转变为人本学——这等于在实践和生活领域中把君主政体转变为共和国。"[3] 因此,费尔巴哈的政治立场历来是非常清晰的,只不过他自己采取了理论研究的方式坚持着自己的政治立场,而不是直接采取实践斗争的形式。从这个政治立场的角度上说,其实费尔巴哈也完全不同于继承其衣钵的"真正的社会主义"。按照费尔巴哈的理论逻辑,社会政治必然是从专制君主政体走向民主共和国的。当然,费尔巴哈心目中的民主共和国,最终只能是资产阶级性质的民主共和国。

因此,自《黑格尔哲学批判》和《基督教的本质》起,费尔巴哈就已经在思想上完成了自己的理论体系,之后便按部就班,一步步推进。正是由于费尔巴哈保留了从原则(理论)和体系出发的传统德

---

[1] 苗力田译编:《黑格尔通信百封》,上海:上海人民出版社,1981年版,第299页。
[2] [德]路德维希·费尔巴哈:《费尔巴哈哲学著作选集》(上卷),荣震华、李金山等译,北京:商务印书馆,1984年版,第591页。
[3] [德]路德维希·费尔巴哈:《费尔巴哈哲学著作选集》(上卷),荣震华、李金山等译,北京:商务印书馆,1984年版,第598页。

国哲学思维方式,所以他的理论推进大体上是可以预料的。与费尔巴哈不同的是,马克思是从事实和现实出发的,因此,他的理论进展就显得要复杂难测得多。

二、走出费尔巴哈阴影的马克思

通过《关于费尔巴哈的提纲》和《德意志意识形态》,马克思彻底走出了费尔巴哈的羁绊,创立了完全属于自己的世界观:唯物史观。

在《关于费尔巴哈的提纲》中,马克思与费尔巴哈分道扬镳,形成了完全不同于费尔巴哈人本学的实践唯物主义。在《德意志意识形态》中,马克思在批判德国哲学的意识形态的过程中,清算了自己从前的哲学信仰,初步形成了唯物史观。遗憾的是,这两部十分重要的著作在马克思生前都没有正式公之于世。

唯物史观的第一次正式亮相,是在1846年12月28日马克思写给帕维尔·瓦西里耶维奇·安年柯夫的信中。在这封信中,马克思指出:

社会——不管其形式如何——是什么呢?是人们交互活动的产物。人们能否自由选择某一社会形式呢?决不能。在人们的生产力发展的一定状况下,就会有一定的交换[commerce]和消费形式。在生产、交换和消费发展的一定阶段上,就会有相应的社会制度形式、相应的家庭、等级或阶级组织,一句话,就会有相应的市民社会。有一定的市民社会,就会有不过是市民社会的正式表现的相应的政治国家。[1]

接着,马克思还补充指出:

> 人们不能自由选择**自己的生产力**——这是他们的全部历史的基础,因为任何生产力都是一种既得的力量,是以往的活动的产物。可见,生产力是人们应用能力的结果,但是这种能力本身决定于人们所处的条件,决定于先前已经获得的生产力,决定于在他们以前已经存在、不是由他们创立而是由前一代人创立的社会形式。后来的每一代人都得到前一代人已经取得的生产力并当作原料来为自己新的生产服务,由于这一简单的事实,就形成人们的历史中的联系,就形成人类的历史,这个历史随着人们的生产力以及人们的社会关系的愈益发展而愈益成为人类的历史。由此就必然得出一个结论:人们的社会历史始终只是他们的个体发展的历史,而不管他们是否意识到这一点。他们的物质关系形成他们的一切关系的基础。这种物质关系不过是他们的物质的和个体的活动所借以实现的必然形式罢了。[2]

另外,马克思还指出:

> 人们永远不会放弃他们已经获得的东西,然而这并不是说,他们永远不会放弃他们在其中获得一定生产力的那种社

---

[1] 《马克思恩格斯文集》(第10卷),北京:人民出版社,2009年版,第42—43页。
[2] 《马克思恩格斯文集》(第10卷),北京:人民出版社,2009年版,第43页。

会形式。恰恰相反。为了不致丧失已经取得的成果,为了不致失掉文明的果实,人们在他们的交往[commerce]方式不再适合既得的生产力时,就不得不改变他们继承下来的一切社会形式。……人们借以进行生产、消费和交换的经济形式是**暂时的和历史性的**形式。随着新的生产力的获得,人们便改变自己的生产方式,而随着生产方式的改变,他们便改变所有不过是这一特定生产方式的必然关系的经济关系。[1]

我们认为,虽然马克思的一些概念、术语在这里还没有最终成形,但是,唯物史观的基本架构已经得到了全面充分的展现。

唯物史观的第一次科学的概述,是在1847年出版的《哲学的贫困》中。在《哲学的贫困》中,马克思在批判蒲鲁东的《贫困的哲学》的同时,批判了德国的哲学,同时还对政治经济学做了某些评论。马克思指出:

> 黑格尔为宗教、法等所做过的事情,蒲鲁东先生也想在政治经济学上如法炮制。[2]
>
> 黑格尔认为,世界上过去发生的一切和现在还在发生的一切,就是他自己的思维中发生的一切。因此,历史的哲学仅仅是哲学的历史,即他自己的哲学的历史。没有"与时间次序相一致的历史",只有"观念在理性中的顺序"。他以为他是在通过思想的运动建设世界;其实,他只是根据绝对方法把所有人们头脑中的思想加以系统的改组和排列而已。[3]

---

1 《马克思恩格斯文集》(第10卷),北京:人民出版社,2009年版,第43—44页。
2 《马克思恩格斯文集》(第1卷),北京:人民出版社,2009年版,第601页。
3 《马克思恩格斯文集》(第1卷),北京:人民出版社,2009年版,第602页。

黑格尔是这样,蒲鲁东也是如此。

经济范畴只不过是生产的社会关系的理论表现,即其抽象。真正的哲学家蒲鲁东先生把事物颠倒了,他认为现实关系只是一些原理和范畴的化身。这位哲学家蒲鲁东先生还告诉我们,这些原理和范畴过去曾睡在"无人身的人类理性"的怀抱里。

经济学家蒲鲁东先生非常明白,人们是在一定的生产关系中制造呢绒、麻布和丝织品的。但是他不明白,这些一定的社会关系同麻布、亚麻等一样,也是人们生产出来的。社会关系和生产力密切相联。随着新生产力的获得,人们改变自己的生产方式,随着生产方式即谋生的方式的改变,人们也就会改变自己的一切社会关系。手推磨产生的是封建主的社会,蒸汽磨产生的是工业资本家的社会。

人们按照自己的物质生产率(1885年德文版改为"生产方式")建立相应的社会关系,正是这些人又按照自己的社会关系创造了相应的原理、观念和范畴。

所以,这些观念、范畴也同它们所表现的关系一样,不是永恒的。它们是**历史的**、**暂时的产物**。

生产力的增长、社会关系的破坏、观念的形成都是不断运动的,只有运动的抽象即**"不死的死"**才是停滞不动的。[1]

马克思进而指出:

正如**经济学家**是资产阶级的学术代表一样,**社会主义者**

---

[1] 《马克思恩格斯文集》(第1卷),北京:人民出版社,2009年版,第602—603页。

和**共产主义者**是无产者阶级的理论家。在无产阶级尚未发展到足以确立为一个阶级,因而无产阶级同资产阶级的斗争尚未带政治性以前,在生产力在资产阶级本身的怀抱里尚未发展到足以使人看到解放无产阶级和建立新社会必备的物质条件以前,这些理论家不过是一些空想主义者,他们为了满足被压迫阶级的需要,想出各种各样的体系并且力求探寻一种革新的科学。但是随着历史的演进以及无产阶级斗争的日益明显,他们就不再需要在自己的头脑里找寻科学了;他们只要注意眼前发生的事情,并且把这些事情表达出来就行了。当他们还在探寻科学和只是创立体系的时候,当他们的斗争才开始的时候,他们认为贫困不过是贫困,他们看不出它能够推翻旧社会的革命的破坏的一面。但是一旦看到这一面,这个由历史运动产生并且充分自觉地参与历史运动的科学就不再是空论,而是革命的科学了。[1]

在马克思看来,社会主义者和共产主义者可以理解为无产阶级的经济学家。因此,唯物史观说到底是无产阶级的政治经济学,马克思主义哲学就是马克思经济哲学,从此共产主义的理论运动有了科学的理论根基。至此,哲学、政治经济学、社会主义和共产主义在马克思这里有机地融为一体,作为一个整体而存在的马克思主义得到了全方位的理论表达。

《哲学的贫困》确立的新经济学研究范式,在《雇佣劳动和资本》和《关于自由贸易的演说》中得到了坚持和发展。在《雇佣劳动和资本》中,马克思清晰地指出:

---

[1] 《马克思恩格斯文集》(第1卷),北京:人民出版社,2009年版,第616页。

因此，各个人借以进行生产的社会关系，即**社会生产关系**，是随着物质生产资料、生产力的变化和发展而变化和改变的。生产关系总合起来就构成所谓社会关系，构成所谓社会，并且是构成一个处于一定历史发展阶段上的社会，具有独特的特征的社会。**古典古代**社会、**封建**社会和**资产阶级**社会都是这样的生产关系的总和，而其中每一个生产关系的总和同时又标志着人类历史发展中的一个特殊阶段。[1]

资本也是一种社会生产关系。这是**资产阶级的生产关系**，是资产阶级社会的生产关系。[2]

在《关于自由贸易的演说》中，马克思指出资产阶级所标榜的"贸易自由"实质上就是资本家压榨个人的自由，同时也是资本主义国家牺牲其他民族的利益而聚敛财富的自由。马克思总结道：

在当今社会条件下，到底什么是自由贸易呢？这就是资本的自由。排除一些仍然阻碍着资本自由发展的民族障碍，只不过是让资本能充分地自由活动罢了。不管商品相互交换的条件如何有利，只要雇佣劳动和资本的关系继续存在，就永远会有剥削阶级和被剥削阶级存在。那些自由贸易的信徒认为，只要更有效地运用资本，就可以消除工业资本家和雇佣劳动者之间的对立，他们这种妄想，真是令人难以理解。恰恰相反，这只能使这两个阶级的对立更为显著。[3]

---

1 《马克思恩格斯文集》（第1卷），北京：人民出版社，2009年版，第724页。
2 《马克思恩格斯文集》（第1卷），北京：人民出版社，2009年版，第724页。
3 《马克思恩格斯文集》（第1卷），北京：人民出版社，2009年版，第756—757页。

最后，马克思指出："总的说来，保护关税制度在现今是保守的，而自由贸易制度却起着破坏的作用。自由贸易制度正在瓦解迄今为止的各个民族，使无产阶级和资产阶级间的对立达到了顶点。总而言之，自由贸易制度加速了社会革命。先生们，也只有在这种革命意义上我才赞成自由贸易。"[1]

《共产党宣言》是马克思主义诞生的标志。由于《共产党宣言》的视野非常开阔，因此引用其中几句话来概括其基本思想的方式是非常不合适的。我们认为，最能精确表达《共产党宣言》基本思想的，是恩格斯在《共产党宣言》1883年德文版序言中的归纳总结：

> 贯穿《宣言》的基本思想：每一历史时代的经济生产以及必然由此产生的社会结构，是该时代政治的和精神的历史的基础；因此（从原始土地公有制解体以来）全部历史都是阶级斗争的历史，即社会发展各个阶段上被剥削阶级和剥削阶级之间、被统治阶级和统治阶级之间斗争的历史；而这个斗争现在已经达到这样一个阶段，即被剥削被压迫阶级（无产阶级），如果不同时使整个社会永远摆脱剥削、压迫和阶级斗争，就不能使自己从剥削它压迫它的那个阶级（资产阶级）下解放出来。——这个基本思想完全是属于马克思一个人的。[2]

在1888年英文版序言中，恩格斯再次重复了这一总结。我们认为，这段话可以理解为恩格斯版本的马克思主义。而马克思本

---

[1] 《马克思恩格斯文集》（第1卷），北京：人民出版社，2009年版，第759页。
[2] 《马克思恩格斯文集》（第2卷），北京：人民出版社，2009年版，第9页。

人对马克思主义的表述,则体现在《政治经济学批判·第一分册》"序言"中。在《政治经济学批判·第一分册》"序言"中,马克思十分清晰地谈到了自己多年来研究工作的总的结果,即马克思主义,它被马克思本人简要地表述如下:

> 人们在自己生活的社会生产中发生的一定的、必然的、不以他们的意志为转移的关系,即同他们的物质生产力的一定发展阶段相适合的生产关系。这些生产关系的总和构成社会的经济结构,即有法律的和政治的上层建筑竖立其上并有一定的社会意识形式与之相适应的现实基础。物质生活的生产方式制约着整个社会生活、政治生活和精神生活的过程。不是人们的意识决定人们的存在,相反,是人们的社会存在决定人们的意识。社会的物质生产力发展到一定阶段,便同它们一直在运动的现存生产关系或财产关系(这只是生产关系的法律用语)发生矛盾。于是这些关系便由生产力的发展形式变成生产力的桎梏。那时社会革命的时代就到来了。随着经济基础的变更,全部庞大的上层建筑也或慢或快地发生变革。在考察这些变革时,必须时刻把下面两者区别开来:一种是生产的经济条件方面所发生的物质的、可以用自然科学的精确性指明的变革,一种是人们借以意识到这个冲突,并力求把它克服的那些法律的、政治的、宗教的、艺术的或哲学的,简言之,意识形态的形式。我们判断一个人不能以他对自己的看法为根据,同样,我们判断这样一个变革时代也不能以它的意识为根据;相反,这个意识必须从物质生活的矛盾中,从社会生产力和生产关系之间的现存冲突中去解释。无论哪一个社会形态,在它所能容纳的全部生产力发挥出来之前,是决不会

灭亡的；而新的更高的生产关系，在它的物质存在条件在旧社会的胎胞里成熟之前，是决不会出现的。所以人类始终只提出自己能够解决的任务，因为只要仔细考察就可以发现，任务本身，只有在解决它的物质条件已经存在或者至少是在生成过程中的时候，才会产生。大体说来，亚细亚的、古代的、封建的和现代资产阶级的生产关系可以看作经济的社会形态演进的几个时代。资产阶级的生产关系是社会生产过程的最后一个对抗形式，这里所说的对抗，不是指个人的对抗，而是指从个人的社会生活条件中生长出来的对抗；但是，在资产阶级社会的胎胞里发展的生产力，同时又创造着解决这种对抗的物质条件。因此，人类社会的史前时期就以这种社会形态而告终。[1]

我们认为，这正是马克思主义最为精准的系统表达。

三、马克思对费尔巴哈的逆袭

费尔巴哈长马克思 14 岁，在学术研究上是一个先行者。14年的年龄差距，足以让两个哲学家在现实生活中脱节，但是，事实上，有着相同时代背景的马克思与费尔巴哈在现实生活中还是发生了交集。值得一提的是，马克思与费尔巴哈的学术关系其实并不完全是单向度的，而是双向互动的，即便费尔巴哈对马克思的影响要远远大于马克思对费尔巴哈的影响。在这里，我们在详细探讨过费尔巴哈对马克思的影响之后，也不妨了解一下马克思对费

---

[1] 《马克思恩格斯文集》(第 2 卷)，北京：人民出版社，2009 年版，第 591—592 页。

尔巴哈的反向影响。

1. 马克思与费尔巴哈的第一次直接对话

马克思与费尔巴哈的第一次对话发生在1843年10月。当时,作为《基督教的本质》的作者,费尔巴哈早已声名鹊起。马克思和卢格筹办《德法年鉴》的出版,决定邀请一批德国和法国的著作家为其撰稿,费尔巴哈是其中非常重要的邀请对象。1843年10月3日,身在克罗伊茨纳赫的马克思写信给在布鲁克贝格的费尔巴哈,希望费尔巴哈为《德法年鉴》撰写一篇评论谢林的文章。

费尔巴哈于10月15日写了回信。颇为诡异的是,我们现在能够看到的回信有两封。第一封信可以在《费尔巴哈哲学著作选集》上卷中看到,就是标题为"谢林先生"的一篇文章,文章由截然不同的两个部分构成:前半部分是费尔巴哈写给马克思的信,后半部分是一篇批判谢林的文章。这封信最初由格律恩发表于文集《费尔巴哈的通信和遗著……》第1卷,后来收入1910年版《费尔巴哈全集》第4卷。这封信在费尔巴哈生前没有被公开发表,也没有寄给马克思,应该是后来寄给马克思的那封回信的草稿。第二封信可以在《黑格尔通信百封》附录中的"费尔巴哈书信二十封"中看到。当然,我们能够看到的这封信,只有前面的内容,后面的内容容缺失。两封信应该是同一封信,但是仔细对比之后,我们发现,虽然两者的内容有共同之处,但还是大为不同。

两封信的共同之处在于:费尔巴哈谢绝了马克思的邀请。理由也大致相同,主要有三点:第一,料理完4月故世的大哥的后事,自己身心疲倦;第二,正准备从事一项严肃的编写工作,自己没有时间;第三,评定谢林一事没有任何必要性,自己缺乏意愿。

两封信的不同之处在于:第一封信非常完整,谢绝了马克思的邀请,但是颇为令人意外地在后面附有一篇批判谢林的文章;第二封信并不完整,但中心思想即婉言谢绝马克思的邀请,已经表达清楚了。因此,我们认为,费尔巴哈当时确实是谢绝了马克思的邀请,但是后来也确实补写了一篇批判谢林的文章,当然,这篇文章并没有寄给马克思。之所以做出这样的推测,理由有两个:第一,费尔巴哈在回信中隐约包含这种意思。在给马克思的回信草稿中,费尔巴哈指出:"至少在最近仍不能迎合您的希望。"[1] 在给马克思的正式回信中,费尔巴哈也说道:"我不能,至少现在不能写出这样的文章来。"[2] 第二,费尔巴哈不可能在一天之内完成两封信和一篇文章。从第一封信后所附的批判谢林的文章来看,这篇文章是相当专业、相当完整的,要做到这一点,首先必须全面深入地研究谢林著作之后才有可能,但是,按照费尔巴哈的说法,为了给马克思写回信,"我就真把摆在我的书桌上而没有动过的,保卢斯编注的柏林演讲录拿来放在手边。从头到尾,把这荒谬绝伦的神学诡辩,耐心地看了一遍"[3]。由此可见,按照费尔巴哈在学术上的认真态度,是不可能在一天之内就完成一篇批判谢林的学术性极强的文章的。唯一合理性的解释是:这篇文章是在事后完成的,补写在没有发出的回信草稿之后。

在马克思和费尔巴哈的这一次直接对话中,我们可以看出,费尔巴哈不仅对马克思表示敬意,而且认同马克思的一些看法。在第一封信的开头,费尔巴哈写道:"您用尽一切办法鼓舞我这样一个如此困难地由内部走向外部的作家。"[4] 在对待谢林的态度上,

---

1 [德]路德维希·费尔巴哈:《费尔巴哈哲学著作选集》(上卷),荣震华、李金山等译,北京:商务印书馆,1984年版,第187页。
2 苗力田译编:《黑格尔通信百封》,上海:上海人民出版社,1981年版,第293页。
3 苗力田译编:《黑格尔通信百封》,上海:上海人民出版社,1981年版,第294页。
4 [德]路德维希·费尔巴哈:《费尔巴哈哲学著作选集》(上卷),荣震华、李金山等译,北京:商务印书馆,1984年版,第187页。

费尔巴哈完全同意马克思的意见：

> 在这里，我们在对付这样一位哲学家，他向我们显示的并不是哲学的力量，而是警察的力量，不是真理的力量，而是谎言和欺骗的力量。来对付像这样一种矛盾百出，令人作呕的主题，需要充沛的精力。总的说来，对那种人们认为绝对无误，认为直接、间接已经证明了的东西，或者对那些不再成为研究对象的东西进行批判，这在心理上很难有什么主动性。我和您的意见完全一致，绝对不可忽视对谢林再一次有力揭发的外在的，政治的必要性。[1]

由此可见，费尔巴哈谢绝马克思的邀请，并不是因为不认同马克思的看法，而是缺乏内心的要求，正如费尔巴哈在给马克思的信中所言："我只能做我所愿意做的事情，凡是我内心没有迫切之感的东西，我都不能用来作为写作主题。"[2]

2. 费尔巴哈对马克思的同情

对于早期的马克思而言，他对费尔巴哈的态度正如卢格所言，是"怀着极为友好情谊的"[3]，不仅如此，同一时期的费尔巴哈对于马克思本人也是相当尊重的。

在第一次直接对话之后，身在巴黎的马克思于1844年8月11日又给在布鲁克贝格的费尔巴哈写了一封长信，其中提到，"对于德国人来说，要摆脱对立的片面性是很困难的，我多年的朋友

---

[1] 苗力田译编：《黑格尔通信百封》，上海：上海人民出版社，1981年版，第294页。
[2] 苗力田译编：《黑格尔通信百封》，上海：上海人民出版社，1981年版，第294页。
[3] 《马克思主义研究资料》（第27卷），"马克思恩格斯列宁相关书信及其研究Ⅱ"，北京：中央编译出版社，2015年版，第346页。

(但现在同我越来越疏远了)布鲁诺·鲍威尔在他的柏林出版的批判性报纸《文学报》中重新证明了这一点。不管您看过这家报纸没有。那里有不少文章是在同您进行无声的论战"[1]。马克思提到,自己将出一本小册子(即《神圣家族》)反对鲍威尔的谬论,希望事先得到费尔巴哈的意见。我们没有找到费尔巴哈的回信,但是,在1845年2月7日写给奥·维干德的信中,费尔巴哈对普鲁士和法兰西王国政府迫害马克思等人的行为表示谴责,对马克思表示了最深切的同情:"他们这批人,特别是可怜的马克思,应该受到最深切的同情,而普鲁士和法兰西王国应受到最大的谴责。他们现在怎么办呢? 如果您在这方面有什么消息,请赶快写信告诉我。"[2]由此可见,此时此刻,虽然费尔巴哈在学术研究上不同于马克思,但是在政治立场上和马克思是有着共同之处的。

3. 费尔巴哈对马克思著作的研究和运用

我们知道,在马克思思想发展的过程中,曾经深入、系统地研究过费尔巴哈哲学。实际上,晚年的费尔巴哈也对马克思的著作产生过一定的兴趣,进行过一定的研究。

费尔巴哈在1968年4月11日写给弗里德里希·卡普的信中说道:"我早就收到了您的德国移民史。然而最近我有很多,并且是很难懂的东西要阅读,钻研,马克思的光辉著作《政治经济学批判》就是其中之一。"[3]由此可见,对于此时此刻的费尔巴哈来说,马克思的《政治经济学批判》(即《资本论》第一卷)不仅是一部光辉的著作,而且是"很难懂的东西"。

---

[1]《马克思恩格斯全集》(第47卷),北京:人民出版社,2004年版,第75页。
[2] 苗力田译编:《黑格尔通信百封》,上海:上海人民出版社,1981年版,第295页。
[3] 苗力田译编:《黑格尔通信百封》,上海:上海人民出版社,1981年版,第312页。

与此同时,费尔巴哈在 1867—1869 年写的《幸福论》一书中也提到马克思的著作《资本论》。费尔巴哈指出:

> 幸福不只以我个人为转移,幸福的到来不能不有我的参加和我的独立行为,同样地,遵守道德不只是以我的随意的活动为转移,而且也依外界的物质、自然界和身体的状况为转移。没有德行就没有幸福,这个话你说得很对,你是道德学家,我衷心地同意你,我已经这样承认你!但是,你须注意:没有幸福就没有德行,因此,道德就归属到私人经济和国民经济的领域中来了。如果没有条件取得幸福,那就缺乏条件维持德行。德行和身体一样,需要饮食、衣服、阳光、空气和住居。如果人们挤住在一起,如像在英国的工厂中和工人住宅——假设能把猪栏也叫做住宅的话——中,如果人们甚至缺乏足够量的新鲜空气(关于此,请参照马克思的著作《资本论》,在这一著作中至少提供了大量的最富有兴趣的同时也是使人战栗的不可争辩的事实),那末也就完全谈不上道德了,那末德行最多也不过是工厂主和资本家老爷们的专利品了。如果缺乏生活上的必需品,那末也就缺乏道德上的必要性。生活的基础也就是道德的基础。如果由于饥饿由于贫穷你腹内空空,那末不问在你的头脑中、在你的心中或在你的感觉中就不会有道德的基础和资料。[1]

因此,"如果你想把道德付诸实行,那你得首先消除横在道德

---

[1] [德]路德维希·费尔巴哈:《费尔巴哈哲学著作选集》(上卷),荣震华、李金山等译,北京:商务印书馆,1984 年版,第 569 页。

路途上的那些物质的障碍"!¹ 在这里,虽然费尔巴哈依然有自己的理论逻辑,但是,我们不能否认的是,这些内容似乎完全可以被理解为马克思主义的道德观。

我们认为,在《幸福论》中,费尔巴哈的人本学走向了道德哲学,其对于人的本质的理解更加深刻了,可以说达到了自己一生思想水平的顶峰。费尔巴哈指出:

> 事实上,被思考为自身独立存在的个人的道德是毫无内容的虚构。在我之外没有任何你,亦即没有其他人的地方,是谈不上什么道德的;只有社会的人才是人。因为有你存在和与你共处,我才是我。只是由于你作为一个明显的可触知的我,作为一个他人而与我的意识相对立,我才意识到我自己。²

其实,早在《德意志意识形态》中批判施蒂纳时,马克思就指出:

> 德国哲学是从意识开始,因此,就不得不以道德哲学告终,于是各色英雄好汉都在道德哲学中为了真正的道德而各显神通。费尔巴哈为了人而爱人,圣布鲁诺爱人,因为人"值得"爱,而圣乔桑爱"每一个人",他是用利己主义的意识去爱的,因为他高兴这样做。³

---

1 [德]路德维希·费尔巴哈:《费尔巴哈哲学著作选集》(上卷),荣震华、李金山等译,北京:商务印书馆,1984年版,第570页。
2 [德]路德维希·费尔巴哈:《费尔巴哈哲学著作选集》(上卷),荣震华、李金山等译,北京:商务印书馆,1984年版,第571页。
3 《马克思恩格斯全集》(第3卷),北京:人民出版社,1960年版,第424页。

因此,从某种意义上来说,马克思早于费尔巴哈指出了费尔巴哈哲学发展的逻辑归宿——道德哲学。当然,费尔巴哈的道德哲学不同于康德的道德哲学,这一点费尔巴哈在《幸福论》中有详细的说明。从某种意义上说,费尔巴哈的道德哲学和马克思主义的道德观有着某种共同之处,虽然理论的出发点和逻辑进路完全不同。另外,在这里,费尔巴哈所提出的"只有社会的人才是人"与马克思在《1844年经济学哲学手稿》和《关于费尔巴哈的提纲》中的观点有着惊人的相似性,但是,值得注意的是,费尔巴哈眼中的"社会"与马克思眼中的"社会"有着根本的差异,因此,说到底,他们对于人的社会性的理解是大相径庭的。

第二节
马克思唯物史观与费尔巴哈唯物主义
人本学的联系与差别

马克思的唯物史观产生170多年以来,"马费关系"一直是学术界的一个经久不衰的研究课题。究其根源,那就是马克思唯物史观的形成过程与费尔巴哈唯物主义人本学之间确确实实存在着十分密切的联系。当然,我们也应当看到,马克思的唯物史观与费尔巴哈的唯物主义人本学之间也存在着十分清晰而且重大的差别。

一、马克思唯物史观与费尔巴哈唯物主义人本学的联系

在马克思的思想发展中有一个非常奇特的现象,那就是代表

马克思思想发展最为重要的《1844年经济学哲学手稿》《关于费尔巴哈的提纲》和《德意志意识形态》这三部(篇)著作,在马克思生前都没有正式出版或发表。这三部著作有一个共同的特点,那就是与费尔巴哈的关系十分密切。其中,《1844年经济学哲学手稿》作为最能表现马克思对费尔巴哈崇拜的著作,马克思根本没有出版的意图。《关于费尔巴哈的提纲》作为马克思对费尔巴哈系统、全面批判的著作,马克思从来没有流露出发表的意思。《德意志意识形态》作为马克思对费尔巴哈的彻底清算,最终由于各种阻碍,当时也没有得以出版,但是,后来到了英国的马克思,在完全有机会出版这部著作的情况下也没有选择去出版这部虽然没有完成但是相对比较完整的著作。因此,我们认为,无论是崇拜费尔巴哈的著作,还是批判费尔巴哈的著作,马克思最终都是自觉选择了放弃发表或出版,最核心的原因是,马克思和费尔巴哈在理论上有着十分重要的关联,一荣俱荣,一损俱损。马克思对费尔巴哈哲学不是抛弃,而是扬弃;不是全盘批判,而是有所借鉴。

事实上,在全面扬弃费尔巴哈唯物主义人本学并创立唯物史观之后,就马克思本人后来发表的著作来看,他很少对费尔巴哈进行批判,相反,马克思对费尔巴哈的评价是相当客观而公正的。举例来说,1865年1月19日蒲鲁东去世后,应《社会民主党人报》编辑施韦泽的请求,马克思于1865年1月24日写了《论蒲鲁东》(给约·巴·施韦泽的信)一文。在这篇文章中,马克思把蒲鲁东在《什么是财产》这一著作中描述的圣西门和傅立叶的关系类比为费尔巴哈对黑格尔的关系。紧接着,马克思指出:

和黑格尔比起来,费尔巴哈是极其贫乏的。但是,他**在黑格尔以后**起了划时代的作用,因为他**强调了**为基督教意识所厌恶而对于批判的进步却很重要的某几个论点,而这些论点是被黑格尔留置在神秘的朦胧状态下的。[1]

由此可见,马克思在相对黑格尔的意义上批评了费尔巴哈,同时也在相对黑格尔的意义上指出了费尔巴哈的划时代作用。

正因为如此,我们认为,马克思的唯物史观和费尔巴哈的唯物主义人本学有一个非常重要的理论关联,那就是它们有一个共同的理论根基:发生学观点的批判哲学。有所不同的是,费尔巴哈的唯物主义人本学可以被理解为一种自然发生学观点的批判哲学,马克思的唯物史观可以被理解为一种社会发生学观点的批判哲学。在费尔巴哈看来,自然—人—宗教是理论进路;在马克思看来,生产力—生产关系(经济基础)—上层建筑是理论进路。费尔巴哈用自然的逻辑解释一个宗教的时代,马克思则用社会的逻辑解释一个现实的世界。从发生学观点的批判哲学的意义上来讲,在马克思的唯物史观与费尔巴哈的唯物主义人本学之间始终存在着共同之处,甚至可以延伸到《资本论》的写作之中。费尔巴哈把这一方法用于探索宗教的本质,追根溯源,一直找到自然这一基础。马克思把这一方法运用于社会,一路前行,一直运用到对资本主义社会的分析、批判和解剖。

另外,在马克思与费尔巴哈之间存在着一个重要的理论逻辑上的关联,那就是:对费尔巴哈来说,唯物主义人本学是研究结论,但对于处于"现实人道主义"阶段的马克思来说,唯物主义人本学却是研究方法(研究起点)。这种方法与结论之间的辩证关系在哲学史中表现得尤为突出。事实上,对一个哲学家来说是研究结论

---

[1] 《马克思恩格斯文集》(第3卷),北京:人民出版社,2009年版,第17页。

的东西,对其后继者来说,往往是其开始的研究方法。

二、马克思唯物史观与费尔巴哈唯物主义人本学的差别

当然,马克思的唯物史观与费尔巴哈的唯物主义人本学相比,区别还是占主要的。我们认为,两者之间的区别主要有以下几点:

第一,学科视野不同。只有站在高处才能鸟瞰科学的全貌。综观费尔巴哈一生的著作,主要涉及两个学科:一是神学,一是哲学。其著作也可以分成宗教类和哲学类两类。由于费尔巴哈初学学科为神学,即便后来决定放弃神学,投入哲学的怀抱,但是其哲学讨论的主题依然局限在神学讨论的主题范围之内,即宗教。可是,无论是宗教史,还是精神史,都只是人类史的一个方面,因此,费尔巴哈仅仅是用神学、精神现象学的单一视角来理解世界。相对于费尔巴哈,马克思的学科视野要宽广得多。马克思初学学科为法学,后来又努力学习哲学、政治学、政治经济学、历史学等学科,最终将各个学科的研究范畴有机融合在一起,形成了自己的唯物史观。因此,马克思的唯物史观恰恰是多学科的综合,是各学科研究对象的系统性世界观。

第二,理论出发点不同。费尔巴哈唯物主义人本学的理论出发点是"人",马克思唯物史观的理论出发点是"物质生产"和"一定的社会经济时期"。事实上,早在上大学期间,马克思已经萌生了从现实出发的理论研究思路。后来,在《1844年经济学哲学手稿》中,马克思就表现出"从一定的经济事实出发"的思维范式,只不过这种思维范式在当时并非主导,马克思本人也没有意识到这一点正是自己不同于费尔巴哈的地方。在《1857—1858年经济学手稿》的"导言"中,马克思开门见山地指出:"摆在面前的对象,首先

是**物质生产**。在社会中进行生产的个人,——因而,这些个人的一定社会性质的生产,当然是出发点。……因此,说到生产,总是指在一定社会发展阶段上的生产——社会个人的生产。"[1] 马克思在晚年所写的《评阿·瓦格纳的〈政治经济学教科书〉》一文中,明明白白地指出:

> 因此,我们的 vir obscurus(蠢汉)甚至没有看出我的这种不是从**人**出发,而是从一定的社会经济时期出发的**分析**方法,同德国教授们把概念归并在一起("以言语掉弄舌锋,以言语构成一个系统")的方法毫无共同之点……[2]

正是因为出发点不同,费尔巴哈的唯物主义人本学是一种理论体系的逻辑,而马克思的唯物史观更多的是一种社会历史的逻辑。

第三,阶级立场不同。费尔巴哈唯物主义人本学代表了德国小市民阶级的人类情怀,马克思唯物史观代表了世界无产阶级的根本利益。纵观费尔巴哈一生正式发表的著作,很少能找到直接谈论自己阶级立场方面的内容,他的阶级立场主要是通过其哲学思想表现出来的,但是,费尔巴哈还是在《宗教本质讲演录》的"附录和注释"中泄露了自己阶级倾向:

> 历史上的新时代是什么时候开始的呢?到处是在被压迫群众或大多数人为了维护他们的充分合法的利己主义而反对一个民族或一个阶层之排他的利己主义的时候,是在某个阶

---

[1] 《马克思恩格斯全集》(第30卷),北京:人民出版社,1995年版,第22—26页。
[2] 《马克思恩格斯全集》(第19卷),北京:人民出版社,1963年版,第415页。

级的人或整个民族战胜了贵族少数之狂妄自大而脱离了赤贫者之遭到轻视的幽暗,来到历史名望之光明的时候。这样,人类之现在被压迫的多数应当并且确实将要掌权并且创立一个新的历史时代。并不是教养、精神之贵族应当被扬弃;决不!只是,不应当让一些人做贵族,其他所有的人都做平民,而是应当让一切人——至少是应当——都受教养;并不是私有财产应当被扬弃,决不!只是,不应当让一些人有私有财产,而所有其他的人却一无所有,而是应当让所有的人都有私有财产。[1]

显而易见的是,费尔巴哈并不主张扬弃私有财产,而是主张让所有人都有私有财产,这是一种资产阶级的立场,反映的正是德国小市民阶级的一种带有浓厚道德情感,甚至宗教情感的人类情怀。马克思则完全不同。虽然青年时期的马克思的哲学思想和方法论中包含着明显的费尔巴哈哲学因素,但是,早在《德法年鉴》时期,马克思就直接鲜明地表明了自己要服务的阶级——无产阶级,表达了自己所要奋斗的目标——消灭私有制度,而且,马克思的这种阶级立场和奋斗目标,一经产生,就持续了一生,从来没有改变过。

第四,理论特性不同。在费尔巴哈的思想发展过程中,有几个阶段,关键词分别是上帝、理性和人,稍加留意不难看出,费尔巴哈思想中的关键词都是静态用语,这也反映了费尔巴哈哲学浓厚的宗教特色,即非历史性。马克思则不然,无论是劳动,或者是实践,还是生产,其思想发展的不同阶段的关键词都是动态用语,体现了

---

[1] [德]路德维希·费尔巴哈:《费尔巴哈哲学著作选集》(下卷),荣震华、王太庆、刘磊译,北京:商务印书馆,1984年版,第810—811页。

马克思哲学深刻的历史特色。究其根源,是因为马克思与费尔巴哈有一个非常重要的不同之处,就是对待黑格尔的逻辑学的不同态度。费尔巴哈一生都非常排斥黑格尔的逻辑学。在1866年3月初写给威廉·博林的信中,费尔巴哈强烈表达了自己对于黑格尔逻辑学的反感:

> 库·费舍(K. Fischer)所编的《逻辑学》(第二版)我在去年就收到了,然而,直到如今还一眼都没看过。这一方面是由于没有时间,另一方面是无此兴致。为什么说无此兴致呢?我在黑格尔逻辑学的哲学面前发抖,正如生命在死亡面前发抖一样。不管它在形式上有什么改变,是改好了,还是改糟了。如果您在我的早期著作中,没有发现这种战栗,那么,您在我最近的著作中就会看到。这是彩蝶在蛹虫面前的战栗。还是由它去吧,我过去没有时间,现在更没有时间。[1]

在4月30日写给威廉·博林的信中,费尔巴哈继续了这一看法:

> 这里只谈一件事,我终于抽空把费舍的书拿过来,读了逻辑学的开头部分,——存在、不在、变化。在读的时候我抑制不住大叫,可怜哪,可怜! 极其贫乏的烦琐哲学,诡辩哲学! 反对黑格尔这个笨蛋是多么光荣和可敬的事业啊! 青年们却被这类糠秕喂养着,是多么令人痛心哪! 如果有必要的话,我

---

[1] 苗力田译编:《黑格尔通信百封》,上海:上海人民出版社,1981年版,第305页。

将证明这种责难是符合事实的。[1]

与费尔巴哈相反,马克思很早就意识到黑格尔逻辑学的积极价值,在《资本论》中甚至充分运用了黑格尔逻辑学中所采用的研究方法。

---

[1] 苗力田译编:《黑格尔通信百封》,上海:上海人民出版社,1981年版,第306页。

结束语：卡尔·马克思与费尔巴哈哲学的终结

> 任何热爱，都是神化。[1]
>
> ——费尔巴哈
>
> 大家知道，虔信则迷。[2]
>
> ——马克思

"马费关系"是马克思主义形成史研究中一个经久不衰的主题。我们认为，准确定位费尔巴哈的思想史地位是正确理解"马费关系"的基本前提，正确理解马克思唯物史观的形成过程是准确定位"马费关系"的一把钥匙。

在本书的"前言"部分，我们系统地梳理了费尔巴哈的思想史地位。费尔巴哈的思想史地位是通过对黑格尔哲学的五重否定得以奠定的。通过五重否定，费尔巴哈形成了自己最为根本的哲学思想和方法论——"发生学观点的批判哲学"和最为基本的哲学思想和方法论——"唯物主义人本学"。

---

1 ［德］路德维希·费尔巴哈：《费尔巴哈哲学著作选集》（上卷），荣震华、李金山等译，北京：商务印书馆，1984年版，第239页。
2 《马克思恩格斯全集》（第2卷），北京：人民出版社，1957年版，第199页。

对一个哲学家来说是结论的东西,对其后继者来说,往往只是一个开端。在马克思和费尔巴哈的学术承继的历程中,便存在过这样的学术关联。从"黑格尔法哲学批判"时期的《1844年经济学哲学手稿》再到《神圣家族》时期,在费尔巴哈"唯物主义人本学"哲学思想和方法论的影响下,马克思逐渐形成了"现实人道主义"的世界观和方法论。而这种"现实人道主义"的世界观和方法论,其本身也经历了三次阐发,形成了一条比较清晰的"政治的"人道主义—"社会的"人道主义—"历史的"人道主义的"人道主义"的显性思想逻辑。在这一显性的思想逻辑的背后,逐渐生发出一条逐渐清晰的"政治的"唯物主义—"社会的"唯物主义—"历史的"唯物主义的"唯物主义"的隐性思想逻辑。在费尔巴哈"发生学观点的批判哲学"哲学思想和方法论的启发下,在政治经济学研究和共产主义思想研究的双重推动下,马克思用"实践活动的"唯物主义整体扬弃了费尔巴哈的"唯物主义人本学"。最后,通过对法学、哲学、政治经济学、社会学、历史学等多个学科的辩证综合,马克思在《德意志意识形态》中形成了具有"社会发生学观点的批判哲学"特色的唯物史观,彻底终结了费尔巴哈的"自然发生学观点的批判哲学"这一根本哲学思想和方法论。

  自马克思创立唯物史观以来,"马费关系"一直为学术界所重视。究其根源,是马克思和费尔巴哈身处的那个时代面对的很多问题,在我们今天这个时代依然存在。比如说宗教问题。费尔巴哈毕其一生都在批判宗教,马克思一开始就避开了宗教问题,而把研究重点放在产生宗教的现实基础上。如今,宗教问题不仅没有因为理论批判的科学化而烟消云散,反而因为现实苦难的多样化而日益严峻。再比如说历史问题。由于费尔巴哈哲学的出发点是宗教,于是,费尔巴哈哲学中的历史也沾染上了宗教史的特性,即非历史性。马克思指出了人类社会历史发展的客观规律,可是在现实中,国际共产主义运动并不是一帆风顺的,而是充满了艰辛和反复。因此,理论上的进步与现实上的进步总是难以同步,这也是许多老主题需要重新研究的重要原因。

事实上,只要我们决定从现实出发,那么不管这种现实是政治状况、经济状况、社会状况,抑或是意识形态的状况,我们就会发现,时代永远都是错乱的,不同步、不平衡是时代发展永恒的特点。迄今为止,人类社会产生以来的各种各样的社会形态、政治模式、经济形式、意识形态,只要曾经产生,就会反复展现着。唯一有所变化的,是随着时间的改变而在空间上的转移。从这个意义上来说,唯物史观发展到"历史地理唯物主义"[1]似乎是有道理的。当然,我们也认为,戴维·哈维的"历史地理唯物主义"与其说是唯物史观的新阶段,不如说是唯物史观的应有之义。

在写于1842年但在生时没有刊印的《改革哲学的必要性》这篇文章的开头,费尔巴哈区分了两种哲学:哲学史的哲学和人类的历史的哲学。[2] 在费尔巴哈看来,黑格尔哲学属于前者,而费尔巴哈想成为后者。事实上,从一个较长的历史时段来看,无论是黑格尔哲学还是马克思哲学,最后都成了后者,而费尔巴哈哲学,可能勉强算得上后者。因为,显而易见的是,费尔巴哈哲学顶多只能算一种"德国的历史的哲学",而黑格尔哲学和马克思哲学则是两种"世界的历史的哲学"。在这里,我们再一次回到"马费关系"的研究上来,作为一次面向全新世界的历史性展望,它善良地希望可以解释这个世界,也可以改变这个世界。

---

1 [英]戴维·哈维:《正义、自然和差异地理学》,胡大平译,上海:上海人民出版社,2015年版,第7页。
2 参见[德]路德维希·费尔巴哈:《费尔巴哈哲学著作选集》(上卷),荣震华、李金山等译,北京:商务印书馆,1984年版,第94页。

附录一　马克思与费尔巴哈学术史对应简表

费尔巴哈(1804—1872)	马克思(1818—1883)
1830年,匿名发表《死与不死》。	
1933年,《近代哲学史——从培根到斯宾诺莎》出版。	
1937年,《近代哲学史。对莱布尼茨哲学的叙述、分析和批判》出版。	
1938年,《比埃尔·培尔——根据哲学史、人类史最有价值观点进行评论》出版。	
1939年8月、9月,《黑格尔哲学批判》发表。	1939年夏,为创作博士论文做《关于伊壁鸠鲁哲学的笔记》,其中涉及费尔巴哈哲学史著作。
	1840年下半年至1841年3月,写作哲学博士论文《德谟克利特的自然哲学和伊壁鸠鲁的自然哲学的差别》,其中涉及费尔巴哈哲学史著作。
1841年6月,《基督教的本质》在莱比锡出版。 《论"哲学的开端"》发表于《哈勒年鉴》。	1841年7月初,移居波恩,研究费尔巴哈的著作《基督教的本质》。

(续表)

费尔巴哈(1804—1872)	马克思(1818—1883)
1842年,《关于哲学改造的临时提纲》发表。	1842年,马克思似乎也在写一篇题为《黑格尔法哲学批判》的文章。 从逻辑上讲,马克思在《关于哲学改造的临时提纲》一文发表时就看到了它,因为马克思的《评普鲁士最近的书报检查令》一文也一同收录在《德国现代哲学和政论界轶文集》中。当然,马克思最晚在1843年3月看到《关于哲学改造的临时提纲》,因为马克思在1843年3月13日写给卢格的信中提到"费尔巴哈的警句"。
1843年2月14日,为《基督教的本质》写再版序言;3月3日、4月1日又附数言,出版增订第二版于莱比锡。 1843年7月9日,写《未来哲学原理》的"引言"。出版于瑞士苏黎世。 1843年10月25日于布鲁克贝格给马克思回信谢绝写批判谢林的文章。	1843年5—10月,从科伦移居克罗茨纳赫。一方面广泛地研究各种历史政治学著作,写下五个笔记本的《克罗茨纳赫笔记》;一方面撰写《黑格尔法哲学批判》(一种说法:3—9月)一书。 1843年10月3日,马克思在克罗茨纳赫写信给费尔巴哈,邀请他为《德法年鉴》撰稿批判谢林。 1843年10月底,因《德法年鉴》决定在巴黎出版,从克罗茨纳赫移居巴黎。 1843年秋天至1944年1月,为《德法年鉴》写《论犹太人问题》和《〈黑格尔法哲学批判〉导言》,并继续修改《黑格尔法哲学批判》一书。
	1844年2—5月,《黑格尔法哲学批判》的写作中断,此后重新埋头于他在1843年7—8月在克罗茨纳赫开始的并于10月在巴黎继续从事的对法国大革命的分析。
	1844年4—8月,在进行经济学摘录的过程中,写下《1844年经济学哲学手稿》。 1844年7月31日在巴黎写作《评"普鲁士人"的"普鲁士国王和社会改革"》一文。

(续表)

费尔巴哈(1804—1872)	马克思(1818—1883)
	1844年8月11日,致信费尔巴哈,征询他对批判鲍威尔的意见。 8月28日左右,恩格斯绕道巴黎,在巴黎与马克思会面。在恩格斯停留巴黎的10天中,他们亲自拟订了《神圣家族》的写作计划和大纲。 11月下半月,写完《对批判的批判所作的批判》一书,将书稿送交法兰克福的出版商。在排印过程中,马克思在书名上加上了"神圣家族"四个字。
1944年10月底,青年黑格尔分子施蒂纳的著作《唯一者及其所有物》发表。 1845年,费尔巴哈《因〈唯一者及其所有物〉而论基督教的本质》发表于《维干德季刊》第二卷。	1945年春天,在《1844—1847年记事本》上写下《关于费尔巴哈的提纲》。
(之后的费尔巴哈与马克思没有直接学术关系) 1946年,《宗教的本质》发表于维干德编的《爱比格尼(后裔)》文集第三卷第一册。 《费尔巴哈全集》(十卷本)由维干德陆续出版于莱比锡。当年出版第一、二卷。 《反对身体和灵魂、肉体和精神的二元论》发表。 《说明我的哲学思想发展过程的片段》为《全集》第二卷发表而写。	1945年秋—大约1846年5月,马克思恩格斯写作《德意志意识形态》。

附录二　马克思《关于费尔巴哈的提纲》与费尔巴哈相关哲学文本对照简表

马克思:《关于费尔巴哈的提纲》(以下简称《提纲》)	费尔巴哈:《未来哲学原理》《关于哲学改造的临时纲要》和《基督教的本质》[以下分别简称《原理》《纲要》和《本质》,《基督教的本质》一书参见:[德]路德维希·费尔巴哈:《费尔巴哈哲学著作选集》(下卷),荣震华、王太庆、刘磊译,北京:商务印书馆,1984年版。]
《提纲》第1条: 从前的一切唯物主义(包括费尔巴哈的唯物主义)的主要缺点是:对对象、现实、感性,只是从**客体的**或者**直观**的形式去理解,而不是把它们当作**感性的人的活动**,当作**实践**去理解,不是从主体方面去理解。因此,和唯物主义相反,**能动的**方面却被唯心主义抽象地发展了,当然,唯心主义是不知道现实的、感性的活动本身的。费尔巴哈想要研究跟思想客体确实不同的感性客体:但是他没有把人的活动本身理解为**对象性的**[gegenständliche]活动。因此,他在《基督教的	《原理》第31条片段: (黑格尔的)这种唯心主义与主观唯心主义的不同,就在于它包括了现实世界的全部内容并将这个内容当成思想的范畴。因此,如果真正严肃地对待思想或理念的实在性,就必须将一个异于思想本身的东西加到思想之上,换句话说:思想必须是实在化的思想,有异于未实在化的、单纯的思想——必须不只是思维的对象,而是非思维的对象。思维实在化,正是思想否定自身,不再是单纯的思想;那么这个非思维,这个有别于思维的东西到底是什么? 就是感性事物。 我们要想解决这个矛盾,只有给实在事物和感性事物以绝对独立的,神圣的,第一性的,不是从理念派生出来的意义。

(续表)

本质》中仅仅把理论的活动看作真正人的活动,而对于实践则只是从它的卑污的犹太人的表现形式去理解和确定。因此,他不了解"革命的""实践批判的"活动的意义。	《原理》第32条片段: 具有现实性的现实事物或作为现实的东西的现实事物,乃是作为感性对象的现实事物,乃是感性事物。真理性、现实性、感性的意义是相同的。只有一个感性的实体,才是一个真正的、现实的实体。只有通过感觉,一个对象才能在真实的意义之下存在——并不是通过思维本身。与思维共存的或与思维同一的对象,只是思想。 一个对象,一个现实的对象,只有当我们遇到一种对我发生作用的东西时,只有当我的自我活动——如果我是从思维的立场出发的话——受到另一个东西的活动的限制,阻碍时,才呈现在我们面前。对象的概念,原来根本不是别的,只不过是另外一个"自我"的对象——在童年时代人就是这个样子,将一切事物了解为自由活动的,有意志的东西——一般对象的概念,就是这样通过"你"的概念,通过对象化了的"我"的概念为媒介而产生的。用费希特的话来说:对象并不是呈现于"自我"之中,而是呈现于"自我"中的"非我"之中,亦即另一个"自我"之中;因为只有当一个"自我"转变为一个"你"的时候,只有当我被动的时候,才会产生一种存在于我以外的活动性亦即客观性的观念。但是只有通过感觉,"自我"才能成为"非我"。 《原理》第33条片段: 新哲学将我们所了解的存在不只看作实际存在的实体——因而将存在看作存在的对象——存在于自身的对象。作为存在的对象的那个存在——只有这个存在才配称为存在——就是感性的存在,直观的存在,感觉的存在,爱的存在。因此存在是一个直观的秘密,感觉的秘密,爱的秘密。 《原理》第34条片段: 新哲学建立在爱的真理上,感觉的真理上。 《原理》第36条片段: 新哲学是光明正大的感性哲学。

(续表)

	《原理》第 38 条片段: 只有那种不需要任何证明的东西,只有那种直接通过自身而确证的,直接为自己做辩护的,直接根据自身而肯定自己,绝对无可怀疑,绝对明确的东西,才是真实的和神圣的。但是只有感性的事物才是绝对明确的;只有在感性开始的地方,一切怀疑和争论才会停止。直接认识的秘密就是感性。 《本质》1843 年第二版序言: 这种哲学,是从思想之**对立物**,即从**物质**、**实质**、**感觉**中产生思想,并且,在通过思维过程来规定对象以前,先就与对象发生感性的、也即受动的、领受的关系。(14 页) 《本质》 "实践"(143—147 页) (143—144 页)创世学说来自犹太教;它乃是犹太教之经典学说、基本学说。但它在这里所依据的原则,与其说是主观性原则,还不如说是**利己主义**原则。创世学说,就其特有的意义而言,只有当人在实践上使自然仅仅服从于他自己的意志和需要,从而在其表象中也把自然低贬为单单的制造品,低贬为意志之产物时,才得以建立起来。现在,人既然**从他自身**,并按照**自己的**兴趣来说明和解释自然,那么,对他来说,自然之实存也就被解释清楚了。 (144—145 页)理论之立场,就意味着与世界**和谐相处**。在这里,只有感性的想象力,才是**主观的**活动,也即人于人中满足**自己**、让**自己**自由地活动的那种活动。在这里,在满足自己的同时,人也让自然安静地存在下去;他仅仅由**属自然的**材料来构成他自己的空中楼阁和富有诗意的宇宙创成说。与此相反,如果人仅仅立足于实践的立场,并由此出发来观察世界,而使实践的立场成为理论的立场时,那他就跟自然不睦,使自然成为他的自私自利、他的实践利己主义之**最顺从的**仆人。这种利己主义的、实践的直观——在它看来,自然**自在自为地**便是**无**——之理论上的表现便在于它认为:

(续表)

	自然或世界,是被造出来的,是**命令之产物**。上帝说应当有世界,然后就有了世界;也就是说,上帝命令要有世界,然后,世界就毫不迟疑地奉命产生了。 (145 页)**功用主义**、效用,乃是犹太教之至高原则。 (146 页)直到今天,犹太人还不变其特征。他们的原则、他们的上帝,乃是**最实践的处世原则**,是利己主义,并且是**以宗教为形式的利己主义**。利己主义就是那不允许自己的仆人吃亏的上帝。利己主义在本质是**一神教的**,因为,它唯独以"我"为其目标。利己主义使人专心一志;它给予人以一个坚定固实的生活原则;但是,它却也使他理论上趋于偏狭,因为它使他漠视一切跟他切身利益无关的东西。 (147 页)"我要" (148 页)一样东西,如果对于我来说并不具有理论意义,在我看来并不是理论或理性中的**本质**,那么对于它,我就没有**理论的根据**,没有**本质的**根据。我只有通过**意志来确证**、**实现其理论上的虚无性**。我们不屑对我们所轻视的东西看一下。人们所注视的东西,人们也必重视;**直观就是承认**。人们所直观到的东西,将那想使一切东西都服从于自己的意志的傲慢,以秘密的吸力加以束缚,并且以施加于眼睛的魔术予以征服。凡是对理智智能、理性造成印象的东西,也就摆脱了利己主义之统治;这样的东西,对这种统治发生反应,抵抗这种统治。具有破坏欲的利己主义使什么东西死,充满着爱的理论就又使其活过来。 (354 页)创造仅只具有一个利己主义的目的和意义。"创世之目的,仅仅是为了**以色列**。世界是为了以色列而被造出来的,并且,如果说以色列人是果实的话,那么,其余的民族就只是果壳而已。""倘若没有以色列人,那么,就没有雨水降到世上来,**太阳也不再升起**,因为这都是为他们准备的,就像经上(《耶利米书》,第 33 章第 25 节)所说的那样。""上帝是我们的亲属,我们也是他的亲属……谁

(续表)

	打了以色列人一下耳光,谁就等于打了威严的上帝一下耳光。"[艾森门格尔(J. A. Eisenmenger, 1645—1704):《被发现了的犹太教》,第1部,第14章]
《提纲》第2条: 人的思维是否具有客观的[gegenständliche]真理性,这不是一个理论的问题,而是一个**实践的**问题。人应该在实践中证明自己思维的真理性,即自己思维的现实性和力量,自己思维的此岸性。关于思维——离开实践的思维——的现实性或非现实性的争论,是一个纯粹**经院哲学**的问题。	《原理》第3条: 但是新教之否定上帝自身或作为上帝的上帝——因为上帝自身才是原来的上帝——只是在实践方面;在理论方面新教是承认上帝存在的。上帝自身是存在的;但是它并不是为一种人即富于宗教信仰的人而存在——它是一种彼岸的实体,这种实体只有在天国里才能成为人的对象。但是在宗教的彼岸的事物,乃是在哲学的此岸的事物。不是宗教的对象的东西,就正是哲学的对象。 《原理》第4条: **用理性或理论**去验证和溶解那对宗教是彼岸的、不是宗教对象的上帝,是思辨哲学的任务。 《原理》第48条片段: 实际事物并不能全部反映在思维中,而只能片段地部分地反映在思维中。这种差别是一种正常的差别——是以思维的本性为根据的,思维的本质是普遍性,而现实的本质是个别性,它们的不同点就在这里。但是这个差别并不会形成思想中的东西与客观事物之间的真正矛盾,这只是因为思维并不是直线地、与自身相同一地向前进行,而是被感性直观所打断。只有那通过感性直观而确定自身,而修正自身的思维,才是真实的,反映客观的思维——具有客观真理性的思维。 《原理》第58条: 真理并不存在于思维之内,并不存在于自为的认识之内。真理只是人的生活和本质的总体。 《本质》导论第一章概论宗教的本质第45页:

(续表)

	存在、实存之概念,是**真理之首先的、发端的概念**。或者说,在开始时,人使真理依赖于实存;只是到了后来,才是实存依赖于真理。
《提纲》第3条: 关于环境和教育起改变作用的唯物主义学说忘记了:环境是由人来改变的,而教育者本人一定是受教育的。因此,这种学说一定把社会分成两部分,其中一部分凌驾于社会之上。 环境的改变和人的活动或自我改变的一致,只能被看作是并合理地理解为**革命的实践**。	18世纪法国唯物主义者孔狄亚克、爱尔维修的观点,马克思之所以在《提纲》中列举这一条,与在《神圣家族》中梳理18世纪法国唯物主义有关。
《提纲》第4条: 费尔巴哈是从宗教上的自我异化,从世界被二重化为宗教世界和世俗世界这一事实出发的。他做的工作是把宗教世界归结于它的世俗基础。但是,世俗基础使自己从自身中分离出去,并在云霄中固定为一个独立王国,这只能用这个世俗基础的自我分裂和自我矛盾来说明。因此,对于这个世俗基础本身应当在自身中、从它的矛盾中去理解,并在实践中使之革命化。因此,例如,自从发现神圣家族的秘密在于世俗家庭之后,世俗家庭本身就应当在理论上和实践中被消灭。	《原理》第1—30条
《提纲》第5条: 费尔巴哈不满意**抽象的思维**而喜欢**直观**;但是他把感性不是看作**实践的、人的感性的活动**。	《原理》32—43条 《纲要》第20段: 抽象就是假定**自然以外的自然本质,人以外的人的本质,思维活动以外的思维本质**。黑格尔哲学使人与自己异化,从而在这种抽象活动的基础上建立起它的整个体系。它诚然将它分离开的东西重新等同起来,但是用的只是本身又可以分离的间接方式。黑格尔哲学缺少**直接**

(续表)

	的统一性,直接的确定性,直接的真理。 《纲要》第29段: 哲学的**主观**来源和进程,也就是它的**客观**来源和进程。当你思想到性质之前,你先**感觉**到性质。**感受**是先于思维的。 《纲要》第45段: 哲学家必须用人的本质的那个不研究哲学的,甚至反对哲学、**对抗抽象思维**的方面,即那个被黑格尔贬为**注释**的东西,吸收到哲学**本身**里面来。只有这样,哲学才能成为一种**普遍的**、**无敌手的**、**不可推翻的**、**不可抗拒的**力量。因此哲学不应当从**自身**开始,而应当从它的**反面**,从非**哲学**开始。我们中间这个与思维有别的、非哲学的、绝对**反经院哲学**的本质,乃是**感觉主义**的原则。
《提纲》第6条: 费尔巴哈把宗教的本质归结于**人**的本质。但是,人的本质不是单个人所固有的抽象物,在其现实性上,它是一切社会关系的总和。 费尔巴哈没有对这种现实的本质进行批判,因此他不得不: (1) 撇开历史的进程,把宗教感情固定为独立的东西,并假定有一种抽象的——**孤立的**——人的个体。 (2) 因此,本质只能被理解为"类",理解为一种内在的、无声的、把许多个人**自然地**联系起来的普遍性。	《原理》第1条: 近代哲学的任务,是将上帝现实化和人化,就是说,将神学转变成人本学,将神学溶解为人本学。 《原理》第41条片段: 人是由两个人生的——肉体的人是这样生的,精神的人也是这样生的:人与人的交往,乃是真理性和普遍性最基本的原则和标准。我所以确知有在我以外的其他事物的存在,乃是由于我确知有在我以外的另一个人的存在。我一个人所见到的东西,我是怀疑的,别人也见到的东西,才是确实的。 《原理》第58条: 真理并不存在于思维之内,并不存在于自为的认识之内。真理只是人的生活和本质的总体。 《原理》第59条: 孤立的,个别的人,不管是作为道德实体还是作为思维实体,都未具备人的本质。人的本质只包含在团体之中,包含在人与人的统一之中,但是这个统一只是建立在"自我"和"你"的区别的实在性上面的。

(续表)

	《原理》第60条： 孤独性就是有限性和限制性，集体性则是自由和无限性。孤独的人是人（一般意义之下）；与人共存的人，"自我"与"你"的统一。 《原理》第61条片段： 人性哲学家则相反地说：我固然是在思维中，固然是作为哲学家，却是与人共存的人。 《原理》第62条： 真正的辩证法并不是寂寞的思想家的独白，而是"自我"和"你"的对话。 《纲要》第1段： 神学的秘密是**人本学**。 《纲要》第58段： 自然是与**存在没有区别的实体**，人是与存在**有区别的实体**。没有区别的实体是有区别的实体的根据——所以自然是人的根据。 《纲要》第64段： "人"这个名称的意义，一般只是指带有他的需要、感觉、心思的人，只是指作为个人的人，异于他的精神，一般地说，异于他的一般社会性质——例如异于艺术家、思想家、著作家、法官，似乎**人所特具的基本特征**并不在于他是思想家、艺术家、法官等等，似乎艺术界、科学界等各界中的人是**在他之外的**。思辨哲学在理论上确定了这种人的主要特征与人的分离，从而将完全抽象的性质神圣化为独立的实体。例如黑格尔的《自然权利》第190节便说："个人在法律上是对象，从道德观点说是主体，在家庭中是家庭成员，在一般公民社会中是公民（作为市民），在这里，从需要的观点说，却是**表象**（？）的具体名词，人们称之为人，因此，在这里，而且真正说来也只有在这里，说的才是这个意义之下的人。"在**这个意义之**下，当说到公民、主体、家庭成员、个人时，实际上只是说到**同一**的实体——人，只不过是在另一种意义下，从另一种性质来说的。

(续表)

	《纲要》第 65 段： 一切关于法律、关于意志、关于自由、关于没有人的，在人以外甚至在人之上的人格的思辨，都是一种**没有统一性、没有必然性、没有实体、没有根据、没有实在性**的思辨。人是自由的存在，人格的存在，法律的存在。只有人才是费希特的"自我"的**根据和基础**，才是莱布尼茨的"单子"的**根据和基础**，才是"绝对"的**根据和基础**。 《纲要》第 66 段： 一切科学必须以**自然**为基础。一种学说在没有找到它的**自然基础**之前，只能是一种**假设**。这一点特别对于**自由的学说**有意义。只有新哲学才能将直到如今仍然是一种**反自然主义的、超自然主义的假设**的自由**自然主义化**。 《纲要》第 67 段： **哲学必须重新与自然科学结合，自然科学必须重新与哲学结合**。这种建立在互相需要和内在必然性上面的结合，是持久的、幸福的、多子多孙的，不能与**以前那种哲学与神学的错配**同日而语。 《纲要》第 68 段： 人是国家的（一切的一切）。国家是人的实在化了的、经过发挥的、明确化了的总体。在国家里面，人的主要性质和活动现实化成为特殊的等级，但是这些性质和在国家领袖的个人身上又重新回到了同一性。国家领袖无差别地代表一切等级，在他的面前，一切等级都同样必要、同样有权利的。国家领袖是普遍的人的代表。 《纲要》第 69 段： 基督教将"人"这个名称与"上帝"这个名称用"神人"（Gottmensch）这个名称结合起来，从而将"人"这个名称提高到最高实体的一种属性的地位。新哲学根据真理，将这个属性当作实体，将宾词当作主体——新哲学是**实在化了的理念**，是基督教的**真理**。但是，正因为它包含了基督教的**本质**，所以它放弃了基督教这个**名称**。基督教只是在**与真理矛盾**中说出了真理。无矛盾的、纯粹的、毫不掺假的

(续表)

	真理是一种新的真理,是一种新的、自主的人类的行动。 《本质》1841年初版序言: (5页) **神学之秘密是人本学。** 《本质》(222页) 我们已经将处于世界的、超自然与超于人的上帝的本质还原成属人的本质的组成部分,以作为其基本组成部分。我们在结束处又回到了开端处。人是宗教的始端,人是宗教的中心点,人是宗教的尽头。 《本质》(315页) **神学之秘密是人本学**,属神的本质之秘密,就是属人的本质。
《提纲》第7条: 因此,费尔巴哈没有看到,"宗教感情"本身是社会的产物,而他所分析的抽象的个人,是属于一定的社会形式的。 注:马克思在1844年7月31日写的《评"普鲁士人"的〈普鲁士国王和社会改革〉一文》一文中多次提到"宗教情感"。	《原理》第52条片段: 新哲学完全地、绝对地、无条件地无矛盾地将神学溶化为人本学,因为新哲学不仅向旧哲学那样将神学溶化于理性之中,而且将它溶化于心情之中,简言之:溶化于完整的,现实的,人的本质之中。宗教感情:《本质》导论第一章概论人的本质第34—36页
《提纲》第8条: 全部社会生活在本质上是**实践的**。凡是把理论引向神秘主义的神秘东西,都能在人的实践中以及对这个实践的理解中得到合理的解决。	《本质》结束语 (314—323页) 因此,我们对宗教的态度,决**不仅仅是**一种**否定的**东西,而是一种**批判的**态度;我们只是把**真的东西**与**假的东西**分开来——当然,与谬误分开以后的真理,毕竟是一个新的真理,是一个跟旧的真理**有本质区别**的真理。宗教是人的第一个自我意识。各种宗教之所以是神圣的,正是因为它们传来了第一个意识。但是,宗教认为是第一性的东西——上帝——,我们已经证明,实际上原本是第二性的。因为他只不过是人之为自己成为自己对象的本质;因而,宗教认为是第二性的东西——人——就应当**被设定和表明为第一性的**。对人的爱,绝不会是派生的爱;它必须成为**起源的爱**。只有这样,爱才成为一种**真正的、神圣的、**

(续表)

	可靠的威力。如果人的本质就是人所认为的**至高本质**，那么，在实践上，**最高的和首要的基则**，也必须是**人对人的爱**。Homo homini Deus est（对人来说，人就是上帝）——这就是至高无上的实践原则，就是世界史的枢轴。孩子对父母的关系，夫妻之间的关系，兄弟之间的关系，朋友之间的关系，一般地，人与人之间的关系，总之**道德上的各种关系**，本来就是**的的确确的宗教上的关系**。 一般说来，**生活**，在它的各种**本质重要的**关系中，乃具有**完全属神的性质**。并不是只有通过教士的祝福，生活才领受宗教上的圣洁。宗教想要通过它的原来是外在的附加物而使一个对象神圣化，这样一来，它就宣称只有它自己才是神圣的威力；除了自己以外，它就只知道属地的、非属神的关系了；因此，它跑来正是为了使这些关系神圣化、圣洁化。（315—316 页） 诚如前面已经说过的，只要我们把宗教上的关系颠倒过来，始终把宗教设定为手段的东西理解为目的，把宗教认为是从属的、次要的东西，把宗教认为是条件的东西，提升为主要的东西，提升为原因，这样，我们就会打破幻觉而看到真理的纯净光辉。（320 页）
《提纲》第 9 条： 直观的唯物主义，即不是把感性理解为实践活动的唯物主义至多也只能达到对单个人和市民社会的直观。	《本质》结束语
第 10 条： 旧唯物主义的立脚点是市民社会，新唯物主义的立脚点则是人类社会或社会的人类。	《本质》结束语
《提纲》第 11 条： 哲学家们只是用不同的方式**解释**世界，问题在于**改变**世界。	《原理》第 65 条：(末条) 从前的各种改造哲学的企图，只是在方式上或多或少地与旧哲学有所不同，而不是在种类上与旧哲学有所不同。而一种真正的新哲学，即适合人类的和未来

(续表)

	的需要的,独立的哲学,其不缺少的条件则是在于它在本质上与旧哲学不同。 《原理》第 64 条片段: 作为人的哲学的新哲学……主要地也是为人的哲学——新哲学对理论的独立性和尊严性并无妨害,甚至与理论高度协调,本质上具有一种实践倾向,而且是最高意义下的实践倾向。新哲学替代了宗教,它本身包含着宗教的本质,事实上它本身就是宗教。 《原理》"引言"片段: 未来哲学应有的任务,就是将哲学从"僵死的精神"境界重新引导到有血有肉的、活生生的精神境界,使它从美满的神圣的虚幻的精神乐园下降到多灾多难的现实人间。为了达到这个目的,哲学不需要别的东西,只需要一种人的理智和人的语言。但是用一种纯粹而真实的人的态度去思想,去说话,去行动,则是下一代人才能做到的事。因此目前的问题,还不在于将人之所以为人陈述出来,而是在于将人从他所沉陷的泥坑里拯救出来。这些原理,也就是从这种艰苦的工作中所获得的结果。 …… 这些原理,是不会没有后果的。 《纲要》第 33 段: 思辨哲学一向从抽象到具体、从理想到实在的进程,是一种颠倒的进程。通过这样的道路,永远不能达到**真实的**、**客观的实在**,永远只能做到将自己的**抽象概念现实化**,正因为如此,也永远不能认识精神的真正**自由**,因为只有对**客观实际的本质和事物的直观**,才能使人不受一切成见的束缚。从理想到实在的过渡,只有在实践哲学中才有它的地位。 《本质》1841 年初版序言: 总的来说,这本著作的内容是病理学的或生理学的,而其目的则是**治疗学的或实践的**。(5 页)

附录三　马克思世界观的五个阶段和四次转变

陈中奇

摘　要：马克思的世界观先后经历了从理想主义到自我意识哲学、从自我意识哲学到现实人道主义、从现实人道主义到"实践活动的"唯物主义、从"实践活动的"唯物主义到唯物史观四次转变，形成了理想主义、自我意识哲学、现实人道主义、"实践活动的"唯物主义、唯物史观五个阶段。其中，第三个阶段是最为复杂的一个，有着显性的人道主义和隐性的唯物主义双重逻辑，显性人道主义先后经历了"政治的"人道主义、"社会的"人道主义和"历史的"人道主义三个阶段，隐性的唯物主义也相应经历了"政治的"唯物主义、"社会的"唯物主义和"历史的"唯物主义三个阶段。

关键词：马克思；世界观；五个阶段；四次转变

中图分类号：A8　**文献标识码**：A　**文章编号**：1001－9774（2017）01－0013－04

收稿日期：2016－10－06
基金项目：2016年国家社会科学基金年度项目：马克思与费尔巴哈学术关系的文本阐释（16BKS007）

长期以来,在马克思唯物史观形成史的研究中,国内外学术界大多秉持列宁的"一次转变论",即《德法年鉴》中的《〈黑格尔法哲学批判〉导言》和《论犹太人问题》这两篇文章,标志着马克思完成了"从唯心主义向唯物主义,从革命民主主义者向共产主义者的转变"。针对列宁的"一次转变论",已故的中国马克思主义哲学史学家孙伯鍨教授在20世纪70年代率先提出了"两次转变论",即马克思早期的思想发展经历了三个阶段,他先从最初的唯心主义和革命民主主义转变到费尔巴哈式的人本学唯物主义和哲学共产主义,然后再转变到历史唯物主义和科学共产主义。事实上,马克思唯物史观不是一蹴而就的,而是经历了一个错综复杂的形成过程。如果纵览马克思的早期文本,就可以发现,马克思的世界观先后有五个比较清晰的阶段,经历了四次比较明显的转变。

一

　　马克思世界观的第一个阶段是理想主义(唯心主义)[1]。这一阶段始于中学时期,终于到柏林大学上学初期。在马克思中学期间的几篇作文中,尤其是《青年在选择职业时的考虑》一文充分表现了这种理想主义的世界观。之后的大学初期,马克思写下了不少的抒情诗。按照马克思自己的说法,这些抒情诗是"纯理想主义的其原因在于我的观念和我迄今为止的整个成长过程"[2]。马克

---

[1] 在德语和英语的语境中,"理想主义"和"唯心主义"是同一个词,《马克思恩格斯全集》中文第1版将相关概念译为"理想主义",《马克思恩格斯全集》中文第2版将之改译为"唯心主义"。在中文语境下,"理想主义"和"唯心主义"大不相同,前者和"现实主义"对应,后者和"唯物主义"对应。

[2] 《马克思恩格斯全集》(第47卷),北京:人民出版社,2004年版,第6页。

思的理想主义在中学期间主要是受后来成为马克思夫人的燕妮的父亲路德维希·冯·维斯特华伦先生的影响。[1] 在大学初期,这种世界观还受到康德和费希特的理想主义的影响。[2]

马克思世界观的第一次转变始于到柏林大学上学之后,主要是受到了黑格尔及其弟子的著作的影响。在1837年11月10—11日写给父亲的信中,马克思十分详细地说明了自己的思想转变过程。"帷幕降下来了,我最神圣的东西被毁掉了,必须用新的神来填补这个位置。我从理想主义——顺便提一下,我曾拿它同康德和费希特的理想主义的比较,并从中吸取营养——转而向现实本身去寻求观念。如果说神先前是超脱尘世的,那么现在它们已经成为尘世的中心。"[3] 经过在柏林大学一年的学习,对于马克思而言,原有的世界观崩溃了,这个被毁掉的"最神圣的东西"就是理想主义,这个"新的神"就是黑格尔哲学。之后,马克思潜心钻研黑格尔哲学,和青年黑格尔派接触。但是,由于不能全面领会和把握,马克思陷入烦恼和矛盾之中,以至于"产生了讽刺的狂热"。[4] 至此,马克思的世界观已经完全从理想主义转变到黑格尔哲学上,当然这种转变是在一种矛盾的状态下,或者可以说,此时的马克思是一个并不认同黑格尔哲学观点,但同时又把这些观点当成偶像的"准黑格尔主义者"。我们并不认为马克思的世界观有一个黑格尔哲学阶段,原因也是如此。后来发生的事实证明,马克思从来都不是一个完全意义上的黑格尔主义者,但是,与此同时,马克思毕生都与黑格尔哲学保持着某种意义上的密切联系。以黑格尔哲学

---

[1] 参见《马克思恩格斯全集》(第40卷),北京:人民出版社,1982年版,第187页。
[2] 参见《马克思恩格斯全集》(第47卷),北京:人民出版社,2004年版,第12—13页。
[3] 《马克思恩格斯全集》(第47卷),北京:人民出版社,2004年版,第12—13页。
[4] 《马克思恩格斯全集》(第47卷),北京:人民出版社,2004年版,第15页。

为平台,马克思走向了其世界观的第二个阶段:自我意识哲学,完成了世界观上的第一次转变。

二

马克思世界观的第二个阶段是自我意识哲学。马克思的这一世界观主要体现在其博士论文中。在博士论文的"序言"和"新序言(片段)"中,马克思清晰地表达了自己的博士论文的世界观根基——自我意识哲学。[1] 自我意识哲学和黑格尔哲学并不等同,它是青年黑格尔派的核心人物之一鲍威尔所主张的黑格尔哲学,即"鲍威尔式的黑格尔哲学"。很显然,此时的马克思受到鲍威尔的重大影响。但是,遗憾的是,在马克思的文本中并没有明确交代过两人之间的这种学术联系,虽然这种联系非常清楚。之所以如此,一个非常重要的原因就是马克思世界观上的自我意识哲学阶段似乎就只表现在其博士论文中,自我意识哲学好像只是为博士论文寻找到的一条主线而已。之后,马克思的研究对象和研究方向发生了根本性的转变,自我意识哲学阶段只是昙花一现,留给学术界无尽的谜团。

马克思世界观的第二次转变是从自我意识哲学到现实人道主义的转变。博士论文之后,马克思关注的重点立即转向性质完全不同的政治和哲学方面的研究,完全无意于继续从事哲学史的研究。从某种意义上来说,马克思实际上是接续了大学期间的学术探索,即把自己所学习的法学专业和所感兴趣的哲学专业结合起

---

1 参见《马克思恩格斯全集》(第1卷),北京:人民出版社,1995年版,第10—12、103—104页。

来进行研究,这就是黑格尔法哲学批判时期。之后,为了深入批判黑格尔法哲学,马克思又进行了国民经济学批判研究,这就是《1844年经济学哲学手稿》。再后来就是批判鲍威尔及其伙伴的《神圣家族》,从更深层的意义上来说,也是在批判黑格尔哲学。在这一过程中,马克思批判的靶子始终是黑格尔哲学,使用的批判工具是费尔巴哈哲学。当然,在不同的文本中,马克思批判了黑格尔哲学的不同方面。同样,在不同的文本中,马克思使用的批判工具也是费尔巴哈哲学的不同方面。

三

马克思世界观的第三个阶段是现实人道主义。马克思的这一世界观起始于黑格尔法哲学批判时期,中间经历了《1844年经济学哲学手稿》时期,终结于《神圣家族》时期,主要是受费尔巴哈哲学的影响。在这一时期,马克思对费尔巴哈哲学的理解是整体的、全面的、深刻的,但是,在作为思维范式的运用上,却是局部的、割裂的、有所选择的。具体来说,这一时期的马克思一直同时存在两条思想逻辑,一条是人道主义的逻辑,这条逻辑是显性的,先后经历了"政治的"人道主义、"社会的"人道主义和"历史的"人道主义三次转变。另一条是唯物主义的逻辑,这条逻辑是隐性的,先后经历了"政治的"唯物主义、"社会的"唯物主义和"历史的"唯物主义三次转变。之所以如此,是因为费尔巴哈哲学本身包含了这双重逻辑,其中人道主义是显性的、主要的,而唯物主义是隐性的、次要的。

在黑格尔法哲学批判时期,马克思开始受到费尔巴哈的影响,人道主义的思想表现得非常突出。"人的根本就是人本身""人是人的最高本质"[1]是这一时期马克思的哲学宣言。在《〈黑格尔法哲学批判〉导言》的最后,马克思对德国解放的实际可能性进行了展望,指出正在形成中的无产阶级会承担起这一历史任务。从此以后,马克思毕生都牢牢站在了无产阶级的立场上。但是,值得注意的是,站在无产阶级的立场上,并不意味着理论上的唯物主义逻辑,也可能是人道主义的逻辑。事实上,此时的马克思完全是一个人道主义者,准确地说,是"政治的"人道主义者。当然,隐藏在背后的,是"政治的"唯物主义的思想逻辑。因此,把这一时期理解为马克思从唯心主义转变为唯物主义的说法是不准确的。准确的说法是,马克思转向人道主义,这种人道主义是带有费尔巴哈"唯物的人本主义"特点的。事实上,此时马克思的人道主义就开始不同于费尔巴哈的人本主义,马克思所理解的"人",并非完全是"抽象的人",相当程度上是"现实的人",这里主要是指"政治的人",是犹太人和基督徒、德国人和法国人、无产者和资产者,而不完全是费尔巴哈哲学意义上的作为类而存在的人。

在《1844年经济学哲学手稿》和《詹姆斯·穆勒〈政治经济学原理〉一书摘要》中,马克思已经非常精通费尔巴哈哲学。他再次使用费尔巴哈哲学进行政治经济学批判,虽然在许多方面已经超出费尔巴哈的观点,但整体上的思维范式依然是费尔巴哈的人本主义,隐藏在背后的逻辑是"社会的"唯物主义,这与马克思的研究对象政治经济学本身有着不可分割的关联。值得一提的是,在文本中存在着两种截然相反的理论逻辑:一是以抽象的"人的本质"为出发点的哲学思辨逻辑;二是以经验的"经济事实"为出发点的

---

1 《马克思恩格斯文集》(第1卷),北京:人民出版社,2009年版,第11页。

经济学实证逻辑。虽然这一时期马克思的理论逻辑的主导是人道主义,但是,此时马克思对人的本质的理解已经在"政治人"的思路上继续向前推进了一大步。"自然界的人的本质只有对社会的人来说才是存在的;因为只有在社会中,自然界对人来说才是人与人联系的纽带,才是他为别人的存在和别人为他的存在,只有在社会中,自然界才是人自己的人的存在的基础,才是人的现实的生活要素。只有在社会中,人的自然的存在对他来说才是自己的人的存在,并且自然界对他来说才成为人。因此,社会是人同自然界的完成了的本质的统一,是自然界的真正复活,是人的实现了的自然主义和自然界的实现了的人道主义。"[1] 由此可见,马克思的人道主义已经进行了"社会的"人道主义阐发,虽然依然有着费尔巴哈人本主义的痕迹,但是已经大为不同。

在《神圣家族》中,马克思依然崇拜费尔巴哈,人道主义依然是思想的主线。但是,这种人道主义已经完全不同于费尔巴哈的人本主义,而是"历史的"人道主义。"历史不过是追求着自己目的的人的活动而已。"[2] 另外,在《神圣家族》中,唯物主义已经开始逐渐取代人道主义作为主导的线索。体现这一重大思想转变的,是马克思不厌其烦地大篇幅回顾了唯物主义的历史。另外,历史成为这一文本探讨的主题,因此,虽然"历史的"人道主义是这一文本的主线,但结论却都是"历史的"唯物主义的。很显然,二者存在逻辑上的对应关系。因为"现实的人"不再作为类本质而存在的人,而是从历史的、社会的、现实的、具体的角度去理解"人"。至此,马克思实现了世界观发展过程中最重要的转变,从人道主义到唯物主

---

[1] 《马克思恩格斯文集》(第1卷),北京:人民出版社,2009年版,第187页。
[2] 《马克思恩格斯文集》(第1卷),北京:人民出版社,2009年版,第295页。

义的转变。

可见,费尔巴哈哲学中的人本主义和唯物主义之间,既有对立的方面,也有统一的方面。马克思通过在不同学术领域对费尔巴哈哲学的运用,形成了"政治的"人道主义、"社会的"人道主义、"历史的"人道主义三个阶段的现实人道主义显性逻辑,背后是"政治的"唯物主义、"社会的"唯物主义、"历史的"唯物主义的隐性逻辑。最终,作为唯物主义的隐性逻辑成为显性逻辑,而一直作为显性逻辑的人道主义却逐渐烟消云散。

马克思世界观的这一阶段之所以最为复杂,一个核心的因素是对于唯物主义的态度问题。费尔巴哈哲学虽然是唯物主义的,但费尔巴哈早期却坚决否认自己是唯物主义者。马克思在这个问题上是非常矛盾的。虽然早在《〈黑格尔法哲学批判〉导言》中已经体现出了唯物主义的立场倾向,但一直到《神圣家族》中,马克思一直对唯物主义保持着谨慎的重视态度。在这一点上,马克思和费尔巴哈是一致的。究其根源,是因为在当时的德国,唯物主义完全是一个贬义词,一个名声极坏的词。没有广阔的国际视野,没有对于政治经济学的深入研究,是很难超越的。因此,在这一阶段,马克思在费尔巴哈的人本主义和唯物主义两条线索上左右摇摆,难以取舍。就人本主义这条线索而言,马克思是欣然接受的,但是马克思所理解的人道主义与费尔巴哈的人本主义一开始就不同,后来差异越来越大。费尔巴哈的人本主义是一种自然人本主义,虽然后来也有所推进,达到政治层面,但最终没有达到社会人本主义的理解层面。而马克思的人道主义,用马克思自己的概念来说,就是"现实人道主义",它一开始是在政治层面上进行阐述的,很快推进到"社会的"人道主义,最终推进到"历史的"人道主义。就唯物主义这条线索而言,马克思一直在不自觉地推进着,从"政治的"唯物主义到"社会的"唯物主义,再到"历史的"唯物主义。

值得注意的是,"现实人道主义"的说法来源于《神圣家族》"序言"的开头:"现实人道主义在德国没有比唯灵论或者说思辨唯心主义更危险的敌人了。"[1]很显然,这是马克思对自己当时所持世界观的称谓。也就是说,在这一阶段的末尾,马克思才有了一个明确的世界观定位。仅仅就这个称谓而言,显然这个世界观不是费尔巴哈的,但与费尔巴哈哲学有着十分密切的关系,因此,我们不妨称之为"马克思式的费尔巴哈哲学"。另外,值得一提的是,马克思在《神圣家族》中明确提出"现实人道主义"的同时,也表明了对于这一世界观的质疑态度。

马克思世界观的第三次转变是从现实人道主义到"实践活动的"唯物主义的转变。比较而言,马克思的这次转变是非常迅速的。之所以如此,是因为在写作《神圣家族》的过程中,"实践活动的"唯物主义的一些观点已经得到了十分明确的陈述:"费尔巴哈在理论领域体现了和人道主义相吻合的唯物主义,而法国和英国的社会主义和共产主义则在实践领域体现了这种和人道主义相吻合的唯物主义。"[2]因此,我们可以把《神圣家族》看作"实践活动的"唯物主义世界观产生的前夜,而之后的《关于费尔巴哈的提纲》正是这种世界观全面系统的纲领性展现。但是,马克思世界观的这次转变却是根本性的,因为这一次转变得以诞生的,是一个既不同于从前的一切唯物主义(包括费尔巴哈的唯物主义),也不同于唯心主义的崭新的世界观——"实践活动的"唯物主义。

---

1 参见《马克思恩格斯文集》(第1卷),北京:人民出版社,2009年版,第253页。
2 《马克思恩格斯文集》(第1卷),北京:人民出版社,2009年版,第327页。

四

马克思世界观的第四个阶段是"实践活动的"唯物主义。在《关于费尔巴哈的提纲》中,马克思仿照费尔巴哈的《未来哲学原理》,建构了属于自己的新唯物主义即"实践活动的"唯物主义的世界观。"全部社会生活在本质上是实践的。凡是把理论引向神秘主义的神秘东西,都能在人的实践中以及对这种实践的理解中得到合理的解决。"[1]值得注意的是,仅仅从《关于费尔巴哈的提纲》这一个文本来看待马克思的新唯物主义,必定会在理解上失之偏颇,只有把这个文本和这一时期马克思的其他文本,尤其是关于政治经济学研究方面的文本结合起来进行理解,只有把"实践"一词放在"劳动"和"生产"之间去理解,才会对"实践活动的"唯物主义中的"实践"有着更为深刻的体会和把握。

马克思世界观的第四次转变是从"实践活动的"唯物主义到唯物史观的转变。这一转变是在从《关于费尔巴哈的提纲》到《德意志意识形态》的过程中完成的。相对来说,这次转变的路径是比较清晰的。有了"包含着新世界观的天才萌芽的第一个文件"[2]之后,新世界观的具体论述就有了基本遵循。在"实践活动的"唯物主义的基础上,马克思阐明了自己的唯物史观。至于"历史的"唯物主义、"实践活动的"唯物主义和唯物史观之间的关系,我们认为,它们是马克思唯物主义历史观形成过程中的三个探索:"历史的"唯物主义重在说明历史的发源地问题,"实践活动的"唯物主义

---

1 《马克思恩格斯文集》(第1卷),北京:人民出版社,2009年版,第501页。
2 《马克思恩格斯文集》(第4卷),北京:人民出版社,2009年版,第266页。

重在说明历史发展的动力问题,只有唯物史观才能科学说明历史运行规律问题。

马克思世界观的第五个阶段也是最后一个阶段是唯物史观。这首先在《德意志意识形态》中通过批判费尔巴哈、鲍威尔和施蒂纳所代表的现代德国哲学的方式从正面被直接表达出来。"这种历史观就在于:从直接生活的物质生产出发阐述现实的生产过程,把同这种生产方式相联系的、它所产生的交往形式即各个不同阶段上的市民社会理解为整个历史的基础,从市民社会作为国家的活动描述市民社会,同时从市民社会出发阐明意识的所有各种不同的理论产物和形式,如宗教、哲学、道德等,而且追溯它们产生的过程。这样做当然就能够完整地描述事物了(因而也能够描述事物的这些不同方面之间的相互关系)。"[1] 至此,马克思第一次正式提出了唯物史观,完成了世界观上最伟大的历史性转变。由于《德意志意识形态》没有正式发表,马克思在随后的《哲学的贫困》中第一次对唯物史观做了科学的概述。之后,马克思在《共产党宣言》《关于自由贸易的演说》《雇佣劳动和资本》和《资本论》及其手稿中对唯物史观进行了全面、系统、深入的阐发。

(本文发表于《南京政治学院学报》2016年第1期)

---

1 《马克思恩格斯文集》(第1卷),北京:人民出版社,2009年版,第544页。

参考文献

1. 《马克思恩格斯全集》(1—50卷),北京:人民出版社,第1版、第2版。
2. 《马克思恩格斯选集》(1—4卷),北京:人民出版社,2012年版。
3. 《马克思恩格斯文集》(1—10卷),北京:人民出版社,2009年版。
4. 《国际共产主义运动历史文献》(1—4卷),北京:中央编译出版社,第1版。
5. 《马克思主义研究资料》(1—37卷),北京:中央编译出版社,第1版。
6. [德]路德维希·费尔巴哈:《费尔巴哈哲学史著作选》第一卷《从培根到斯宾诺莎的近代哲学史》,涂纪亮译,北京:商务印书馆,1978年版。
7. [德]路德维希·费尔巴哈:《费尔巴哈哲学史著作选》第二卷《对莱布尼茨哲学的叙述、分析和批判》,涂纪亮译,北京:商务印书馆,1979年版。
8. [德]路德维希·费尔巴哈:《费尔巴哈哲学史著作选》第三卷《比埃尔·培尔对哲学史和人类史的贡献》,涂纪亮译,北京:商务印书馆,1984年版。
9. [德]路德维希·费尔巴哈:《费尔巴哈哲学著作选集》(上卷),

荣震华、李金山等译,北京:商务印书馆,1984年版。

10. [德]路德维希·费尔巴哈:《费尔巴哈哲学著作选集》(下卷),荣震华、王太庆、刘磊译,北京:商务印书馆,1984年版。

11. [德]路德维希·费尔巴哈:《宗教的本质》,王太庆译,北京:商务印书馆,2010年版。

12. 苗力田译编:《黑格尔通信百封》,上海:上海人民出版社,1981年版。(注:附录费尔巴哈书信二十封)

13. [古希腊]荷马:《荷马史诗·伊利亚特》(全五册),罗念生、王焕声译,上海:上海人民出版社,2012年版。

14. [古希腊]荷马:《荷马史诗·奥德赛》,王焕生译,北京:人民文学出版社,1997年版。

15. [古罗马]卢克莱修:《物性论》,方书春译,北京:商务印书馆,1981年版。

16. [德]大卫·弗里德里希·施特劳斯:《耶稣传》(1—2卷),吴永泉译,北京:商务印书馆,2010年版。

17. [波]兹维·罗森:鲍威尔《布鲁诺·鲍威尔和卡尔·马克思:鲍威尔对马克思思想的影响》,王谨等译,北京:中国人民大学出版社,1984年版。

18. [德]麦克斯·施蒂纳:《唯一者及其所有物》,金海民译,北京:商务印书馆,1989年版。

19. [德]莫泽斯·赫斯:《赫斯精粹》,邓习议编译,南京:南京大学出版社,2010年版。

20. [德]黑格尔:《精神现象学》(上卷),贺麟、王玖兴译,北京:商务印书馆,1979年第2版。

21. [德]黑格尔:《精神现象学》(下卷),贺麟、王玖兴译,北京:商务印书馆,1979年第1版。

22. ［德］黑格尔:《精神现象学》,先刚译,北京:人民出版社,2013年版。

23. ［德］黑格尔:《逻辑学》(上卷),杨一之译,北京:商务印书馆,1966年版。

24. ［德］黑格尔:《逻辑学》(下卷),杨一之译,北京:商务印书馆,1976年版。

25. ［德］黑格尔:《小逻辑》,贺麟译,上海:上海人民出版社,1980年版。

26. ［德］黑格尔:《哲学科学全书纲要》(1817年版、1827年版、1830年版)(套装共3册),薛华译,北京:北京大学出版社,2010年版。

27. ［德］黑格尔:《精神哲学——哲学全书·第三部分》,杨祖陶译,北京:人民出版社,2006年版。

28. ［德］黑格尔:《法哲学原理或自然法和国家学纲要》,范扬、张企泰译,北京:商务印书馆,1961年版。

29. ［德］黑格尔:《历史哲学》,王造时译,上海:上海书店出版社,2006年版。

30. ［德］黑格尔:《哲学史讲演录》(1—4卷),贺麟、王太庆等译,上海:上海人民出版社,2013年版。

31. ［德］黑格尔:《纽伦堡高级中学教程和讲话(1808—1816)》,张东辉、户晓辉译,北京:商务印书馆,2012年版。

32. ［德］黑格尔:《讲演手稿Ⅰ(1816—1831)》,梁志学、李理译,北京:商务印书馆,2012年版。

33. ［德］黑格尔:《美学》(第一卷),朱光潜译,北京:商务印书馆,1979年版。

34. [德]黑格尔:《美学》(第二卷),朱光潜译,北京:商务印书馆,1979年版。

35. [德]黑格尔:《美学》(第三卷·上册),朱光潜译,北京:商务印书馆,1979年版。

36. [德]黑格尔:《美学》(第三卷·下册),朱光潜译,北京:商务印书馆,1981年版。

37. [德]黑格尔:《自然哲学》,梁志学、薛华、钱广华等译,北京:商务印书馆,1980年版。

38. [德]黑格尔:《黑格尔早期神学著作》,贺麟译,上海:上海人民出版社,2012年版。

39. [德]黑格尔:《耶拿体系1804—1805:逻辑学和形而上学》,杨祖陶译,北京:人民出版社,2012年版。

40. [德]约翰·哥特利勃·费希特:《行动的哲学》,洪汉鼎、倪梁康译,南京:译林出版社,2013年版。

41. [德]谢林:《先验唯心论体系》,石泉,梁志学译,北京:商务印书馆,1977年版。

42. [德]费希特:《全部知识学的基础》,王玖兴译,北京:商务印书馆,1986年版。

43. [德]费希特:《费希特著作选集》(第1卷),梁志学等译,北京:商务印书馆,1990年版。

44. [德]费希特:《费希特著作选集》(第2卷),梁志学等译,北京:商务印书馆,1994年版。

45. [德]费希特:《费希特著作选集》(第3卷),梁志学等译,北京:商务印书馆,1997年版。

46. [德]费希特:《费希特著作选集》(第4卷),梁志学等译,北京:商务印书馆,2000年版。

47. ［德］费希特:《费希特著作选集》(第 5 卷),梁志学等译,北京:商务印书馆,2006 年版。

48. ［德］康德:《康德哲学全集》(1—9 卷),李秋零译,北京:中国人民大学出版社,2010 年版。

49. 北京大学哲学系外国哲学史教研室编译:《十八世纪法国哲学》,北京:商务印书馆,1975 年版。

50. ［法］拉·美特利:《人是机器》,顾寿观译,北京:商务印书馆,2011 年版。

51. ［法］孔狄亚克:《人类知识起源论》,洪洁求、洪丕注译,北京:商务印书馆,1989 年版。

52. ［法］狄德罗:《狄德罗哲学选集》,江天骥、陈修斋、王太庆译,北京:商务印书馆,1983 年版。

53. ［法］狄德罗:《狄德罗的〈百科全书〉》,梁从诫译,广州:花城出版社,2007 年版。

54. ［法］霍尔巴赫:《自然的体系》(上下卷),管士滨译,北京:商务印书馆,1999 年版。

55. ［法］霍尔巴赫:《健全的思想》,王荫庭译,北京:商务印书馆,2006 年版。

56. ［法］霍尔巴赫:《自然政治论》,陈太先、眭茂译,北京:商务印书馆,1994 年版。

57. ［法］霍尔巴赫:《给欧仁妮的十二封信》,王荫庭译,北京:商务印书馆,2012 年版。

58. ［德］考茨基著,《哲学研究》编辑部编:《唯物主义历史观》,上海:上海人民出版社,1965 年版。

59. ［法］拉法格:《思想起源论》,王子野译,北京:生活·读书·新知三联书店,1963 年版。

60. [法]拉法格:《唯心史观和唯物史观》,王子野译,北京:生活·读书·新知三联书店,1965年版。

61. [法]拉法格著,中共中央马克思恩格斯列宁斯大林著作编译局编:《拉法格文选》(上卷),北京:人民出版社,1985年版。

62. [德]亨利希·库诺:《马克思的历史、社会和国家学说》,袁志英译,上海:上海译文出版社,2014年版。

63. [德]弗·梅林:《马克思传》,樊集译,北京:人民出版社,1965年版。

64. [德]弗·梅林:《保卫马克思主义》,吉洪译,北京:人民出版社,1982年版。

65. [德]约瑟夫·狄慈根:《狄慈根哲学著作选集》,杨东纯译,北京:生活·读书·新知三联书店,1978年版。

66. [俄]《普列汉诺夫哲学著作选集》(第1—4卷),汝信、刘若水、何匡译,北京:生活·读书·新知三联书店,1959—1974年版。

67. [俄]普列汉诺夫:《论一元论历史观之发展》,博古译,北京:生活·读书·新知三联书店,1961年版。

68. [意]拉布里奥拉:《关于历史唯物主义》,杨启潾、孙魁、朱中龙译,北京:人民出版社,1984年版。

69. 中共中央马克思恩格斯列宁斯大林著作编译局编:《列宁专题文集》(1—5卷),北京:人民出版社,2009年版。

70. [英]安德森:《西方马克思主义探讨》,高铦、文贯中、魏章玲译,北京:人民出版社,1981年版。

71. [匈]卢卡奇:《历史与阶级意识》,杜章智、任立、燕宏远译,北京:商务印书馆,1995年版。

72. [匈]卢卡奇:《社会存在本体论导论》,沈耕等译,北京:华夏出版社,1988年版。

73. [德]科尔施:《马克思主义和哲学》,王南湜、荣新海译,重庆:重庆出版社,1989年版。

74. [德]施密特:《马克思的自然概念》,欧力同、吴仲译,商务印书馆,1988年版。

75. [德]布洛赫:《希望的原理》(第1卷),梦海译,上海:上海译文出版社,2012年版。

76. [法]路易·阿尔都塞:《黑格尔的幽灵——政治哲学论文集[Ⅰ]》,唐正东、吴静译,南京:南京大学出版社,2005年版。

77. [法]路易·阿尔都塞:《保卫马克思》,顾良译,北京:商务印书馆,2006年版。

78. [法]路易·阿尔都塞:《来日方长:阿尔都塞自传》,蔡鸿滨译,上海:上海人民出版社,2013年版。

79. [苏]尼·伊·拉宾:《论西方对青年马克思思想的研究》,马哲译,北京:人民出版社,1981年版。

80. [苏]拉宾:《马克思的青年时代》,南京大学外文系俄罗斯语言文学教研室组译,北京:生活·读书·新知三联书店,1982年版。

81. [苏]巴加图利亚:《马克思的第一个伟大发现》,陆忍译,北京:中国人民大学出版社1981年版。

82. [德]卡尔·洛维特:《从黑格尔到尼采》,李秋零译,北京:生活·读书·新知三联书店,2006年版。

83. [英]戴维·麦克莱伦:《青年黑格尔派与马克思》,夏威仪、陈启伟、金海民译,北京:商务印书馆,1982年版。

84. [英]戴维·麦克莱伦:《马克思主义以前的马克思》,李兴国等译,北京:社会科学文献出版社,1992年版。

85. ［英］戴维·麦克莱伦:《马克思传》,王珍译,北京:中国人民大学出版社,2010年版。

86. ［德］门德:《马克思从革命民主主义者到共产主义者的发展》,成没译,北京:生活·读书·新知三联书店,1957年版。

87. ［法］奥古斯特·科尔纽:《马克思恩格斯传》(第1卷),管世滨等译,北京:生活·读书·新知三联书店,1963年版。

88. ［德］海因里希·格姆科夫等:《恩格斯传》,易廷镇、侯焕良译,北京:生活·读书·新知三联书店,1975年版,

89. ［法］奥古斯特·科尔纽:《马克思的思想起源》,王瑾译,北京:中国人民大学出版社,1987年版。

90. ［苏］B. A. 马利宁、B. И. 申卡鲁克:《黑格尔左派批判分析》,曾盛林译,北京:社会科学文献出版社,1987年版。

91. ［日］广松涉:《唯物史观的原像》,邓习议译,南京:南京大学出版社,2009年版。

92. ［日］广松涉编注:《文献学语境中的〈德意志意识形态〉》,彭曦译,南京:南京大学出版社,2009年版。

93. ［美］沃伦·布雷克曼:《废黜自我:马克思、青年黑格尔派及激进社会理论的起源》,李佃来译,北京:北京师范大学出版社,2013年版。

94. ［美］莱文:《不同的路径:马克思主义与恩格斯主义中的黑格尔》,臧峰宇译,北京:北京师范大学出版社,2009年版。

95. ［美］诺曼·莱文:《马克思与黑格尔的对话》,周阳、常佩瑶、吴剑锋、任广璐译,北京:中国人民大学出版社2015年版。

96. ［以］阿维纳瑞:《马克思的社会与政治思想》,张东辉译,北京:知识产权出版社,2016年版。

97. 《人是马克思主义的出发点——人性、人道主义问题论集》,北

京:人民出版社,1981年版。

98. 《关于人的学说的哲学探讨》,北京:人民出版社,1982年版。

99. 中国社会科学院哲学研究所西方哲学史研究室编:《国外黑格尔哲学新论》,北京:中国社会科学出版社,1982年版。

100. 复旦大学哲学系现代西方哲学研究室编译:《西方学者论〈1844年经济学哲学手稿〉》,上海:复旦大学出版社,1983年版。

101. 孙伯鍨:《孙伯鍨哲学文存》,南京:江苏人民出版社,2010年版。

102. 孙伯鍨、张一兵主编:《走进马克思》,南京:江苏人民出版社,2008年版。

103. 张一兵:《马克思历史辩证法的主体向度》,南京:南京大学出版社,2002年版。

104. 张一兵:《问题式、症候阅读与意识形态——关于阿尔都塞的一种文本学解读》,北京:中央编译出版社,2003年版。

105. 张一兵:《回到马克思——经济学语境中的哲学话语》,南京:江苏人民出版社,2009年版。

106. 张一兵:《回到列宁——关于"哲学笔记"的一种后文本学解读》,北京:南京:江苏人民出版社,2008年版。

107. 张一兵:《回到海德格尔——本有与构境》第一卷《走向存在之途》,北京:商务印书馆,2014年版。

108. 张一兵:《回到福柯——暴力性构序与生命治安的话语构境》,上海:上海人民出版社,2016年版。

109. 张一兵主编:《马克思哲学的历史原像》,北京:人民出版社,2009年版。

110. 张一兵、周嘉昕:《马克思恩格斯资本主义科学批判构架的历史生成》,南京:江苏人民出版社,2009 年版。

111. 唐正东:《从斯密到马克思——经济哲学方法的历史性诠释》,南京:江苏人民出版社,2009 年版。

112. 唐正东编著:《马克思恩格斯哲学原著选读》,北京:北京师范大学出版社,2010 年版。

113. 唐正东编著:《资本的附魅及其哲学解构》,南京:江苏人民出版社,2013 年版。

114. 姚顺良主编:《马克思主义哲学史:从创立到第二国际》,北京:北京师范大学出版社,2010 年版。

115. 胡大平:《回到恩格斯——文本、理论和解读政治学》,南京:江苏人民出版社,2011 年版。

116. 张亮:《马克思的哲学道路及其当代延展》,南京:江苏人民出版社,2013 年版。

117. 陈先达、靳辉明:《马克思早期思想研究》,北京:北京出版社,1983 年版。

118. 董仲其:《早期马克思与费尔巴哈》,成都:四川社会科学院出版社,1983 年版。

119. 马泽民:《马克思主义哲学前史》,重庆:重庆出版社,1994 年版。

120. 赵仲英:《马克思早期思想探源》,昆明:云南人民出版社,1994 年版。

121. 徐亦让:《人道主义到唯物史观——马克思世界观的飞跃》,天津:天津人民出版社,1995 年版。

122. 侯才:《青年黑格尔派与马克思早期思想的发展——对马克思哲学本质的一种历史透视》,北京:中国社会科学出版社,1994 年版。

123. 李毓章、陈宇清选编:《人·自然·宗教:中国学者论费尔巴哈》,北京:商务印书馆,2005年版。

124. 吴晓明:《马克思早期思想的逻辑发展》,昆明:云南人民出版社,1993年版。

125. 俞吾金:《重新理解马克思——对马克思哲学的理论基础与当代意义的反思》,北京:北京师范大学出版社,2013年版。

126. 吴晓明:《形而上学的没落——马克思与费尔巴哈关系的当代解读》,北京:人民出版社,2006年版。

127. 戴晖:《从人道主义世界观到现代对世界的省思——费尔巴哈、马克思和尼采》,南京:南京大学出版社,2006年版。

128. 陈东英:《马克思和赫斯早期思想关系研究》,北京:人民出版社,2011年版。

129. *The Oxford Dictionary of Philosophy*, Oxford and New York: Oxford University Press, 2008.

130. Ludwig Feuerbach, *The Fiery Brook: Selected Writings of Ludwig Feuerbach*, Translated and introduced by Zawar Hanfi, London and New York: British Library Cataloguing in Publication Data & Library of Congress Cataloging-in-Publication Data, 2012.

2016年博士论文后记

凡是生长的东西，不到季节，总不会成熟。伴随着又一个九月金秋的到来，终于用被日常生活完全碎片化了的时间完成了这一自认为有那么一点点创新之处的精神产品。此时此刻，在我的身心之中，陡然间生出一丝丝的轻松，接踵而来的，居然是莫名其妙的几多落寞。我深信，这个世界中发生的一切，都不会是无缘无故的，包括我的这种落寞。

事情还得从多年前的那个春天说起……

2008年的春天，作为教育部"对口支援西部地区高等学校计划"的受益者，身在西北大学的我，有幸前往南京大学学习进修，这次为期一个学期的南大之行，给我留下了极为深刻而美好的人生记忆。为了纪念这段难忘的生命旅程，我还特意写作并出版了一本散文集《陶园夜无眠》。

2012年的春天，在"满足了饮酒吃肉的欲望"之后，在"我学故我在"的人生理念驱动下，我做出了一个十分艰难的决定：考博。目标很明确：南京大学哲学系。已近不惑之年，几乎没有什么哲学根基的我，凭借着一腔热情，经过了一个寒假的闭关突击，依托于"对口支援西部地区高等学校计划"的照顾，糊里糊涂地成了南京大学哲学系的一名博士生。

在人生的中途，我发现我已经迷失了正路，走进了一座幽暗的森林。这座"幽暗的森林"，就是哲学。入学没几日，我这个哲学的"门外汉"便被各位老师深厚的学术内功震出"内伤"，每天都生活在一个接一个的"惊诧"之中。本想哲学能解惑，谁知学后惑更惑。原来熟知的东西，一下子都变成了并非真知的东西，一时间"压力山大"。眼看着半生之中形成的思维范式正在一点点崩塌，我陷入了前所未有的"苦恼"之中。

孤独是我昂贵的注解。我原本是一个酷爱凑热闹的人，也是一个热心制造热闹的人，可是，好友众多，并不会导致哲学的完美，于是，我只能逼迫自己彻底改变原来的生活方式。在校学习的三个学期里，我奔忙于本科生、硕士生、博士生的课堂中，游走于马克思主义哲学、西方哲学、马克思主义理论的课程间，浸染于读书小组、专家讲座、学术交流的集会里。在那一段艰辛的日子里，我逐渐形成了基本固定的行为模式：白天上课听书，晚上上网买书，中午饭后取书，周末书店淘书，剩余时间读书。返校工作的五个学期里，除了正常的工作和必需的应酬，我一直孜孜不倦地专心研究，虽然我知道很多，可一切我都想知道。很长一段时间，我的床，一半用来睡觉，另一半堆满了书，以便随时翻看，为此，我常自嘲为"半床居士"。经过四年异常艰苦的孤寂生活，不知不觉间，我发现自己居然也成了林中人，习惯了走这林中路。

校园里有很多棵银杏树，到了秋天结有果实的并不多。如今，我终于完成了毕业论文，而且有幸以此为基础，获得了2016年国家社会科学基金年度项目资助。我觉得，自己应该算是结有一点果实的一棵银杏树。可是，我深深知道，在这些果实的背后，是无数人的默默奉献和无私付出。

唐正东老师是我的导师，他很严格。由于"知识撑不起勇气"，我一直有点害怕唐老师。四年来,除了上课,我都尽量避着他,原因很简单,不管什么场合,只要见到他,只有一个问题,那就是:最近看什么书?书中怎么说的?你有什么收获?我是一个不甘服输的人,也是一个特别好问的人,还算得上一个刻苦的学生,但是,即使我在前一天晚上加班加点浏览了好几本书,在第二天的课堂上依然会被问到绝境,因为总有一些资料没看过,总有一些内容没有领会,总有一些逻辑没有理清。每每此时,我就像一只落败的斗鸡,蔫蔫地回去继续训练,以图下次会有比较好的展现,但是,每一次的结果,大致都和前一次一样。唐老师在治学上很严谨。有一次上课,他在讲到《黑格尔法哲学批判》时提出了一个问题:"马克思为何只批判国家篇而不批市民社会篇?"大家默不作声。我忍不住回答:"这应该是青年黑格尔派在学术上的分工。"唐老师立刻当头棒喝:"有什么依据?"我一时哑口,因为这个观点从哪里来的,我一时半会儿也说不清,因为那一段时间看了很多书,上了很多网站,了解了很多观点,但并没有意识到这也是一个很重要的问题,于是就回答是在网上看到的观点。唐老师便追问是什么网站。我实在想不出来。看我颇为尴尬,唐老师便向同学们强调道:"做学问要言之有据。"当天晚上,我一直熬到凌晨,都没有找到这种说法的出处。后来,由于写毕业论文,再次翻看苏联学者马利宁和申卡鲁克合著的《黑格尔左派批判分析》一书,才发现这种说法的出处在这里:"当然,黑格尔左派都利用黑格尔作为出发点。在他们之间甚至存在某种哲学分工:施特劳斯发展黑格尔的《宗教哲学》思想,布·鲍威尔发展黑格尔的《历史哲学》思想(在鲍威尔自己的关于批判的思维的个人是历史过程推动者的学说中),马克思发展黑格尔的《哲学史》思想(在博士论文中),卢格则发展黑格尔的《法哲学》思想。"[1]很显然,虽然我的观点有据可查,但到底还是发生了记忆上的偏差和错位。自此之后,每次上课发言,我都尽量谨慎小心,时至今日,居然形成了一个极为可贵的学术习惯:言必谈文本,文不离原著。

此时此刻,每一位老师的形象再一次浮现在我的眼前:姚顺良老师的激情,张一兵老师的深邃,唐正东老师的严肃,刘怀玉老师的广博,胡大平老师的诡谲,张亮老师的耐心,尚庆飞老师的热情,张荣老师的缥缈,蓝江老师的前卫……正是他们的倾情付出和无私奉献,才让我这个哲学园地里的新兵有了广阔的成长空间和不竭的动力源泉。

我要感谢我的师兄师姐、师弟师妹和同窗好友们,正是有了他们的一路陪伴,让我觉得现在的自己连沉默都变得好看。

我要特别感谢我的家人,没有她们为我提供的独立空间、充足时间和精神支撑,我的梦想永远不会实现。

四年来,我也曾无数次地抱怨过自己的"研究僧"之路被各种各样的"琐事"所打断,但是,时至今日,我发自内心地感谢这些"琐事",感谢所有给我"添麻烦"的人,正是他们,让我没有迷失在永无尽头的"思"之路上,让我在异常艰辛的思索过程中始终没有完全忽略自己作为一个确定的现实的人的生命的规定、生存的使命和生活的任务。

铁打的营盘流水的兵,不变的学校路过的学生。离别的时刻近了,心中有太多的不舍,我清楚知道,这正是自己生出几多落寞的缘由,好在我始终相信:我还会再回来的……

---

[1] [苏]В. А. 马利宁、В. И. 申卡鲁克:《黑格尔左派批判分析》,曾盛林译,北京:社会科学文献出版社,1987年版,第30页。

2016年8月26日写于西安家中,9月7日一改于南京大学仙林校区宿舍中,9月22日再改于南京大学仙林校区宿舍中,10月12日三改于西安家中,10月25日定稿于南京大学仙林校区宿舍中。

2019年预出版后记

费尔巴哈曾经说过:"属于注释的东西,不要排在正文里面,属于末尾的东西,不要排在开端。"对于一个学术成果而言,属于"注释的东西"和"末尾的东西",从技术规范上讲,当然不能排在"正文"和"开端"之中,但是,从学术情感来看,这个属于"注释的东西"和"末尾的东西",恰恰可能是最重要的东西,比如说附属于这本书的这篇小小的"后记"。

虽然我已经离开南京两年多了,可是我的精神一直留在了那里——留在了南京大学的校园之中,留在了仙林校区的山水之畔,留在了哲学系的院落之间。

回到西安后的每一天,只要有一点点的空闲,我都忍不住要上网去看一看"南京大学哲学系"和"实践与文本"这两个微信公众号,瞧一瞧敬爱的老师们在做什么,瞅一瞅亲爱的师弟师妹们在做什么。每每看到他们申报了课题,发表了文章,出版了著作,举办了会议和讲座,我便按捺不住内心的冲动,要求自己一定要去做同样的事情。正因为如此,两年来,我自觉在学术上并没有荒废,虽然公开发表的成果寥寥无几。

2016年12月23日,那是一个离别的日子。虽然我的内心有些许的伤感,但更多的是一种凯旋的豪迈。毕竟,一个本科和硕士都不是学习哲学的人,能够在四年半的时间里完成一个哲学博士的学业,的确是一件极其值得骄傲的事情。当然啦,这里也留下了一个不小的遗憾——由于我的博士专业是马克思主义发展史,最后只能被授予法学博士学位。离别的那一天,我就告诉自己:这里是我永远的精神家园,每年一定要回来一趟看一看。在这个问题上,我是认真而严肃的,我确实也没有食言。2017年6月份,我回去参加了"第四届当代资本主义研究国际学术研讨会"。2018年5月份,我回去参加了"纪念马克思诞辰200周年学术研讨会"。每一次都是轻装前去,满载而归,这更坚定了我的这一想法。

2019年春节的时候,十分意外地收到了周嘉昕师兄的通知,母校母系准备出版一套"马克思主义思想史研究丛书",我的博士论文荣幸入选!把博士论文修改成书稿的截止日期是8月份。可是,2019年的上半年,对于我和我家而言,实在是太过忙乱了:夫人调整工作,自己转评职称,女儿参加高考,家庭购买新房……除了这些大事要事,还有每周14节的课,每周都会开的会……一个学期就这样在各种煎熬中过去了,修改书稿的事情几乎没有进展。好在最终熬到了暑假,终于可以安下心来,心无旁骛地完成自己学术生涯中这一件最重要的事情了。

2019年的"回家"计划尚未成行,我期待着这一天的到来……

2019年7月31日凌晨写于西安家中

图书在版编目(CIP)数据

马克思与费尔巴哈学术关系的历史原像：一种基于文本的比较性诠释/陈中奇著. -- 南京：南京大学出版社，2022.12
(马克思主义思想史研究丛书/张一兵主编)
ISBN 978-7-305-24931-0

Ⅰ.①马… Ⅱ.①陈… Ⅲ.①马克思主义哲学－研究 Ⅳ.①B0-0

中国版本图书馆 CIP 数据核字(2021)第 213110 号

本书系国家社会科学基金年度项目"马克思与费尔巴哈学术关系的文本阐释(项目编号:16BKS007)"最终研究成果

出版发行	南京大学出版社
社　　址	南京市汉口路22号　　邮编 210093
出版人	金鑫荣
丛书名	马克思主义思想史研究丛书
丛书主编	张一兵
书　　名	马克思与费尔巴哈学术关系的历史原像：一种基于文本的比较性诠释
著　者	陈中奇
责任编辑	张　静
照　　排	南京南琳图文制作有限公司
印　　刷	南京爱德印刷有限公司
开　　本	635 mm×965 mm　1/16　印张 24.25　字数 310 千
版　　次	2022年12月第1版　2022年12月第1次印刷
ISBN	978-7-305-24931-0
定　　价	108.00元

网址：http://www.njupco.com
官方微博：http://weibo.com/njupco
官方微信号：njupress
销售咨询热线：(025) 83594756

* 版权所有，侵权必究
* 凡购买南大版图书，如有印装质量问题，请与所购图书销售部门联系调换